全国中等职业技术学校汽车类专业教材

汽车电控车身

人力资源社会保障部教材办公室组织编写

中国劳动社会保障出版社

简介

本书的主要内容包括：汽车车身电控系统概述、汽车车身安全系统、汽车车身舒适系统、汽车娱乐与通信系统、其他车身电控系统等。

本书由陈星光主编，席阳、袁国强、陈国强参加编写；陈社会主审。

图书在版编目(CIP)数据

汽车电控车身/人力资源社会保障部教材办公室组织编写. —北京：中国劳动社会保障出版社，2017

全国中等职业技术学校汽车类专业教材

ISBN 978-7-5167-3112-3

Ⅰ.①汽…　Ⅱ.①人…　Ⅲ.①汽车-车体-电子系统-控制系统-中等专业学校-教材　Ⅳ.①U463.6

中国版本图书馆 CIP 数据核字(2017)第 198972 号

中国劳动社会保障出版社出版发行

(北京市惠新东街 1 号　邮政编码：100029)

*

北京北苑印刷有限责任公司印刷装订　　新华书店经销

787 毫米×1092 毫米　16 开本　10 印张　249 千字

2017 年 8 月第 1 版　　2017 年 8 月第 1 次印刷

定价：19.00 元

读者服务部电话：(010) 64929211/64921644/84626437

营销部电话：(010) 64961894

出版社网址：http://www.class.com.cn

http://zyjy.class.com.cn

前　言

为了更好地适应中等职业技术学校汽车类专业教学要求，全面提升教学质量，人力资源社会保障部教材办公室组织有关学校的骨干教师和行业、企业专家，在充分调研企业生产和学校教学情况、广泛听取教材用户反馈意见的基础上，对全国中等职业技术学校汽车类专业教材进行了修订和补充开发。

本次教材修订和补充开发工作的重点主要体现在以下几个方面：

第一，完善教材体系，更好地满足教学需求。

结合职业院校汽车类专业设置和办学特点，调整并完善了教材体系，与专业通用基础教材相衔接，开发了汽车维修、汽车电器维修、汽车钣金与美容、汽车检测、汽车营销等专业方向教材，构建了“通用基础平台＋不同专业方向平台”的教材体系。此外，还针对学校对电控技术、车载网络技术、新能源汽车等高新技术的教学需求，开发了相应的教材。

第二，反映技术发展，适应岗位职业能力需求变化。

随着汽车制造水平的不断提高，汽车维修的内容和工艺发生了相应变化；伴随着私家车保有量的不断增长，汽车营销、汽车美容等相关从业人员的职业能力要求也在发生相应变化。因此，本次修订工作注重在教材中增加新知识、新技术、新材料、新工艺等方面的内容，体现教材的先进性。同时，根据中级工从事相关岗位工作的实际需要，合理确定学习目标，对教材内容的深度、难度做了适当调整，同时注重综合职业能力的培养。

第三，融入先进教学理念，创新教材表现形式。

专业通用基础教材的编写以汽车及其零部件为载体，充分体现专业特色；专业方向教材的编写根据学校教学实际，充分体现一体化教学思路，增加了实训内容在教材中的比重。为了增强教材的表现效果，提高学生的学习兴趣，教材中使用了大量高质量的实物图片，部分教材采用双色或彩色印刷。

第四，开发辅助产品，提供教学服务。

为了方便教学，配套开发了习题册、教学参考书和电子课件。电子课件可通过职业教育教学资源和数字学习中心（http://zyjy.class.com.cn）免费下载。

本次教材修订工作得到了河北、江苏、浙江、山东、山西、广东、广西、陕西等省、自治区人力资源社会保障厅及有关学校的大力支持，在此表示诚挚的谢意。

人力资源社会保障部教材办公室

2017年1月

目　录

第一章　汽车车身电控系统概述

学习目标

1. 能正确描述汽车车身电控系统的主要内容。
2. 能正确描述汽车车身电控系统的类型。
3. 能正确讲述汽车车身电控系统的发展情况。

一、汽车车身电控系统的组成

汽车车身电控系统是用来对车身电气安全性、舒适性及人性化功能进行控制的系统，主要包括车身安全系统、车身舒适系统、娱乐与通信系统及其他车身电控系统等。

1. 车身安全系统

（1）安全气囊系统

安全气囊系统可在汽车发生碰撞时保护乘员，减小乘员伤害程度，现在已经作为标准配置在轿车上普遍安装。

（2）安全带系统

安全带是车辆上最有效、最经济的保护乘员安全的装置。当汽车发生碰撞时，座椅安全带收紧器收紧，将乘员固定在座椅上，限制乘员的惯性运动，预防或减轻乘员出现二次碰撞伤害，从而达到保护乘员的目的。

（3）中控门锁系统与防盗报警系统

中控门锁系统与防盗报警系统既方便了驾驶员和乘客开门和锁门，又能起到防盗作用。防盗报警系统通常与汽车中控门锁系统相互配合工作，当利用钥匙锁止中控门锁后，防盗系统也开始工作。如果有人非法开启、进入或移动车辆，车辆会发出警报声并禁止汽车起动，从而实现防盗报警的作用。

（4）前照灯控制系统

前照灯控制系统是为了提高汽车在光照不良的情况下行驶的安全性，给汽车行驶提供照明。为了减轻驾驶员的劳动强度，很多轿车可对前照灯进行自动控制。

（5）胎压监测系统

汽车轮胎内充气压力的高低，直接影响到整车行驶的舒适性和安全性。胎压力不足会引起轮胎磨损、油耗增高，危及行驶安全。轮胎压力监测系统连续地监测轮胎的压力、温度和车轮转速，当出现异常时及时向驾驶员发出警告，防止事故发生。

2. 车身舒适系统

(1) 电动车窗系统

当操作电动车窗开关时，车窗可以打开或关闭。具有防夹功能的电动车窗，在玻璃上升时，只要玻璃夹住了异物，车窗玻璃会自动下降一定距离。

(2) 电动天窗系统

为提高乘坐的舒适性，很多轿车安装了电动天窗。电动天窗能够有效提高车内外空气的流通性，同时还可以开阔视野、快速除去车内雾气和辅助调节温度。

(3) 电动座椅系统

操纵电动座椅开关可以将座椅调整到最佳的位置，使驾驶员获得良好视野，乘坐更加舒适。

(4) 电动刮水器系统

电动刮水器用于清扫风窗玻璃上的雨水、雪或尘土，保证汽车在雨天或雪天时，驾驶员有良好的视线，确保行驶安全。部分高档汽车的电动刮水器还可以探测雨雪情况，自动启动。

(5) 电动后视镜系统

后视镜是汽车必备的安全装置之一。驾驶员通过电动功能调整，可方便地获得理想的后视镜位置。有些汽车还采用防眩目车内后视镜，以防止后面汽车的前照灯光线过强影响驾驶员的注意力。

(6) 电动除雾系统

在寒冷的季节，风窗玻璃上会凝结一层霜、雾、雪或冰，从而影响驾驶员的视线，影响汽车行驶安全。为了避免水蒸气凝结，汽车上大都装有风窗玻璃除雾装置。

3. 娱乐与通信系统

(1) 车载网络系统

现代汽车中所使用的电子控制系统和通信系统越来越多，这些系统之间需要进行数据交换。通过现场总线技术可以实现多路控制和各模块之间的数据共享等功能，使控制变得更加方便、可靠。

(2) 组合仪表系统

现代汽车广泛采用计算机控制的电子仪表，这种仪表能准确、迅速地以数字、文字或图形的形式，向驾驶员发出汽车各种工作状态的信号和故障报警信号。

(3) 音响系统

音响系统可以播放音乐、收听广播，提高驾驶汽车过程中的乐趣。

(4) 车载电话系统

车载电话系统是专为行车安全性和舒适性而设计的。车载电话系统可自动辨识并通过蓝牙等方式与手机相连接，同时使用者不需要触碰手机（双手操作方向盘上的按键）便可控制手机，接听或拨打电话。

(5) 导航系统

导航系统能根据车辆定位和目的地信息自动选择最佳行驶路线，并能在屏幕上显示地图和汽车行驶中的位置，提示驾驶员到达目的地的行驶方向和距离。

二、汽车车身电控系统的类型

根据车身电控系统的总体架构，汽车车身电控系统可分为分散式、集中式、分布式和混合式 4 种方式。这 4 种方式各有应用范围，当前，分散式偏重在经济型轿车上应用，分布式偏重在中高档轿车上应用，集中式以及混合式偏重在中低档轿车上应用。

1. 分散式车身电控系统

分散式车身电控系统中各个车身电气子系统是独立控制的，且相互之间没有通信关系。经济型轿车多采用这种方式，如羚羊、嘉年华、千里马、捷达、伊兰特等，典型的控制器件有中控门锁控制器、电动车窗控制器、雨刮器控制器等。分散式车身电控系统成本低，开发相对容易，配置灵活，不影响其他车身电器。

2. 集中式车身电控系统

集中式车身电控系统中多个车身电气子系统通过一个控制器集中进行控制，各个车身电气子系统之间通过总线连接，可以相互通信，协调控制。集中式车身电控系统典型的控制器件为车身控制模块（Body Control Module，BCM)，它是集中式车身电控系统的核心。

优点是车身控制功能得到加强，整车车身电器的故障诊断变得容易，硬件资源得到更充分地利用。在同等技术状态的前提下，可以使车身电控系统总体成本降低。

缺点是相比分散式系统，其车身控制模块开发难度增大。由于所有车身电器由一个控制模块进行控制，当车辆电器配置变化较多时，车身控制系统需要随之改变，其扩展性、应用范围有限。

3. 分布式车身电控系统

从形式上看，这种车身电控系统与分散式车身控制系统类似，各个车身电气子系统都使用单独的控制模块进行控制，但实质上却有很大区别。分散式车身电控系统各个电气子系统之间并不存在关联，而分布式车身电控系统各个分布的控制模块除对本身电气子系统进行控制外，还通过 CAN 或 LIN 总线进行通信，实现各子系统之间的信息和功能交互。

优点是由于各模块通过总线通信，大大简化线束结构，降低线束成本。配置的灵活性及扩展性大大提高，使用与不使用子系统控制模块，对系统整体基本没有影响；同时，如果增加新的系统，只需将其接入总线，对软件稍微修改，而不需系统性重新开发。

缺点是对系统整体可靠性要求较高，总线开发难度较大。由于各子系统单独使用控制器进行控制，所以控制器资源共享的程度降低。

4. 混合式车身电控系统

这种车身电控系统的基本特征有 2 个：一是具备集中式系统的车身控制器，通过车身控制器来集中控制各个车身电气子系统；二是部分子系统的控制方式具有分布式系统的特征或分散式控制系统的特征。

混合式车身电控系统的优势在于可以实现分布式系统的功能，各模块可通过总线通信，大大简化了线束结构，降低了线束成本，从目前情况来看，成本低于分布式系统。它在一定意义上可以作为从分散式系统到分布式系统的过渡。

三、汽车车身电控系统的发展

目前分散式车身电控系统仍将大量存在于低端车型，但淘汰趋势已成必然；集中式车身控制系统将大量应用于中低端车型，但也会逐步让位于混合式；分布式控制系统在中高端车型将会继续应用；以集中式为基础的混合式系统将会在各档车型上广泛应用，占据最大份额。

随着集成控制技术、计算机技术和网络技术的发展，未来，汽车电控系统将向集成化、智能化和网络化 3 个方向发展。

1. 汽车车身电控系统向计算平台发展

(1) 硬件通用、高速，软件专业化，以软件功能提升硬件功能。

(2) 内外信息智能、高速传输，无线技术与有线技术相结合。

(3) 多微处理器协同工作，实现既有独立运行、又有协同功能的数据共享。

(4) 数字化控制取代模拟控制。

(5) 功能综合集成，如车身控制模块将取代单项控制系统。

2. 汽车车身电控关键技术

(1) 汽车传感器技术

汽车传感器技术的发展趋势为微型化、多功能化和智能化，具有自动进行时漂、温漂和非线性的自校正功能以及较强的抗干扰能力。

(2) 车用微处理器技术

车用微处理器将不断提高汽车电子装置的性能，改良复杂的汽车电子电路，减小汽车内部电路的体积。

(3) 软件新技术

要求使用多种控制软件，以满足多种硬件的要求。汽车多通道传输网络将很大程度依赖于软件总数的增加及其功能的提高，形成高性能实时操作系统。

(4) 车载网络技术

1) 控制器区域网 (CAN)。

2) 局部互联网络 (LIN)。

3) 高速容错网络 (FlexRay)。

4) 媒体定向系统传输 (MOST)。

5) 与计算机网络兼容的蓝牙技术。

第二章　汽车车身安全系统

§2—1　汽车安全气囊系统

学习目标

1. 能正确描述汽车安全气囊系统的功用和组成。
2. 能正确描述汽车安全气囊系统的工作原理。
3. 能正确讲述汽车安全气囊系统检修的注意事项。
4. 能利用故障诊断仪对汽车安全气囊系统进行自诊断。
5. 能对汽车安全气囊系统进行拆装及检修。

一、安全气囊系统的功用

1. 安全气囊系统的功用

安全气囊系统（Supplemental Restraint System，SRS）又称辅助防护系统或辅助约束系统，是车辆发生碰撞事故时保护乘客的安全辅助装置。它与座椅安全带配合使用，在汽车发生碰撞时为乘客提供有效的保护，如图 2—1—1 所示。

当汽车遭受一定程度和方向的碰撞导致车速急剧变化时，安全气囊迅速膨胀，承受并缓冲驾驶员头部与身体上部产生的惯性力，从而减轻人体遭受伤害的程度。

a）

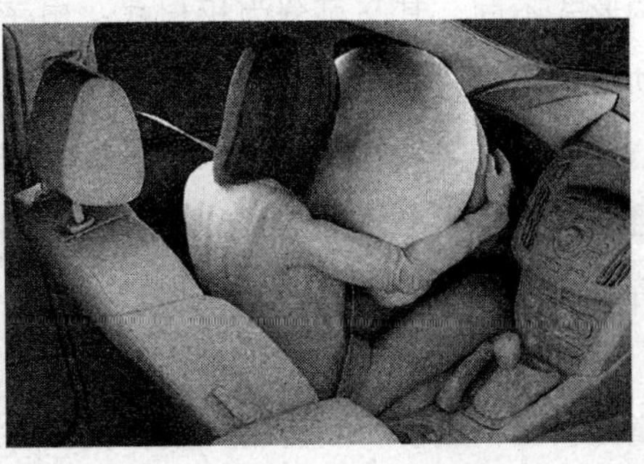

b）

图 2—1—1　安全气囊的功用

a）安全气囊引爆后膨胀　b）安全气囊为人员提供保护

2. 安全气囊的位置

一般驾驶员前气囊安装在方向盘中央，与喇叭开关在同一位置，称为主气囊。前排乘客的前气囊安装在正前方的仪表板内，称为副气囊。侧气囊是为了保护侧面安全，一般安装在座椅椅背的侧面或车门的饰板内。气帘是为了保护头部安全，安装在 A 柱内或车顶饰物内。膝部气囊一般安装在仪表板下方靠近膝部的位置。具体位置可以在实车上寻找“AIRBAG”的标记，安全气囊就安装在该标记的下方，如图 2—1—2 所示。

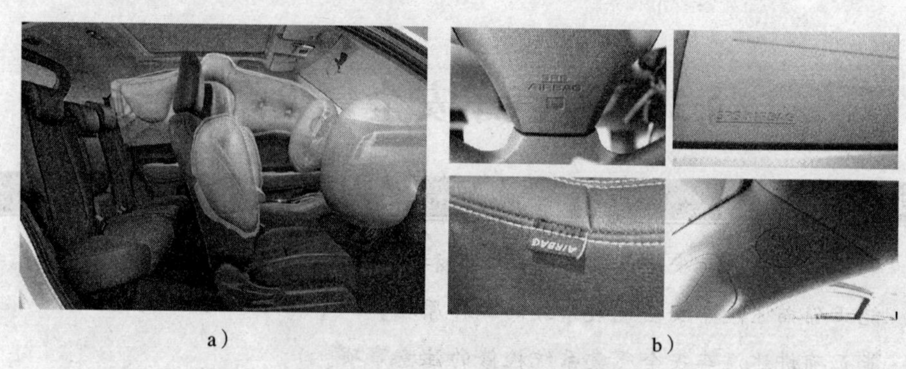

a）　　　b）

图 2—1—2　安全气囊的位置

a）安全气囊的位置　b）安全气囊位置标记

二、安全气囊系统的组成

汽车安全气囊系统主要由安全气囊传感器、安全气囊控制单元（SRS ECU）、安全气囊指示灯、安全气囊组件等组成。

1. 安全气囊传感器

传感器是安全气囊系统主要的信号输入装置，其作用是检测、判断汽车发生事故时的碰撞强度信号，并将此信号输入安全气囊控制单元，控制单元根据传感器的输入信号来判断是否引爆充气元件使气囊充气。

按照传感器的功能不同，安全气囊传感器可分为碰撞传感器和安全传感器两种。按传感器的结构形式不同，其又可分为机电式、电子式和机械式三种。机电式碰撞传感器是利用机械的运动（滚动或转动）来控制电气触点动作，再由触点闭合和断开来控制气囊电路的接通和切断，常见的有滚轴开关式、滚球开关式和偏心锤式碰撞传感器。电子式碰撞传感器常用的有电阻应变式和压电效应式两种。机械式碰撞传感器常见的为水银开关式，它是利用水银导电的特性来控制气囊电路的接通和切断。

（1）碰撞传感器

碰撞传感器相当于一只控制开关，其工作状态取决于汽车碰撞时的减速度大小。其安装在汽车左前、右前、前部中央和 SRS ECU 内部（如两侧的前翼子板内、发动机散热器两侧等），分别称为左前、右前、中央和中心碰撞传感器，其功用是将汽车碰撞时的减速度输入 SRS ECU，用以判定车辆发生碰撞的程度。

1）滚轴开关式碰撞传感器

如图 2—1—3 所示，滚轴开关式碰撞传感器由止动销、滚轴、滚动触点、固定触点、底座和片式弹簧等零部件组成。片式弹簧左端固定在底座上，右端受弹力弹起将滚轴固定在止动销上，滚动触点固定在滚轴上，连接传感器的一个电极，并可随滚轴滚动；固定触点固定在片式弹簧上与另一电极连接。

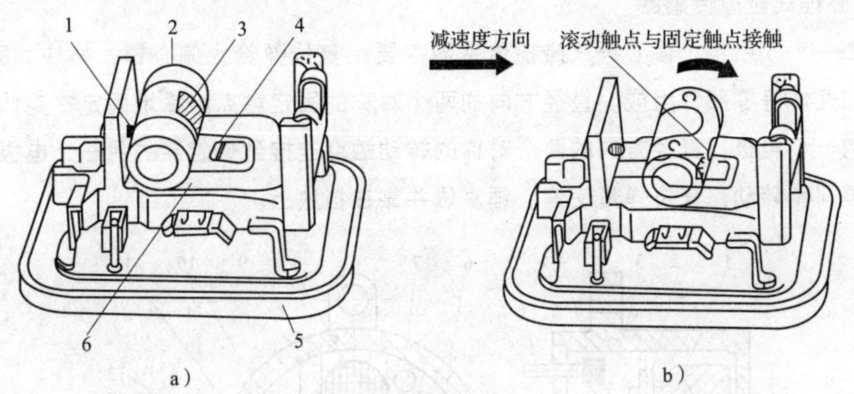

图 2—1—3　滚轴开关式碰撞传感器

a）不碰撞时　b）碰撞时

1—止动销　2—滚轴　3—滚动触点　4—固定触点　5—底座　6—片式弹簧

汽车不碰撞时，传感器处于静止状态，如图 2—1—3a 所示。滚轴在片式弹簧的作用下靠向止动销，滚动触点和固定触点处于断开状态，传感器电路不通，无碰撞信号输入 SRS ECU。

汽车碰撞且减速度达到设定值时，如图 2—1—3b 所示。滚轴的惯性力克服片式弹簧的弹力，压下片式弹簧向右滚动，滚动触点和固定触点接触，传感器电路接通，碰撞信号输入 SRS ECU 中。

2）滚球开关式碰撞传感器

如图 2—1—4 所示，滚球开关式碰撞传感器由固定触点、滚球、永久磁铁、壳体等零部件组成。滚球由铁材料制成，可在滚道里滚动；两个固定触点分别连接两个传感器电极，并绝缘地固定在壳体上。

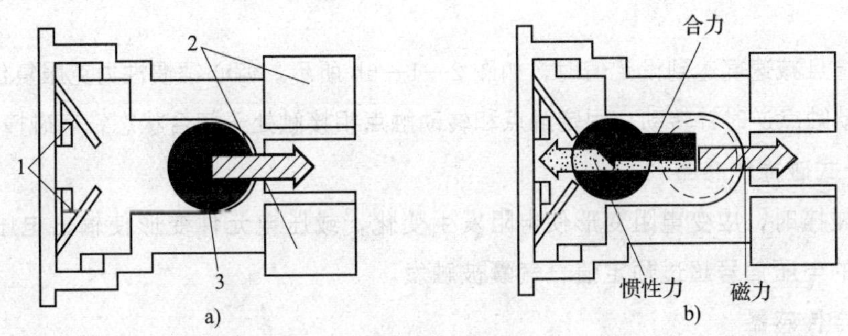

图 2—1—4　滚球开关式碰撞传感器

a）不碰撞时　b）碰撞时

1—固定触点　2—永久磁铁　3—滚球

汽车不碰撞时，传感器处于静止状态，如图 2—1—4a 所示。滚球被永久磁铁吸住，静止在右侧，两个固定触点处于断开状态，无碰撞信号。

汽车碰撞且减速度达到设定值时，如图 2—1—4b 所示。滚球的惯性力克服永久磁铁的吸引力滚向两个固定触点，使两固定触点处于闭合状态，有碰撞信号。

3）偏心锤式碰撞传感器

如图 2—1—5 所示，偏心锤式碰撞传感器主要由复位弹簧、偏心锤、挡块、固定触点、转动触点和壳体等零部件组成。直径方向的两个对称的固定触点绝缘地固定在壳体上，连接到传感器的一个电极；直径方向的两个对称的转动触点连接到传感器的另一个电极；转动触点与偏心锤同步转动；复位弹簧使偏心锤复位并靠在挡块上。

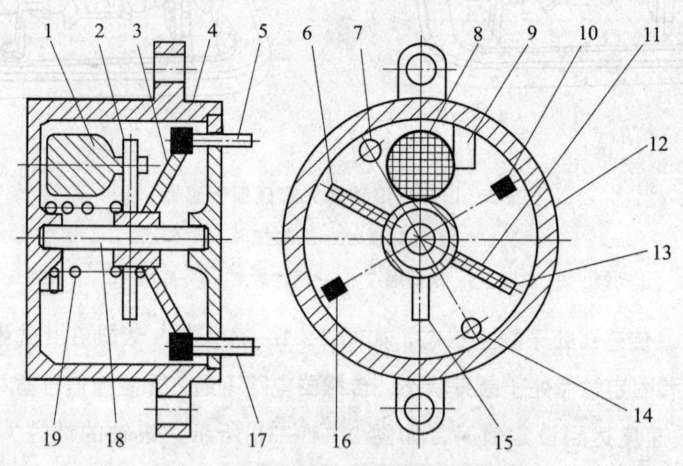

图 2—1—5 偏心锤式碰撞传感器

1、8—偏心锤 2、15—锤臂 3、11—转动触点臂 4、12—壳体
5、7、14、17—固定触点接线端子 6、13—转动触点
9—挡块 10、16—固定触点 18—传感器轴 19—复位弹簧

汽车不碰撞时，传感器处于静止状态，如图 2—1—6a 所示。在复位弹簧作用下，偏心锤靠在挡块上，转子和转动触点处于静止状态，转动触点与固定触点处于断开状态，无碰撞信号。

汽车碰撞且减速度达到设定值时，如图 2—1—6b 所示。偏心锤惯性力克服复位弹簧弹力，使转子和转动触点逆时针转动，固定触点和转动触点相接触处于闭合状态，有碰撞信号。

4）电子式碰撞传感器

当发生碰撞时，应变电阻变形使电阻发生变化，或压电元件变形使输出电压发生变化，传感器输出的电压信号超过预定值，气囊被触发。

（2）安全传感器

安全传感器又称触发传感器或保护传感器，一般安装在安全气囊控制单元内，其作用是防止碰撞传感器故障或短路引起 SRS ECU 误判，从而造成安全气囊误引爆。一般安全传感器动作所需的惯性力或减速度比碰撞传感器小一些。只有安全传感器和任一碰撞传感器同时接通时，安全气囊才会被触发。

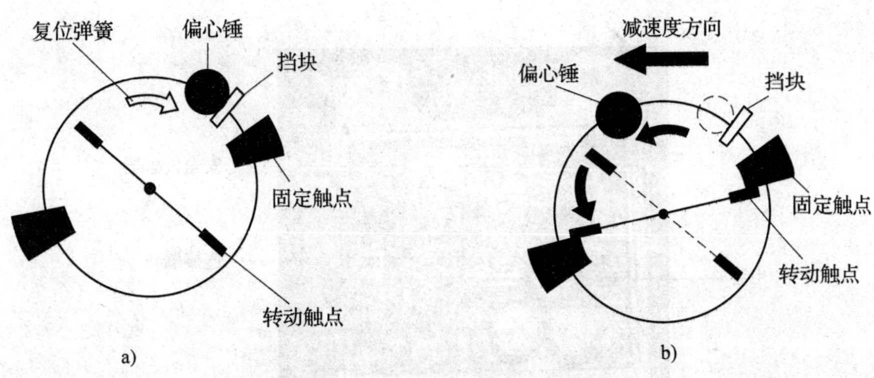

图 2—1—6　偏心锤式碰撞传感器原理

a）不碰撞时　b）碰撞时

安全传感器一般为水银常开式开关，如图 2—1—7 所示。当汽车发生碰撞时，足够大的惯性力或减速度力将水银抛向传感器两电极端，使两极接通，进而接通传感器电路，向 SRS ECU 输入碰撞信号。

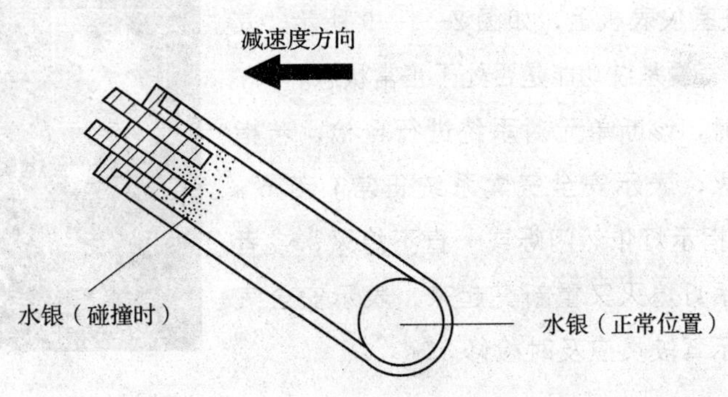

图 2—1—7　水银开关式安全传感器

2. 安全气囊控制单元（SRS ECU）

安全气囊控制单元及安全传感器一起被制作在安全气囊控制组件中，通常安装在驾驶室变速杆前、后的装饰板下面。

SRS ECU 的功用是接收碰撞传感器及其他各个传感器的输入信号，判断是否点火引爆气囊及预紧器，并对 SRS 系统的故障进行自诊断。

SRS ECU 是安全气囊系统的核心部件，其内部结构主要由安全气囊逻辑模块、能量储存装置（电容）、连接器等组成，如图 2—1—8 所示。

气囊系统有 2 个电源，即汽车电源（蓄电池和发电机）和备用电源。备用电源电路由电源控制电路和若干电容器组成。当汽车发生碰撞导致蓄电池和发电机与气囊系统断开时，备用电源在一定时间内（一般为 6 s）可以维持气囊系统供电。在维修气囊系统时，应注意备用电源的作用，在断开蓄电池电源后仍需要等待一段时间使备用电源放电，具体等待时间请参阅相关维修手册。

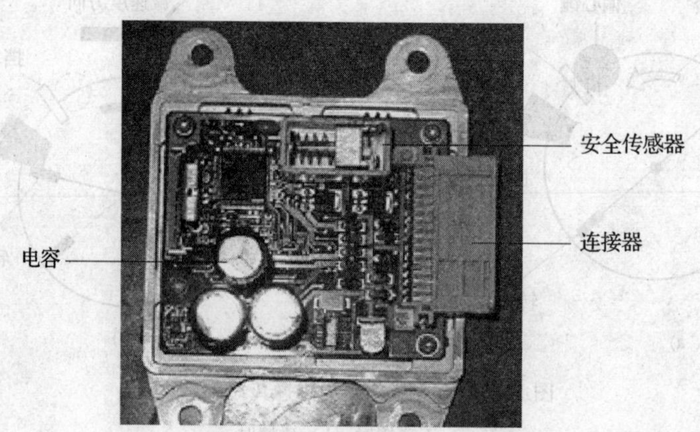

图 2—1—8 安全气囊控制单元

3. 安全气囊指示灯

安全气囊指示灯又称安全气囊警告灯或安全气囊警示灯，一般安装在驾驶室仪表板上，如图 2—1—9 所示，其主要功用是指示安全气囊系统功能是否处于正常状态。

接通点火开关时，诊断单元对系统进行自检，若指示灯点亮 6 s 后熄灭，表示安全气囊系统正常。若 6 s 后，安全气囊 SRS 指示灯依然闪烁或一直不熄灭，或者点火开关打开后指示灯熄灭又重新亮起来，表示安全气囊系统有故障，提示驾驶员应及时检修。

图 2—1—9 安全气囊指示灯

4. 安全气囊组件

安全气囊组件主要由安全气囊、气体发生器、点火器和安全气囊系统线束组成。

(1) 安全气囊

在汽车遭受碰撞时，气囊一般在一次碰撞后 10 ms 内开始充气，从开始充气到气囊完全膨开的整个充气时间约为 30 ms。气囊背面或顶部设置有 2～3 个排气孔，当驾驶员在惯性力作用下压在气囊上，气囊受压后便从排气孔排气，持续时间不到 1 s。

气囊采用尼龙制成，内层涂有聚氯丁二烯，用以密封气体。气囊静止时被折叠成包，安放在气体发生器上部和气囊饰盖之间，气囊饰盖表面模压有浅印，以便气囊充气爆开时撕裂饰盖，并减小冲出饰盖的阻力。

汽车前排安全气囊的有效作用范围在汽车正前方±30°之间，侧面安全气囊的有效作用范围在侧面±30°之间。侧面安全气囊在正面碰撞、轻微侧面碰撞、尾部碰撞和侧翻情况下都不会工作。

(2) 气体发生器（又称为充气器）

气体发生器由上盖、下盖、充气剂、金属滤网等组成，其功用是在点火器引爆点火剂时，产生气体向气囊充气，使气囊张开。根据驾驶员侧或前座乘客侧的使用情况不同，它被制成了罐状或筒状气体发生器，如图 2—1—10 所示。目前，气体发生器中所装的固体膨胀剂是由氮化钠为原料制成的片状颗粒。

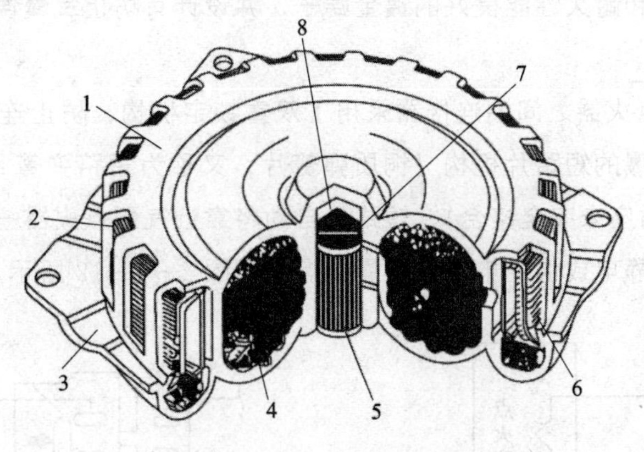

图 2—1—10 气体发生器

1—上盖 2—充气孔 3—下盖 4—充气剂 5—点火器药筒 6—金属滤网 7—电热丝 8—引爆炸药

气体发生器使用专用螺栓固定在气囊支架上，只有使用专用工具才能进行装配。气体发生器自安装之日起，应 10 年更换 1 次。

控制单元激活电桥点火（触发）器，使固体膨胀剂爆炸燃烧而产生大量对乘客无害的充填安全气囊用的氮气，并由金属过滤器进行净化和冷却。

(3) 点火器

点火器的结构如图 2—1—11 所示。点火器外包铝箔，安装在气体发生器内部中央位置。

当 SRS 控制电脑发出点火指令时，电热丝电路接通，电热丝迅速红热引爆引药，引药瞬间爆炸产生热量，药筒内温度和压力急剧升高并冲破药筒，使充气剂受热分解释放氮气充入安全气囊。

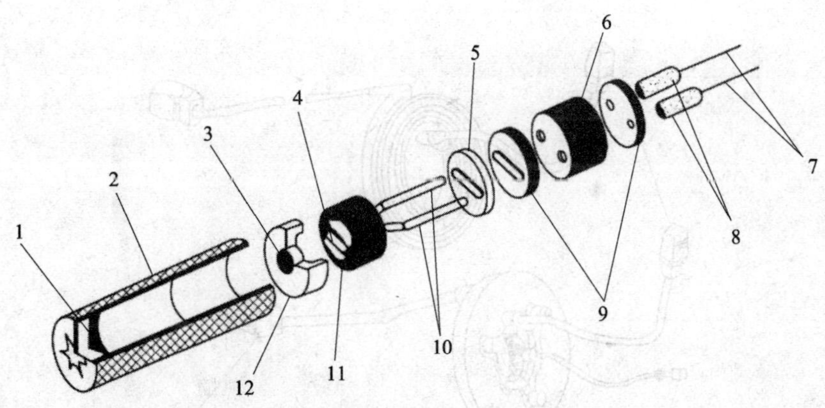

图 2—1—11 点火器

1—引爆炸药 2—药筒 3—引药 4—电热丝 5—陶瓷片 6—永久磁铁 7—引出导线

8—绝缘套管 9—绝缘垫片 10—电极 11—电热头 12—药托

(4) 安全气囊系统线束

安全气囊系统线束连接器及保险机构的作用是将气囊系统线束与其他电气系统线束区别开，目前大多数汽车的安全气囊系统线束采用黄色连接线，也有采用深蓝色或橘红色的。连接器采用了导电性能和耐久性能良好的镀金端子，并设计有防止气囊误爆的机构，以保证气囊系统可靠工作。

从气囊 ECU 到点火器之间的连接器采用了双重锁定机构，防止连接器松脱。同时连接器采用了防止气囊误爆的短路片机构（铜质弹簧片，又称为短路弹簧片）。当连接器拔开时（插头拔下或插头与插座未完全接合），短路片自动将靠近气囊点火器一侧插头或插座的两个引线端子短接，防止静电或误通电造成气囊误爆，如图 2—1—12 所示。

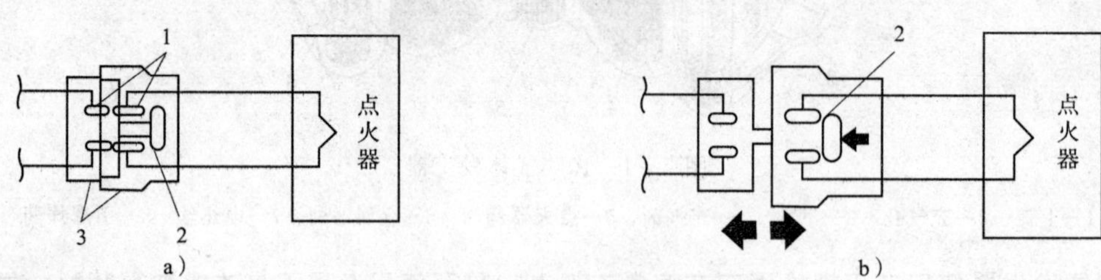

图 2—1—12 安全气囊防误爆机构

a）连接器接合 b）连接器断开

1—端子 2—短路片 3—连接器

为了保证方向盘具有足够的转动角度且不损伤驾驶员侧气囊组件的连接线束，在方向盘与转向柱管间采用了螺旋线束，即将电线束安装在螺旋形弹簧内，再将电线束、螺旋形弹簧放入弹簧壳体内。

在不同汽车制造厂提供的维修手册中，螺旋线束的名称各有不同，如螺旋弹簧、游丝或游丝弹簧等，如图 2—1—13 所示。在方向盘和转向柱之间安装螺旋弹簧时，需要注意安装位置和方向。

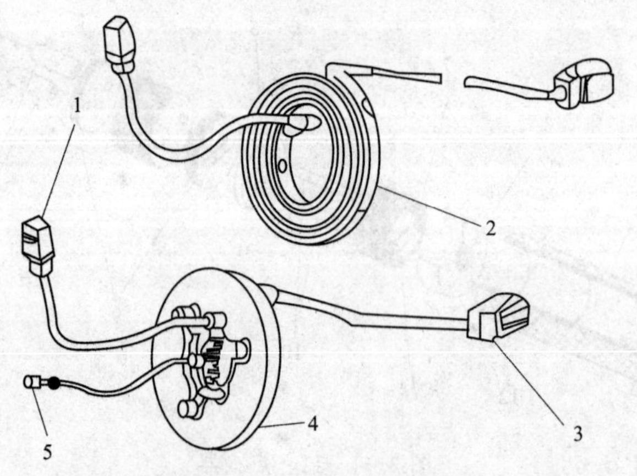

图 2—1—13 螺旋线束

1—至气体发生器 2—有滑环的盘式连接器 3—至控制单元（有短路片） 4—盘式连接器壳体 5—搭铁插头

当拆卸和安装方向盘时，应将转向柱固定在“直向前”的位置，以免损坏螺旋线束。其安装位置及方向应保证不影响方向盘的转动。

三、安全气囊系统的工作原理

如图 2—1—14 所示，当汽车发生碰撞时，碰撞传感器和安全传感器便会检测出汽车碰撞时突然减速的信号，并将此减速信号传送给安全气囊控制单元，当汽车碰撞的减速度达到一定阈值时，由安全气囊控制单元向点火器发出点火指令，使电热丝通电发热而引爆炸药，迅速产生大量热量，气体发生器内的气化剂受热分解，释放出大量的氮气并冲入气囊，气囊便冲开气囊组件中的装饰盖板而鼓向驾驶员和副驾驶员，在人与车内构件之间铺设一个弹性气垫。通过这个弹性气垫——气囊所产生的变形，吸收汽车碰撞后人体的惯性力，达到减轻人体遭受伤害的目的。

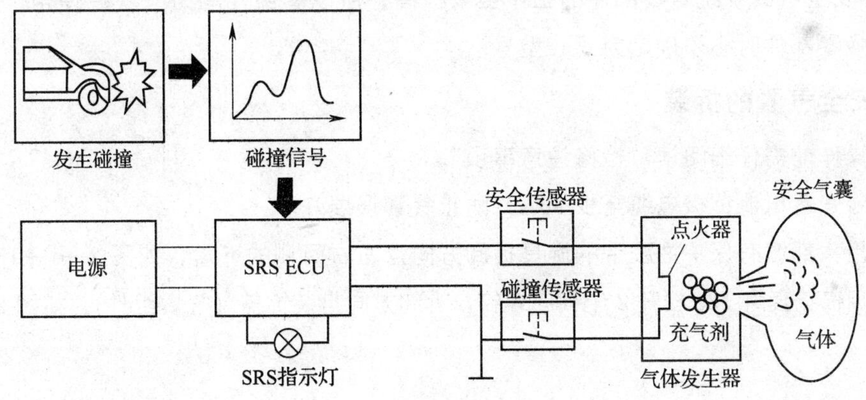

图 2—1—14　安全气囊系统的工作过程与原理

四、安全气囊系统的拆装与检修

以 2010 款丰田卡罗拉轿车为例。

1. 安全气囊检修注意事项

(1) 检修工作必须在点火开关关闭，并且拆下蓄电池搭铁线 90 s 或更长一些时间后才能开始。这是因为安全气囊系统配有备用电源，如果检修工作在拆下蓄电池电缆后 90 s 之内进行，就有可能使安全气囊打开。当拆下蓄电池搭铁线之后，时钟和音响系统的存储将会取消。因此，在工作开始之前，应将音响系统的内容记录下来。

(2) 即使车辆只发生轻微碰撞而安全气囊未打开，也要对前气囊传感器和气囊组件进行检查。对于装有安全气囊自诊断功能的汽车，当系统出现故障时，可以直接通过 SRS 指示灯的闪烁或发出的声响提取故障代码，不需用电脑检测仪或短接法读取。

(3) 当安全气囊系统出现故障时，应使用专用电脑检测仪进行故障诊断和排除。

(4) 中央安全气囊传感器总成含有水银，不要将换下的旧零件毁掉。当报废车辆或只更换安全气囊传感器本身时，应拆下中央安全气囊传感器总成并作为有害废物处置。

（5）用万用表检查安全气囊组件时会使安全气囊误展开，这会导致严重伤害。因此，不要用万用表检查安全气囊组件。一般用车载诊断系统诊断安全气囊组件故障。

（6）不恰当的安全气囊系统线束维修，可能导致安全气囊或预紧安全带突然展开，这会引起严重伤害。如果发现系统线束有问题，应更换线束，不要试图维修线束。

（7）拆卸和再次组装安全气囊系统组件，会致使系统无法正常工作，在事故中将导致乘车人员严重伤害甚至死亡。因此，不要拆卸安全气囊系统的任何组件。

（8）在拆卸或搬运安全气囊组件时，气囊装饰盖一面应当朝上，不得将安全气囊组件重叠堆放，以防气囊误展开造成安全事故。

（9）碰撞传感器的动作具有方向性，安装碰撞传感器时，传感器壳体上的箭头必须指向汽车前方。

（10）安全气囊系统对零部件的工作要求极高，所以零部件均为一次性使用，不能重复使用，更换零部件时必须确定为同一型号。

2. 安全气囊的拆装

（1）操作前需仔细阅读“检修注意事项”。

（2）断开蓄电池负极电缆至少 90 s，防止气囊误展开。

（3）用头部缠有保护性胶带的旋具拆卸方向盘左右两侧的下盖，如图 2—1—15a 所示。

（4）用梅花套筒 T30 松开 2 个梅花螺钉，拆卸方向盘装饰盖（气囊组件），如图 2—1—15b 所示。

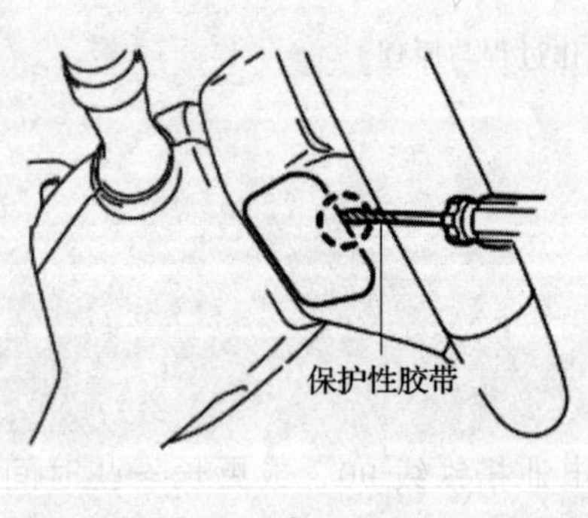

a）

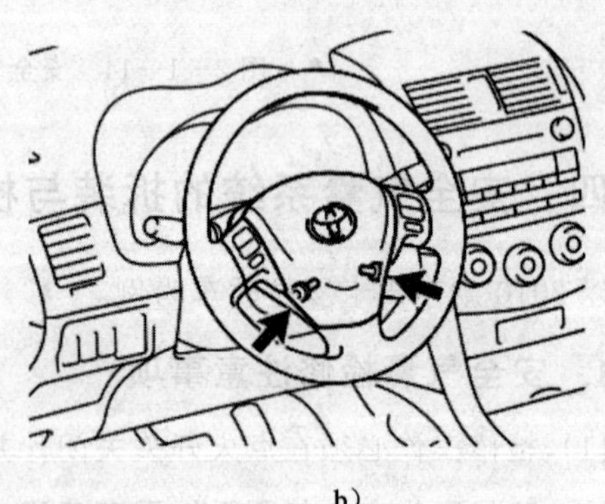
b）

图 2—1—15　拆卸方向盘饰盖
a）拆卸方向盘下盖　b）拆卸方向盘装饰盖

（5）从方向盘总成中拉出方向盘装饰盖，注意不要拉动气囊线束，如图 2—1—16a 所示。

（6）用头部缠有保护性胶带的旋具断开喇叭连接器、气囊连接器，并拆下带有安全气囊组件的方向盘装饰盖，如图 2—1—16b 所示。

（7）安装安全气囊组件，检查并确认点火开关置于 OFF 位置，检查并确认蓄电池负极已断开 90 s 以上。

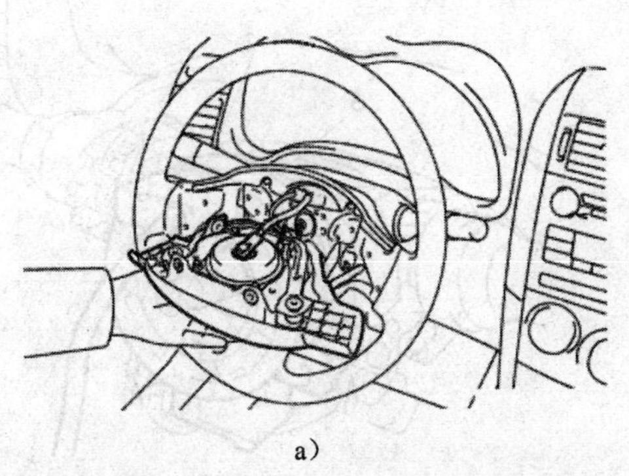

a)

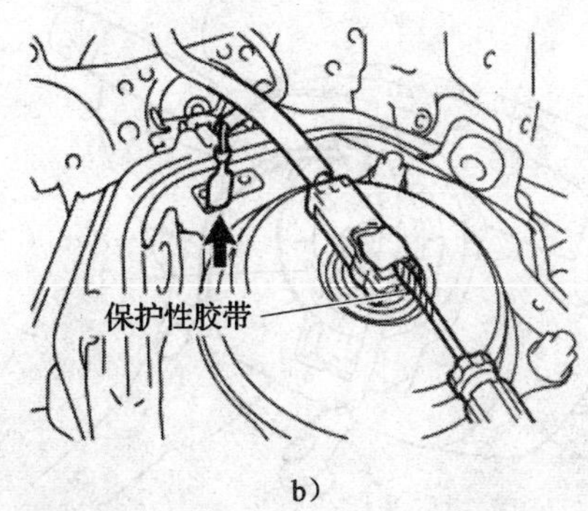

b)

图 2—1—16 拆卸安全气囊组件

a）拆卸安全气囊组件 b）拆卸气囊线束

(8) 按拆卸相反的顺序，重新连接喇叭连接器、气囊连接器，装回方向盘装饰盖，用 8.8 N·m 力矩紧固梅花螺钉，重新安装方向盘两侧下盖。

(9) 连接蓄电池负极，打开点火开关，检查喇叭可以鸣响，检查 SRS 安全气囊指示灯。

3. 安全气囊控制单元的拆装

(1) 操作前需仔细阅读“检修注意事项”。

(2) 断开蓄电池负极电缆至少 90 s，防止气囊误展开。

(3) 拆卸换挡杆下方的装饰板，断开安全气囊控制单元插头，拆卸控制单元的 3 个固定螺栓，取下控制单元。

(4) 按相反的顺序安装安全气囊控制单元，以 11 N·m 力矩紧固固定螺栓。

(5) 检查安全气囊指示灯。安全气囊控制单元更换后第一次打开点火开关，应注意躲避安全气囊，以防意外发生。

4. 螺旋线束的拆装与检查

(1) 断开蓄电池负极电缆至少 90 s。

(2) 拆卸驾驶员处的方向盘装饰盖（安全气囊组件），断开连接器。

(3) 拆卸方向盘。

(4) 拆卸仪表板下装饰板，拆卸转向柱罩盖，如图 2—1—17a 所示。

(5) 从带转向角传感器的螺旋电缆上断开连接器，如图 2—1—17b 所示。脱开三个卡爪，并拆下带转向角传感器的螺旋线束，并将螺旋线束从转向角度传感器上拆下，如图 2—1—18 所示。

(6) 螺旋线束的检查。检查螺旋线束表面应无裂纹、划痕、碎片等损伤，否则应更换螺旋线束。从中央位置分别向左右旋转螺旋线束，使用万用表电阻挡测量螺旋线束端对端的电阻，应小于 1 Ω，否则应更换螺旋线束。为了防止损坏螺旋线束，从中央位置向左右两边旋转不得超过 2.5 圈。

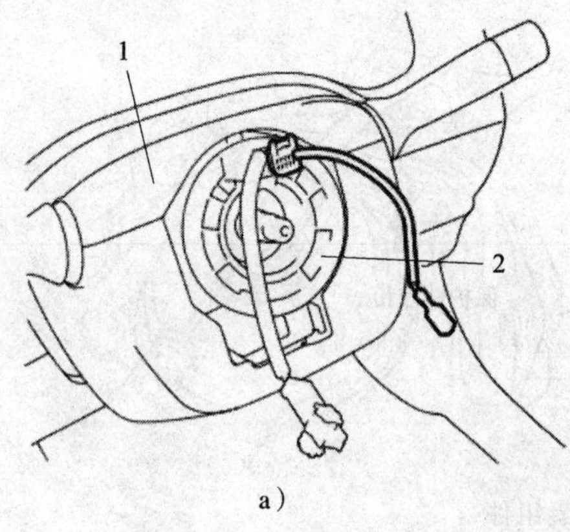

a）

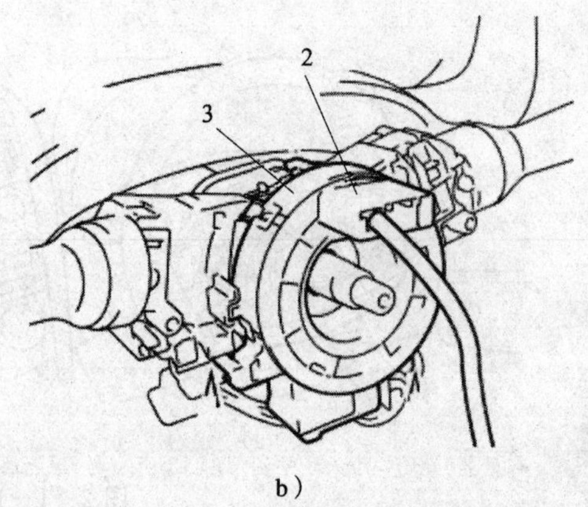

b）

图 2—1—17 拆卸螺旋线束

a）拆卸转向柱罩盖 b）拆卸螺旋线束和转向角度传感器

1—转向柱罩盖 2—螺旋线束 3—转向角传感器

(7) 采用相反的方法安装螺旋线束。

1）检查并确认车辆前轮正对前方。

2）将转向信号开关置于空挡位置，否则转向信号开关销可能卡住。

3）接合 3 个卡爪并安装螺旋电缆，将连接器连接至螺旋电缆。

4）安装仪表板下装饰板、转向柱罩盖，连接安全气囊组件线束，装复方向盘装饰盖。

5. 碰撞传感器的拆装

(1) 关闭点火开关，断开蓄电池负极电缆至少 90 s。

(2) 拆卸碰撞传感器上方相关附件。

(3) 松开碰撞传感器固定螺栓，注意不要损坏传感器止动销，如图 2—1—19 所示。

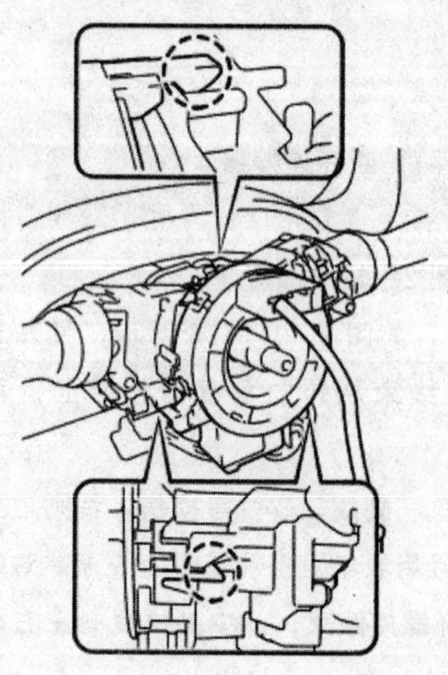

图 2—1—18 螺旋线束 3 个卡爪

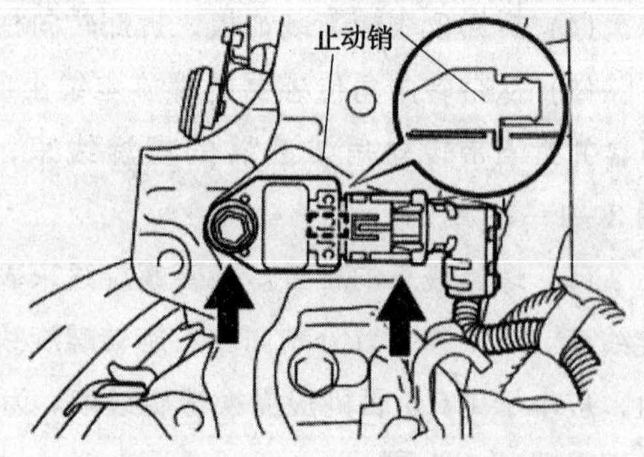

图 2—1—19 拆卸碰撞传感器

(4) 按相反的顺序装复碰撞传感器，注意碰撞传感器安装方向，箭头标记朝向车辆的正前方。

6. 安全气囊系统的检修

(1) 故障的自诊断

安全气囊系统内部有监测电路，能不断监测安全气囊系统的工作状态，并将故障以代码的形式记录在电脑内。维修人员可以按照特定的方法将故障信息从电脑内读出，为安全气囊系统的检修提供依据。

1) 打开点火开关后，观察仪表盘上的安全气囊指示灯，应闪烁 6 s 后熄灭，否则安全气囊控制单元内存有故障代码。

2) 关闭点火开关，连接故障诊断仪诊断接头（以金德 KT600 为例）。

3) 打开 KT600 故障诊断仪开关，选择“汽车诊断”功能，如图 2—1—20 所示。

图 2—1—20　选择“汽车诊断”功能

4) 选择“日本车系、丰田汽车”后，选择诊断座类型为 16PIN，如图 2—1—21 所示。

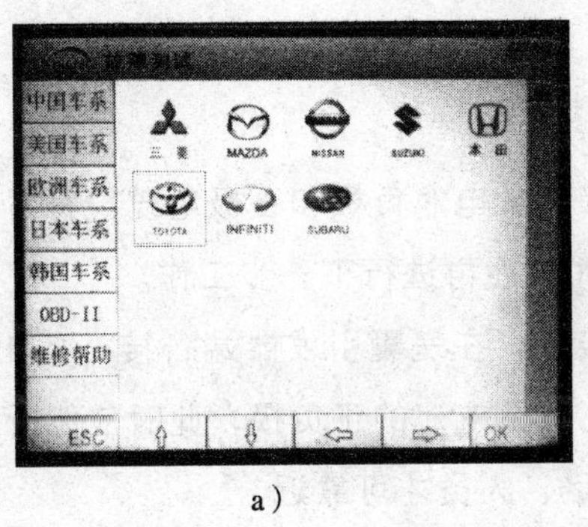

a）

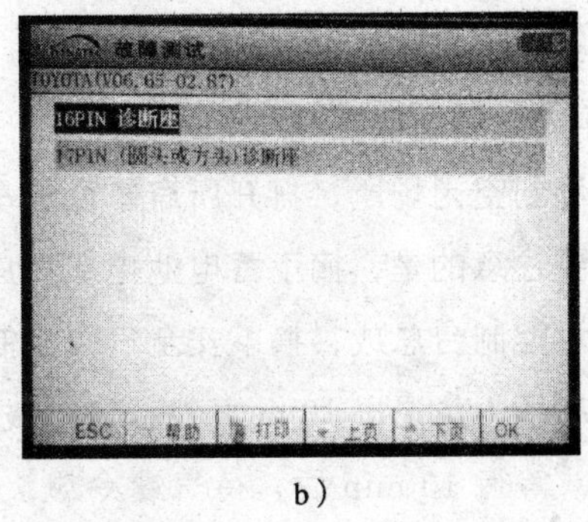

b）

图 2—1—21　选择车型和诊断座类型

a）选择车型　b）选择诊断座类型

5) 进入“安全气囊系统”，选择“读取当前码”，并记录当前故障代码，如图 2—1—22 所示。

6) 返回“功能选择”菜单，清除故障码，并重新读取确认、记录当前故障码，如图 2—1—23 所示。

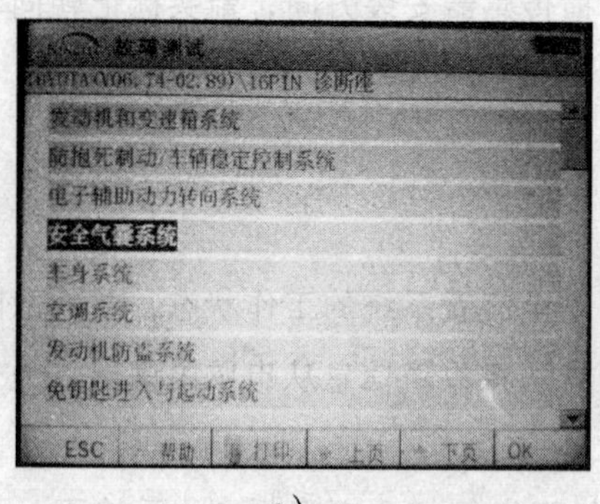

a）

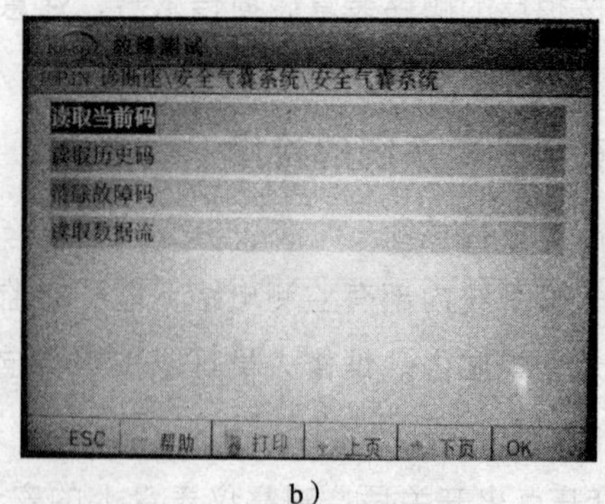

b）

图 2—1—22 读取故障码

a）进入安全气囊系统 b）读取当前故障码

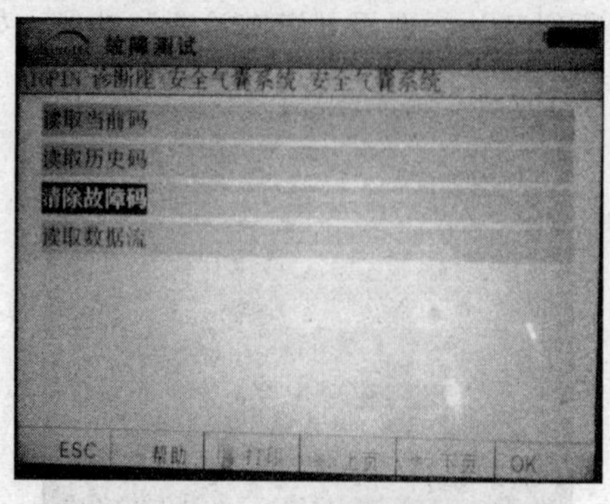

图 2—1—23 清除故障码

（2）故障诊断与排除方法

安全气囊故障诊断与排除的方法如图 2—1—24 所示。

（3）安全气囊的处置

1）车内引爆

将车移到空闲场所，打开所有车窗和车门；摘下蓄电池负极和正极电缆；将蓄电池搬出车外。需要注意的是，摘下蓄电池电缆后应等待 30 s 后再进行下一步工作。

拆下后控制台总成，摘下安全气囊控制块连接器，在气囊引发器端各接一条 10 m 长的电线。让在场人员退出 10 m 之外，将电线触及 12 V 蓄电池的正负极，此时应能听到气囊爆炸的声音。等待 10 min 后，待气囊冷却，烟尘散尽，人员才可靠近。

2）车外引爆

按维修手册的说明将气囊拆下取出，将气囊饰面朝上放在一块空旷的平地上，在气囊点火器两端各接一条 10 m 长的电线。让在场人员退出 10 m 之外，将电线触及 12 V 蓄电池的正负极，此时应能听到气囊爆炸的声音。等待 10 min 后，待气囊冷却，烟尘散尽，人员才可靠近。

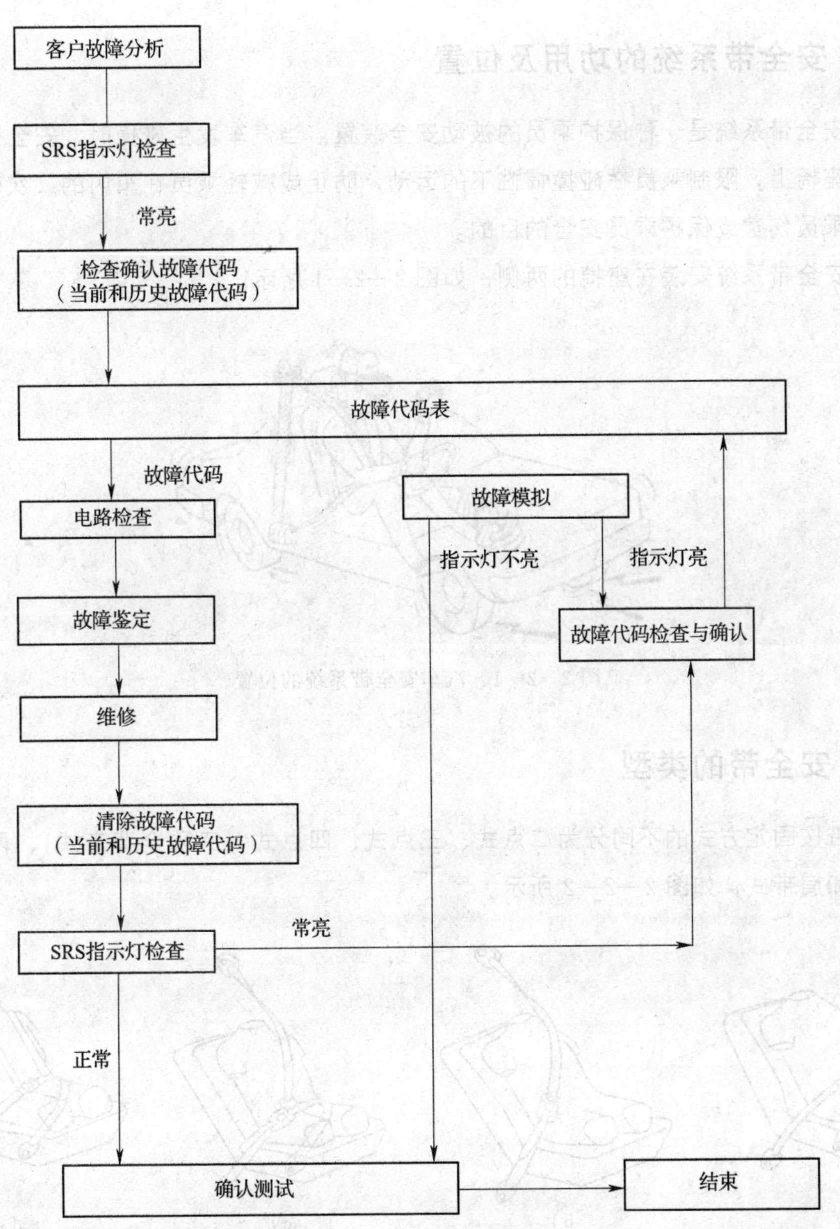

图 2—1—24　故障诊断与排除方法

§2—2　汽车安全带系统

学习目标

1. 能正确描述安全带系统的功用和分类。
2. 能正确描述安全带系统的组成和工作原理。
3. 能对安全带系统进行检修。

一、安全带系统的功用及位置

汽车安全带系统是一种保护乘员的被动安全装置。当汽车发生碰撞时，安全带系统将乘员固定在座椅上，限制乘员在碰撞惯性下的运动，防止或减轻乘员在车内的二次碰撞，从而达到减轻乘员伤害或保护乘员安全的目的。

汽车安全带系统安装在座椅的两侧，如图 2—2—1 所示。

图 2—2—1　汽车安全带系统的位置

二、安全带的类型

安全带按固定方式的不同分为二点式、三点式、四点式（又称全背带式），两点式又分为腰带式和肩带式，如图 2—2—2 所示。

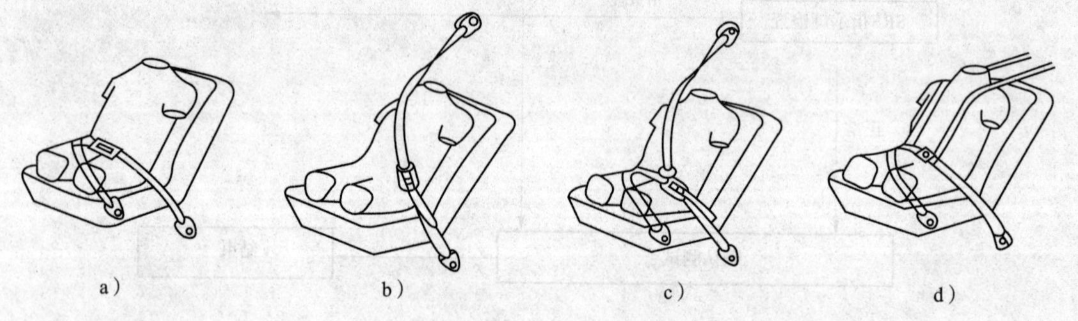

图 2—2—2　安全带的类型

a）腰带式　b）肩带式　c）三点式　d）四点式

1. 腰带式安全带

腰带式安全带是适用范围最广的一种形式，但在发生碰撞时对上体的保护不足，单独使用不理想。由于它对防止乘员甩出车外的效果很好，现在主要在后排座椅上使用。

2. 肩带式安全带

肩带式安全带也称为斜式安全带或安全肩带，在欧洲用得较多。由于在发生碰撞时容易发生下半身向前方挤出等不良情况，在日本、澳大利亚等国家不允许采用这种形式。

3. 三点式安全带

三点式安全带把二点式安全带与肩带式安全带组合起来，乘员保护性能优良，实用性好，是现在最常用的一种形式。为了便于使用，把肩带和腰带的织带连起来的方式已经普及。

4. 四点式安全带

四点式安全带也称全背带式安全带，乘员保护性能最好，但在实用性方面还存在一些不足，故仅限于特殊用途，如赛车上。

三、安全带系统的组成

安全带系统主要由织带、锁舌、锁扣、收紧器、限力器、安全带警告指示灯、固定件及安装附件等组成，如图 2—2—3 所示。

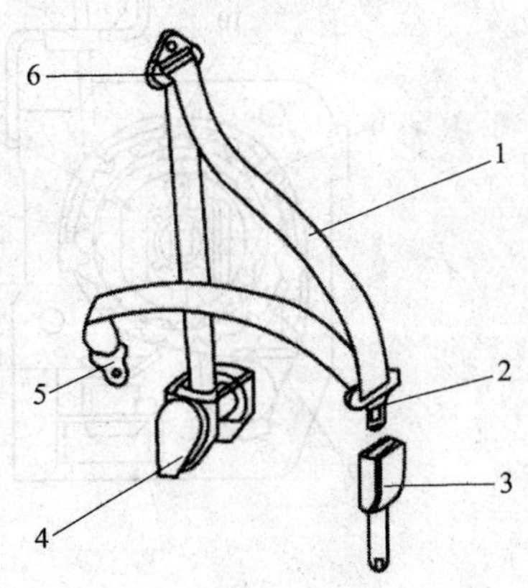

图 2—2—3　安全带系统的组成

1—织带　2—锁舌　3—锁扣

4—收紧器　5、6—固定件

1. 织带

织带是安全带的主体，大多用尼龙、聚酯、维尼纶等合成纤维纺织而成，其宽约 50 mm、厚约 1.5 mm。织带根据国家标准要求，应具有足够的强度、延伸性能和吸收能量的性能，同时还必须具有良好的耐温湿性、耐磨性和耐光性。这是为了保证汽车发生碰撞事故时，安全带能有效地约束乘员的惯性运动，防止或减轻二次伤害。

2. 锁扣和锁舌

安全带锁扣和锁舌是为了方便乘员佩戴安全带，锁舌插入或脱开锁扣，即完成安全带的佩戴或解脱。

3. 收紧器

(1) 收紧器的功用

收紧器在安全带佩戴或解脱状态下，能自动收卷和存储多余的织带。当汽车发生碰撞事故时，乘员的惯性运动速度达到一定程度，收紧器会锁紧安全带，从而将乘员约束在座椅上。

(2) 收紧器的结构与原理

收紧器按照紧急情况下收紧装置驱动方式的不同，分为机械式收紧器和电控火药式收紧器。

1) 机械式收紧器

机械式收紧器主要由卷筒、卷筒轴、卷簧、棘轮棘爪机构和离合器等组成，如图 2—2—4 所示。当汽车正常行驶时，卷筒轴和卷筒在卷簧的作用下带动织带自由伸缩，自动调整织带长度使织带不过分松弛。当汽车发生碰撞或紧急制动时，收紧器内的敏感元件将驱动锁止机构（棘轮棘爪机构）锁住卷轴，从而固定织带，约束乘员身体。

2）电控火药式收紧器

电控火药式收紧器主要由气体发生器、卷轴、卷筒、棘轮等组成，如图 2—2—5 所示。电控火药式收紧器借助安全气囊系统的传感器判断碰撞信号和碰撞程度。当碰撞达到一定程度时，电控控制点火器点火，气体发生器产生高压气体通过活塞推动卷筒和卷轴回卷安全带，从而约束织带，约束乘员身体。

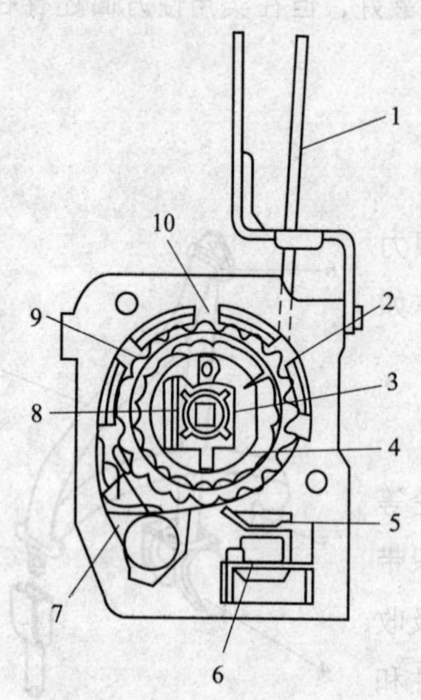

图 2—2—4 机械式收紧器

1—织带 2—卷筒 3—卷轴 4—平衡块
5—执行臂 6—摆锤 7—棘爪
8—卷簧 9—棘轮 10—离合器

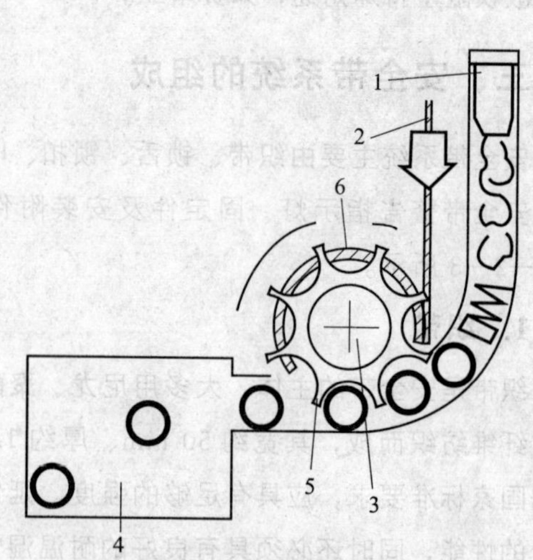

图 2—2—5 电控火药式收紧器

1—气体发生器 2—织带 3—卷筒、卷轴
4—保持架 5—棘轮 6—收紧装置

4. 限力器

当汽车发生严重碰撞，安全带收紧器收紧时，安全带施加在乘员身体上的约束力过大，会使人体产生不适感，甚至会造成伤害。限力器的作用就是控制安全带收紧后对乘员的约束力，改善安全带的能量吸收性能，均匀地施加约束力。

如图 2—2—6 所示，当乘员在碰撞的作用下向前运动，使安全带所受力超过预定值时，限力板将在卷筒的作用下变形，限力板和卷筒一起旋转，使安全带得以向外延伸，同时限力板成为安全带继续延伸的阻力，从而缓冲乘员身体的运动，控制约束力。当卷筒转过 1.25 圈，限力板首末两端相接触时，卷筒转动停止，安全带被重新固定。

5. 安全带警告指示灯

为了提醒驾驶员或乘客系好安全带，在仪表上设有安全带警告指示灯，如图 2—2—7 所示。通过安全带警告指示灯的闪烁和蜂鸣器的鸣叫，发出警告信号，提醒人员系上安全带。只要系上安全带，安全带警告指示灯的闪烁和蜂鸣器就会关闭。

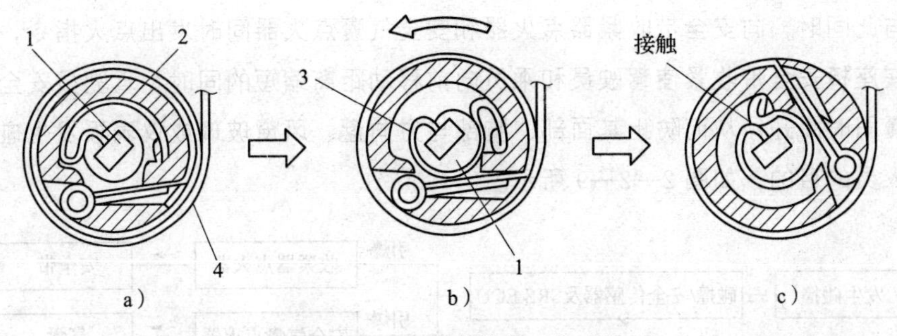

图 2—2—6　限力器的工作过程

a）未动作　b）动作中　c）动作结束

1—固定轴　2—卷筒　3—限力板　4—安全带

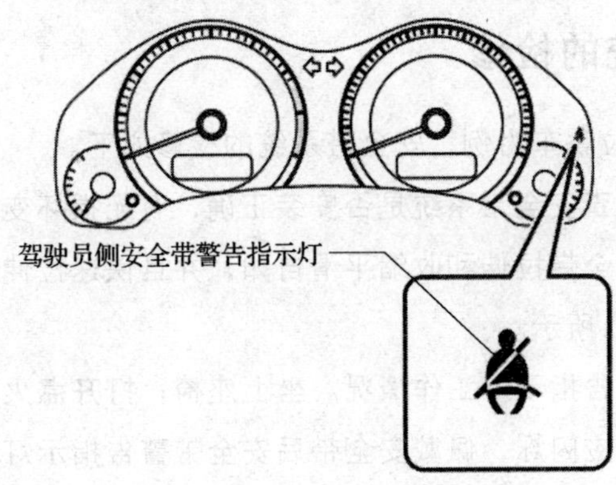

图 2—2—7　安全带警告指示灯

四、安全带系统的工作原理

在汽车行驶过程中，安全传感器和前碰撞传感器随时检测减速度变化信号，并将信号送到 SRS ECU。SRS ECU 经过计算和判断后，再向收紧器的点火器或 SRS 点火器发出点火指令，使安全带收紧器动作，或收紧器与 SRS 同时动作。

当汽车行驶速度低于 30 km/h 时，碰撞产生的减速度和惯性力较小，安全传感器和前碰撞传感器将此信号送到 SRS ECU，SRS ECU 判断结果为不引爆安全气囊的点火器，仅引爆座椅安全带收紧器的点火器。与此同时，它向左右安全带收紧器的点火器发出点火指令使安全带收紧。因此，在低速（减速度较小）碰撞时，只需安全带预紧器单独工作，向后拉紧安全带，就足以保护驾乘人员不撞向前方，如图 2—2—8 所示。

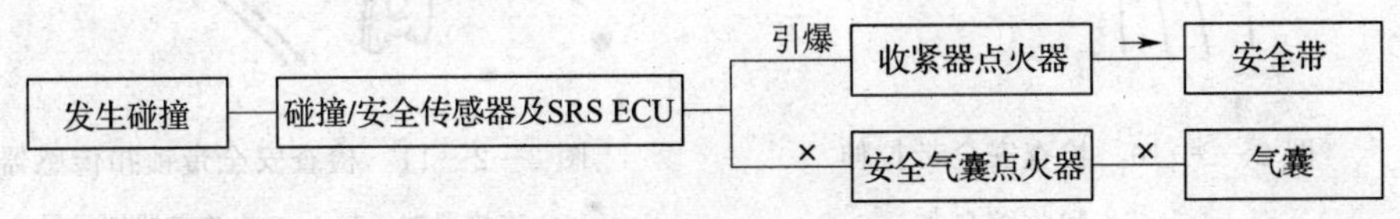

图 2—2—8　只引爆安全带收紧器

当汽车行驶速度高于 30 km/h 时，碰撞产生的减速度和惯性力较大，安全传感器和前碰撞传感器将此信号送到 SRS ECU，SRS ECU 判断结果为需要安全气囊和安全带收紧器共同动作。与此同时，向安全带收紧器点火器和安全气囊点火器同时发出点火指令，引爆所有点火器，在座椅安全带收紧使驾驶员和乘员向前移动距离缩短的同时，驾驶员安全气囊与乘客安全气囊同时膨开，从而防止其面部、胸部与方向盘、风窗玻璃或仪表板发生碰撞，达到保护驾乘人员的目的，如图 2—2—9 所示。

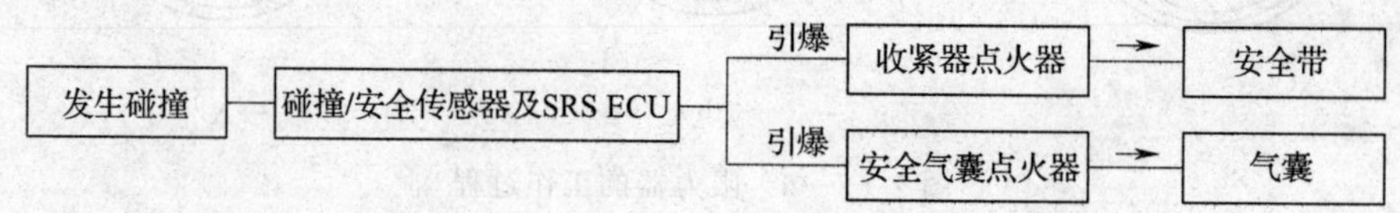

图 2—2—9 同时引爆安全带收紧器和安全气囊

五、安全带系统的检修

以 2010 款丰田卡罗拉轿车为例，安全带系统的检修如下。

第一，目视检查。检查安全带系统是否安装正确，有无损坏变形。

第二，检查并确认安全带拉伸和收缩平滑自如，并且快速拉伸安全带时，安全带可靠收紧、锁止，如图 2—2—10 所示。

第三，检查安全带警告指示灯工作情况。坐上座椅，打开点火开关，佩戴安全带前仪表盘上的安全带警告指示灯应闪烁，佩戴安全带后安全带警告指示灯应消失。

第四，若安全带警告指示灯不正常，插入安全带锁扣，用万用表检查传感器，电阻应小于 100 Ω；脱开安全带锁扣，电阻应为∞。若不正常，则更换安全带锁扣，如图 2—2—11 所示。

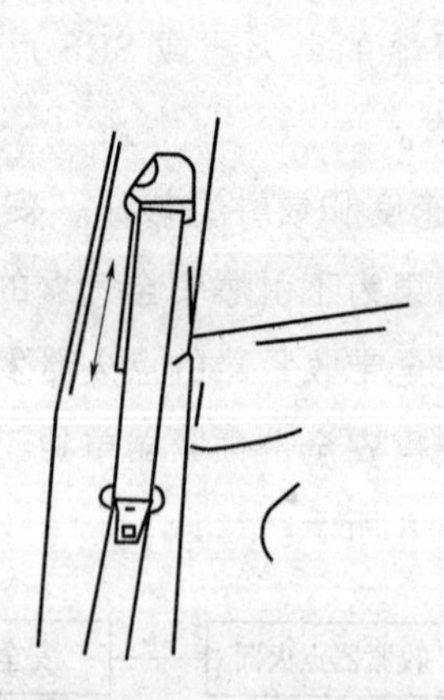

图 2—2—10 检查安全带拉伸和收缩自如

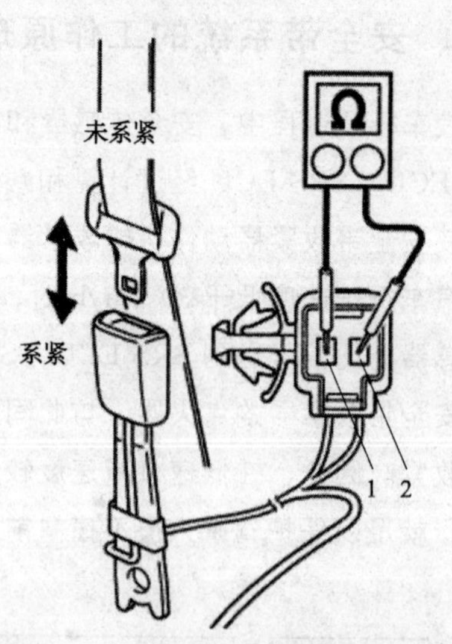

图 2—2—11 检查安全带锁扣传感器

1—连接器端子号 1 2—连接器端子号 2

第五，检查安全带收紧器是否正常。当收紧器倾角小于等于 15°时，安全带应能从收紧器里拉出；当收紧器倾角大于 45°时，安全带应被锁止，如图 2—2—12 所示。

第六，安全带系统若有异常，应更换安全带系统，不可分解维修。

第七，安全带系统的更换与报废。应使用蓄电池和专用工具 SST 引爆安全带限力器，如图 2—2—13 所示。

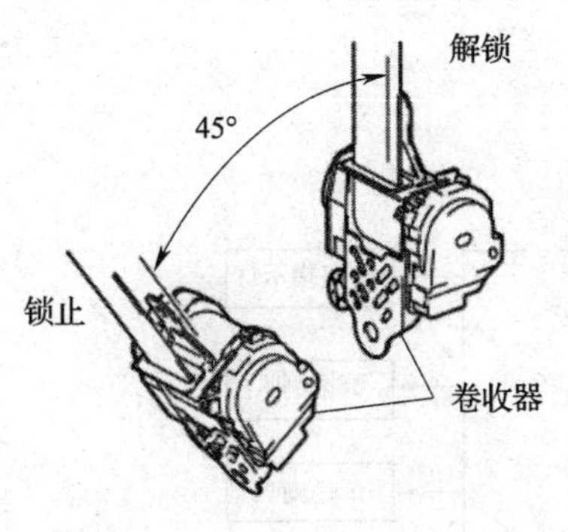

图 2—2—12　检查收紧器

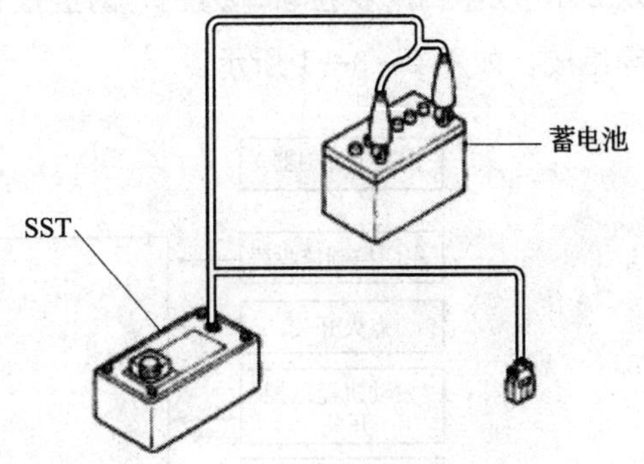

图 2—2—13　安全带系统的报废

§2—3　汽车防盗报警系统

学习目标

1. 能正确描述防盗报警系统的功用。
2. 能正确描述防盗报警系统的组成和工作原理。
3. 能对防盗控制单元和钥匙进行匹配。

一、防盗报警系统的功用

1. 防止非法进入车辆。防盗报警系统启动后，通过红外线或雷达监测是否有活动物体进入车辆。

2. 防止破坏或非法移动车辆。防盗报警系统启动后，通过振动传感器、倾斜传感器、超声波传感器监测车辆是否被破坏或非法移动。

3. 防止车辆被非法开走。防盗报警系统启动后，通过校验钥匙密码是否合法，来确定是否允许起动、点火或喷油。

二、防盗报警系统的类型

汽车报警系统可分为机械式和电子式两种。

机械式防盗报警系统是用机械的方法对变速杆、转向盘、制动器等进行控制，虽然费用低，但使用不方便、安全性差，已经被淘汰。

电子防盗报警系统采用电子应答的方法来校验钥匙密码，判断钥匙是否合法，从而决定是否允许汽车发动机正常工作。

三、防盗报警系统的组成

以 2010 款丰田卡罗拉轿车为例，防盗报警系统主要由各种开关、传感器、ECU 和报警装置等组成，如图 2—3—1 所示。

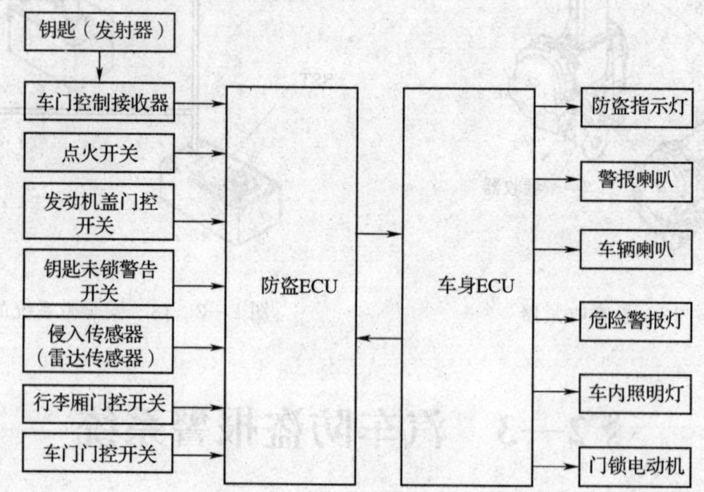

图 2—3—1 防盗报警系统控制框图

1. 各种开关和传感器

(1) 各种开关

包括发动机盖门控开关、行李厢盖门控开关、点火开关、钥匙未锁警告开关、车门门控开关等，主要用于检测车门、发动机盖和行李厢盖等的开闭状态，判断它们是否在规定的情况下打开。

钥匙未锁警告开关用来检测钥匙是否插入点火开关锁芯。

(2) 带脉冲转发器的遥控钥匙

带脉冲转发器的钥匙内含芯片、电磁线圈。它的电磁线圈可与点火开关中的识读线圈通信，以便防盗 ECU 识别钥匙身份。遥控钥匙可与天线或车门控制器通信，以便防盗 ECU 识别钥匙身份，从而解锁或锁止车门。

(3) 车门控制接收器

车门控制接收器用于接收带脉冲转发器的遥控钥匙的信号，来判断钥匙是否合法，从而解锁或锁止车门。

(4) 传感器

传感器中的侵入传感器（雷达传感器）、振动传感器等，用于检测是否有非法者进入；倾斜传感器用于检测是否非法移动车辆。

2. ECU

ECU 包括防盗 ECU 和车身 ECU。当 ECU 检测到各种开关信号和传感器信号，判断汽车被盗时，就会向报警装置发出报警指令。

3. 报警装置

报警装置包括防盗指示灯、报警喇叭、危险警报灯、车内照明灯等。当 ECU 判断车辆被盗，就会通过报警装置发出警告声音和灯光，向周围的人报警。

四、防盗报警系统的工作原理

当启动防盗报警系统后，只有通过带遥控器的钥匙发出的解锁信号或用带脉冲转发器的钥匙插入锁孔开关解锁，才能使防盗 ECU 解除警戒。否则，防盗 ECU 会根据各种开关信号和传感器信号判定是否非法开启车辆，从而触发防盗报警装置进行报警。

以上的防盗报警系统的防盗方法，只能防止非法打开车门和其他开关，但无法防止盗贼将车开走。因此，在原有基础上创造出增强型防盗报警系统。

如图 2—3—2 所示，汽车防盗报警系统安装匹配后，防盗 ECU 便存储了该车发动机 ECU 的识别密码以及钥匙中脉冲转发器的识别密码，同时每个脉冲转发器也存储了相应防盗 ECU 的有关信息。将钥匙插入点火锁芯并接通点火开关时，防盗 ECU 首先通过锁芯上的识读线圈将一随机数据传输给钥匙中的脉冲转发器，经特定运算后，脉冲转发器将结果反馈给防盗 ECU，防盗 ECU 将其与存储的识别密码相比较，若密码吻合，系统即认定该钥匙为合法钥匙。

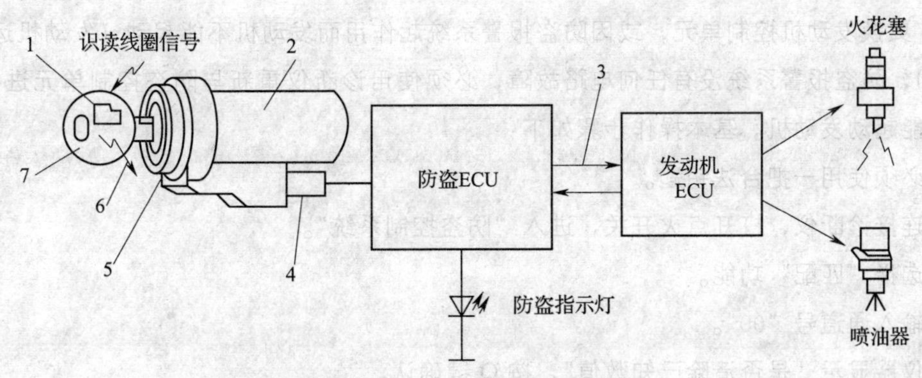

图 2—3—2 增强型防盗报警系统

1—密码芯片 2—点火开关 3—信号传输 4—信号放大器 5—识读线圈 6—钥匙码信号 7 点火钥匙

防盗 ECU 还要对发动机 ECU 进行识别。只有钥匙（脉冲转发器）、发动机 ECU 的密码都吻合时，防盗 ECU 才允许发动机 ECU 工作。防盗 ECU 通过通信线将经过编码的工作指令传到发动机 ECU，发动机 ECU 根据防盗 ECU 的工作指令来决定是否启动汽车。同时，诊断仪可通过诊断接口对系统进行故障诊断、编码等操作。在识别密码的过程（2 s）中，防盗指示灯会保持点亮状态。如果有任何错误发生，发动机 ECU 将停止工作，发动机的点火、喷油、起动系统将无法工作，发动机无法正常起动，同时指示灯会以一定频率闪亮。

五、防盗控制单元和钥匙的匹配

1. 防盗报警系统的匹配

防盗报警系统的匹配分为防盗 ECU 匹配和钥匙匹配。防盗 ECU 在防盗控制单元更换时需要重新匹配。在增加或者删除钥匙、钥匙丢失或更换钥匙、更换全车门锁时，需要对钥匙重新匹配。

无论是上述哪种匹配，维修作业都需要汽车生产厂家的专业维修人员使用专用诊断仪和专用的通道或密码，否则无法匹配。

2. 防盗报警系统的匹配方法

以大众车系为例。

(1) 防盗 ECU 的匹配

1) 更换新的防盗控制单元。

①发动机控制单元的随机代码自动被防盗控制单元读入并存储。

②重新做一次所有钥匙匹配程序。

2) 更换从其他车上拆下来的防盗控制单元。

①重新做一次发动机控制单元匹配程序。

②重新做一次所有钥匙匹配程序。

3) 更换发动机控制单元，或因防盗报警系统起作用而发动机不能起动（发动机运转 3 s 后熄火），防盗报警系统没有任何电路故障，必须使用诊断仪重新与防盗控制单元进行匹配后，才能起动发动机。基本操作步骤如下：

①必须使用一把合法钥匙。

②连接诊断仪，打开点火开关，进入“防盗控制系统”。

③选择“匹配”功能。

④输入通道号“00”。

⑤仪器显示“是否清除已知数值”，按 Q 键确认。

⑥仪器显示“已知数值已被清除”表示完成匹配程序，发动机控制单元的随机代码就被防盗控制单元读入并存储起来。

(2) 钥匙的匹配

1) 此功能将清除以前的所有合法钥匙的代码。

2) 必须将所有的汽车钥匙，包括新配的钥匙与防盗控制单元匹配，同时完成匹配程序。

3) 如果用户遗失一把合法的钥匙，为了安全起见，必须将其他所有合法钥匙完成钥匙匹配程序，才能将丢失的钥匙变为非法。

4) 钥匙匹配程序必须先输入密码，从用户保存的一块涂黑的密码牌上刮去涂黑层可见 4 位数密码；或更换防盗控制单元后，在控制单元外壳处获取 4 位数密码。

5）汽车钥匙匹配基本操作。

①必须使用汽车所需匹配的钥匙。

②获取密码并连接故障诊断仪。

③打开点火开关，选择并进入“防盗控制系统”。

④选择“登录”功能。

⑤输入密码，在4位数密码前加一个0，如02345。如果连续两次输入错误，在第三次输入密码前，必须退出防盗自诊断程序，打开点火开关等待30 min以后再进行。

⑥若密码输入成功，选择“通道匹配”功能。

⑦输入匹配通道号。例如，桑塔纳2000、帕萨特输入通道号为21，捷达、奥迪A4输入通道号为01。

⑧输入匹配钥匙数（0～8把，0表示全部钥匙都变为非法，不能起动发动机），再按Q键确认。

⑨再一次确认输入匹配钥匙的数目，按Q键确认。存储输入的钥匙数，关闭点火开关，拔下钥匙，然后插入下一把钥匙，打开点火开关至少1 s。重复上述操作，直到所有的钥匙都匹配成功。

（3）钥匙匹配过程中需要注意的事项

1）匹配全部钥匙的操作不能超过30 s。如果只是插入钥匙而没有打开点火开关，那么这把钥匙匹配无效。

2）如果系统在识读钥匙的过程中发现错误，如将已匹配的钥匙再进行匹配等，则警告灯以每秒两次的频率闪亮，识读钥匙过程自动中断。

3）每次匹配的过程顺利完成后，警告灯以每秒两次的频率闪亮一段时间，然后熄灭0.5 s，再点亮0.5 s，最后熄灭。

§2—4 汽车中控门锁系统

学习目标

1. 能正确描述中控门锁系统的功用。
2. 能正确描述中控门锁的组成和工作原理。
3. 能对中控门锁系统进行检修。

一、中控门锁系统的功用

1. 中央控制

通过车内的中央控制开关（中控开关）可以锁止或解锁所有车门。

2. 机械钥匙控制

除了中央控制外，还可以通过机械钥匙插入车门锁芯解锁或锁止相应车门。特别需要注意的是，一般可以通过左前或右前车门锁芯解锁或锁止所有车门。

3. 遥控控制

通过遥控钥匙解锁或锁止所有车门。特别需要注意的是，从安全角度出发，遥控解锁时分两级解锁，一级解锁只能解锁左前车门，二级解锁才能解锁所有车门。

4. 速度控制

当汽车行驶起来，速度达到一定值后，所有车门会自动锁止，防止行驶过程中能从内侧或外侧随意打开车门，保护车内的人身和财产安全。

5. 安全控制

当车辆锁止并且防盗报警系统工作，遭遇非法进入时，无法通过车内的中央控制开关解锁所有车门。

6. 门锁和车窗联动控制

一些车型，长按遥控解锁或锁止时，车窗会自动打开或关闭。

7. 儿童门锁控制

儿童门锁开关处于锁止状态时，车内的门锁无法通过锁扣打开。

8. 钥匙遗忘提醒功能

当钥匙遗忘在点火开关内，打开车门时，汽车会发出提醒的声响。

9. 防盗控制

中央控制门锁系统可配合防盗报警系统，实现汽车防盗。

10. 无钥匙进入

除了使用传统机械钥匙和遥控钥匙外，只需携带电子钥匙进入车辆附近的特定区域，无需操作钥匙，便可通过门把手上的开关装置解锁车门。

二、中控门锁系统的组成

以 2010 款丰田卡罗拉轿车为例。中控门锁系统主要由门锁开关、门锁执行机构、车身 ECU 等组成，如图 2—4—1 所示。

1. 门锁开关

门锁开关的作用是将车内人员的开关操作指令传递给车身 ECU。门锁开关主要包括中控门锁控制开关、机械钥匙控制开关、遥控开关、儿童门锁开关、门控灯开关、解锁警告开关等。

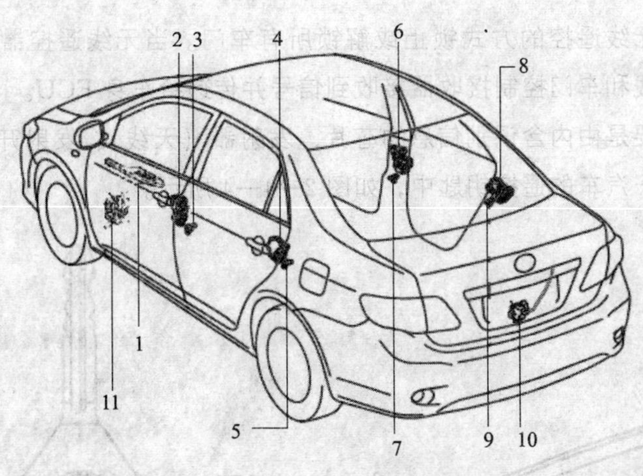

图 2—4—1　中控门锁系统的组成

1—中控开关　2—左前门锁执行机构　3—左前门控灯开关　4—左后门锁执行机构　5—左后门控灯开关　6—右前门锁执行机构　7—右前门控灯开关　8—右后门锁执行机构　9—右后门控灯开关　10—行李厢门锁执行机构、行李厢门控灯开关　11—车身 ECU

(1) 中控门锁控制开关

中控门锁控制开关（中央控制门锁系统开关）一般安装在左前门的内侧扶手上，有的车型安装在中央仪表板上，如图 2—4—2 所示。中控门锁控制开关是用来在车内锁止或解锁所有车门。

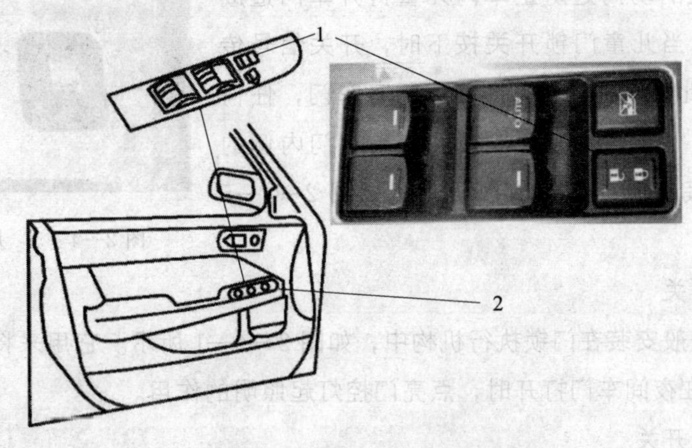

图 2—4—2　中控门锁控制开关

1—中控门锁控制开关　2—左前门内侧扶手控制面板

(2) 机械钥匙控制开关

机械钥匙控制开关安装在左前门外侧，有的车型右前门外侧也安装了机械钥匙控制开关。如图 2—4—3 所示，当采用合法的机械钥匙插入车门钥匙锁芯，转动锁芯，机械钥匙控制开关便将解锁或锁止信号传递给车身 ECU。同时，机械钥匙是点火开关、油箱盖、行李厢等共同的机械钥匙。

(3) 遥控开关

遥控开关采用无线遥控的方式锁止或解锁所有车门。当无线遥控器发出解锁或锁止信号，车辆的无线天线和车门控制接收器接收到信号并传递给车身 ECU。

无线遥控器主要是由内含识别信息的芯片、发射器（天线）、发射开关等组成，无线遥控器现在普遍应用于汽车的遥控钥匙中，如图 2—4—4 所示。

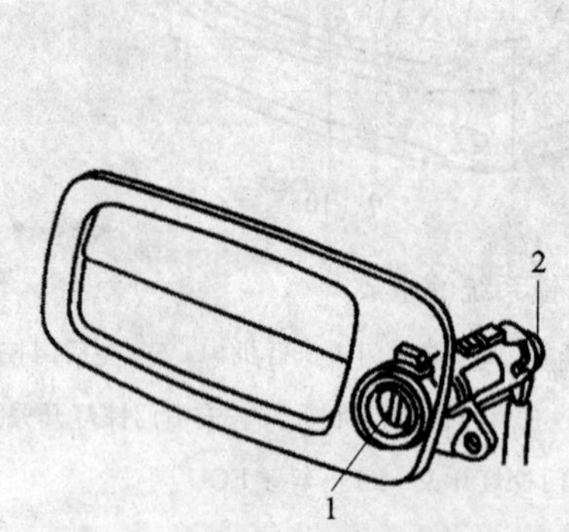

图 2—4—3 机械钥匙控制开关

1—机械钥匙锁芯 2—机械钥匙控制开关

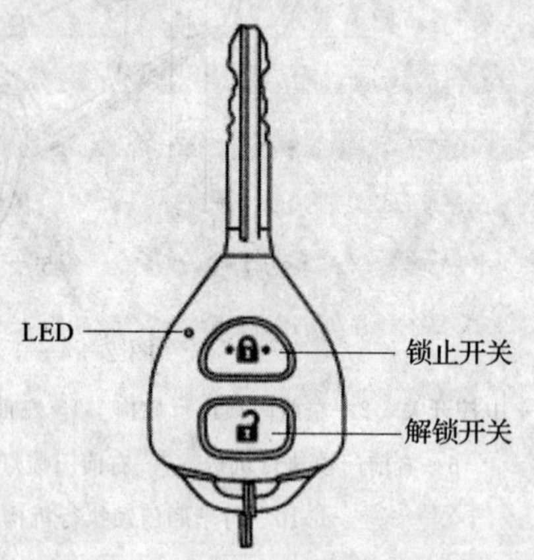

图 2—4—4 无线遥控钥匙

(4) 儿童门锁开关

儿童门锁开关的功用是防止车内儿童打开车门造成人身安全的伤害。当儿童门锁开关按下时，开关信号传递给车身 ECU，此时车身 ECU 将锁止所有车门，任何开锁操作将无效。儿童门锁开关安装在左前车门内侧的扶手上，有的安装在中央控制仪表板上，如图 2—4—5 所示。

图 2—4—5 儿童门锁开关

(5) 门控灯开关

门控灯开关一般安装在门锁执行机构中，如图 2—4—1 所示。它用来将门开关的情况传递给车身 ECU，在夜间车门打开时，点亮门控灯起照明的作用。

(6) 解锁警告开关

它安装在点火开关内，用于检测钥匙插入点火开关的位置。当车门打开时，提醒车主钥匙还在点火开关内。

2. 门锁执行机构

门锁执行机构的功用是在车身 ECU 的控制指令下，实现门锁的解锁或锁止功能。门锁执行机构主要分为电磁线圈式、双向空气压力泵式和双向直流电动机式。

(1) 电磁线圈式门锁执行机构

电磁线圈式门锁执行机构的结构如图 2—4—6 所示，它有两个电磁线圈，一个是锁止线圈，一个是解锁线圈。当电磁线圈式门锁执行机构收到锁止指令时，锁止线圈得电，柱塞在通电线圈的磁力下左移带动操纵杆，将门锁锁止。当电磁线圈式门锁执行机构收到解锁指令时，解锁线圈得电，柱塞在通电线圈的磁力下右移带动操纵杆，将门锁解锁。

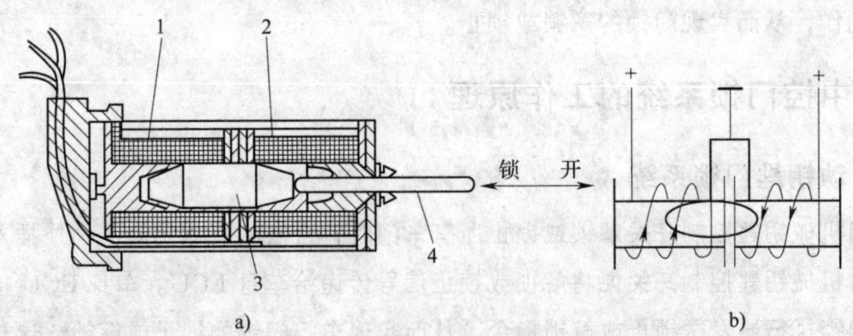

图 2—4—6　电磁线圈式门锁执行机构

a）电磁线圈式门锁执行机构的结构　b）电磁线圈式门锁执行机构的工作原理

1—锁止线圈　2—解锁线圈　3—柱塞　4—操纵杆

（2）双向空气压力泵式门锁执行机构

双向空气压力泵式门锁执行机构的结构如图 2—4—7 所示，它是利用双向空气压力泵产生的压力或真空，通过膜盒中的膜片产生相应的移动，带动操纵杆来回移动，从而完成门锁的解锁或锁止。

（3）双向直流电动机式门锁执行机构

双向直流电动机式门锁执行机构主要由双向直流电动机、导线、门锁开关、传动机构等组成，如图 2—4—8 所示。通过双向直流电动机的正反转，将运动经蜗轮蜗杆机构、齿轮齿条机构传递给操纵杆，实现操纵杆的左右移动，从而完成门锁的锁止和解锁工作。目前双向直流电动机式门锁执行机构被广泛应用。

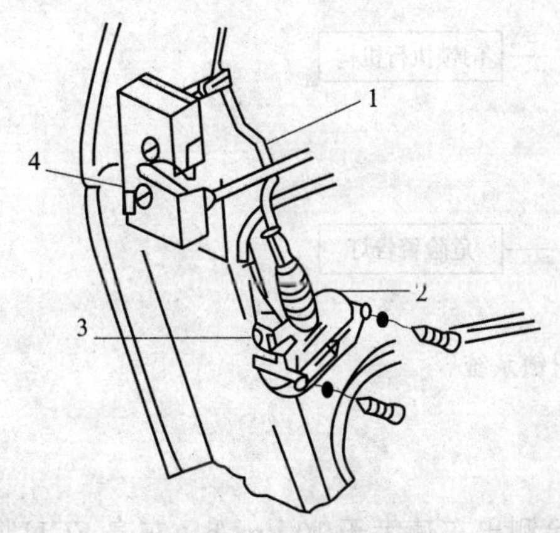

图 2—4—7　双向空气压力泵式门锁执行机构

1—操纵杆　2—膜盒　3—门锁开关　4—门锁

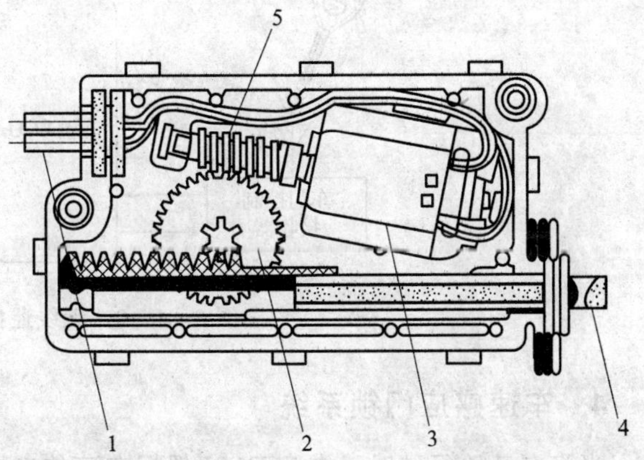

图 2—4—8　双向直流电动机式门锁执行机构

1—导线　2—齿轮齿条机构　3—双向直流电动机　4—操纵杆　5—蜗轮蜗杆机构

3. 车身 ECU

车身 ECU 是指车身电子控制单元，俗称车身电脑。它的功用是接收各个门锁开关信号，经过车身 ECU 中特定的程序计算处理后，向门锁执行机构发出控制指令，控制门锁执行机构的动作，从而实现门锁的解锁或锁止。

三、中控门锁系统的工作原理

1. 手动钥匙门锁系统

当使用机械钥匙控制开关解锁或锁止所有车门时，合法的机械钥匙从门外插入锁芯便能转动锁芯，机械钥匙控制开关便将解锁或锁止信号传递给车身 ECU。车身 ECU 接收到信号后，便向门锁执行器发送锁止或解锁指令，从而实现车门门锁的锁止或解锁，这样通过车外的门把手就能拉开车门。

2. 中控开关门锁系统

当在车内使用中控门锁控制开关解锁或锁止车门时，中控门锁控制开关的开关信号传递给车身 ECU，车身 ECU 根据开关的要求向所有的车门门锁执行器机构发出控制指令，从而解锁或锁止车门。

3. 无线遥控门锁系统

无线遥控门锁系统的工作原理如图 2—4—9 所示。当遥控钥匙的解锁或锁止信号通过无线电波发出，天线和车门控制接收器接收到信号传递给车身 ECU，车身 ECU 识别信号的合法性，从而向门锁执行机构发出解锁或锁止的指令，同时指令危险警告灯闪烁，提醒车主车门已锁止或解锁。

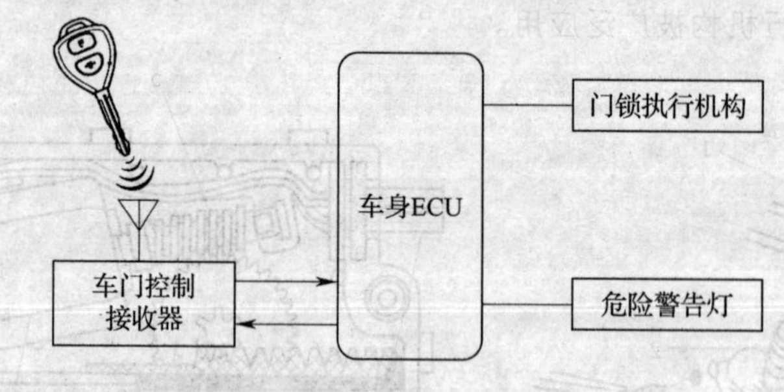

图 2—4—9　无线遥控门锁系统

4. 车速感应门锁系统

当汽车开始行驶时，车身 ECU 根据车速传感器检测出车速大于 10 km/h，车身 ECU 向门锁执行机构发出控制指令，锁止所有车门。

5. 钥匙提醒警告系统（图 2—4—10）

当解锁警告开关检测到点火钥匙还在点火开关内，此时打开左前门（驾驶员侧门），同时左前门控灯开关检测到门已打开，车身 ECU 就会向组合仪表发出指令，使钥匙提醒警告蜂鸣器发出报警声，提醒钥匙未拔。

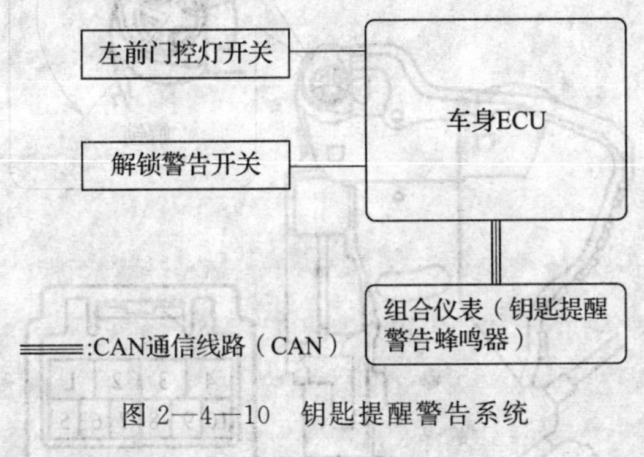

图 2—4—10　钥匙提醒警告系统

四、中控门锁的检修

以 2010 款丰田卡罗拉轿车为例。

1. 门锁开关电路的检修

左前门机械钥匙控制开关和中控门锁控制开关电路如图 2—4—11 所示。

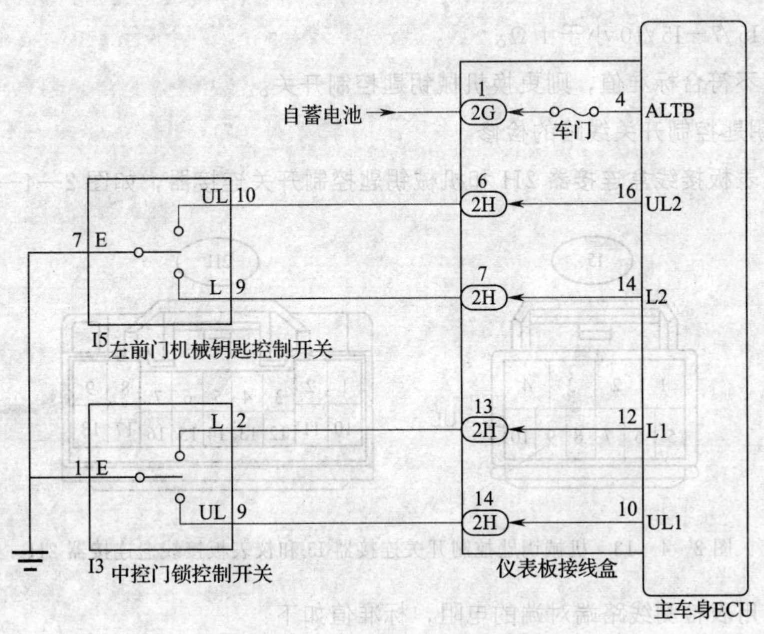

图 2—4—11　左前门开关电路

(1) 机械钥匙控制开关电路的检修

采用试灯或万用表确认供电电路中车身熔丝处应该有电，否则应检查电路是否对搭铁短路并更换熔丝。

1) 机械钥匙控制开关的检修

①拆下车门内饰板和机械钥匙控制开关连接器 I5，如图 2—4—12 所示。

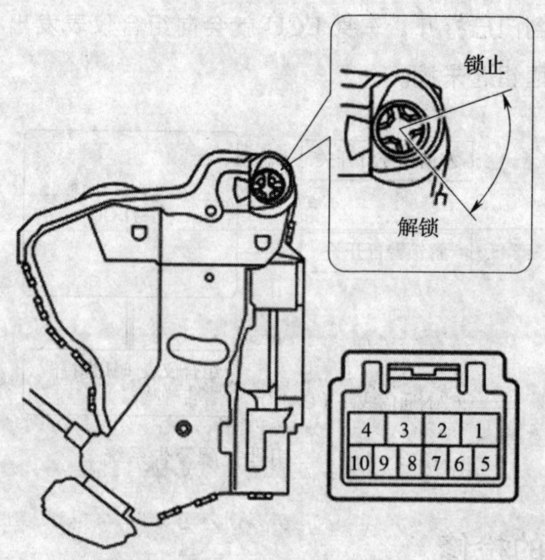

图 2—4—12 机械钥匙控制开关连接器 I5

②使用机械钥匙锁止或解锁开关，使用万用表检测线路端对端的电阻，标准值如下：

锁止时，I5 /7－I5 /9 小于 1 Ω。

松开时，I5 /7－I5 /9 或 I5 /7－I5 /10 为∞。

解锁时，I5 /7－I5 /10 小于 1 Ω。

若测量值不符合标准值，则更换机械钥匙控制开关。

2）机械钥匙控制开关线路的检修

①断开仪表板接线盒连接器 2H 和机械钥匙控制开关连接器，如图 2—4—13 所示。

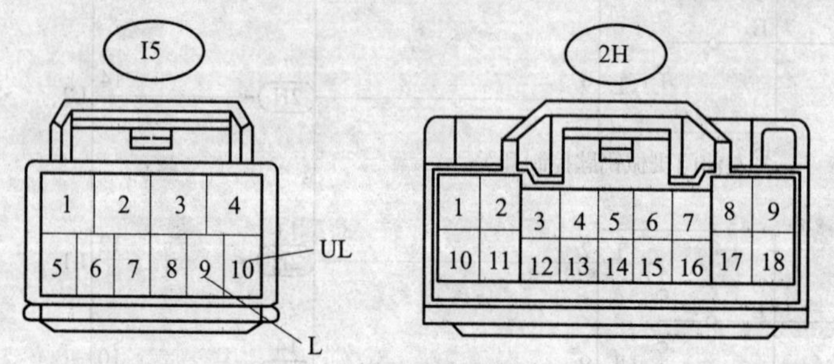

图 2—4—13 机械钥匙控制开关连接器 I5 和仪表板接线盒连接器 2H

②使用万用表检测线路端对端的电阻，标准值如下：

I5 /9－2H /7 和 I5 /10－2H /6 小于 1 Ω。

2H /7－GND（车身搭铁）和 2H /6－GND 为∞。

若测量值不符合标准值，修复相应线路的断路或短路故障。

（2）中控门锁控制开关电路的检修

1）中控门锁控制开关的检修

①拆卸中控门锁控制开关连接器 I3。

②操作中控门锁控制开关测量如下：

锁止时，I3/1－I3/2 小于 1 Ω。

松开时，I3/1－I3/2 和 I3/1－I3/9 为∞。

解锁时，I3/1－I3/9 小于 1 Ω。

若测量值与标准值不符，更换中控门锁控制开关。

2）中控门锁控制开关线路的检修

①拆下中控门锁控制开关连接器 I3 和仪表板接线盒连接器 2H。

②使用万用表检测线路端对端的电阻，标准值如下：

I3/2－2H/13 和 I3/9－2H/14 小于 1 Ω。

I3/1－GND 小于 1 Ω。

2H/13 和 2H/14－GND 为∞。

若测量值不符合标准值，修复相应线路的断路或短路故障。

2. 门锁执行器电路的检修

左前门锁执行机构电路如图 2—4—14 所示。

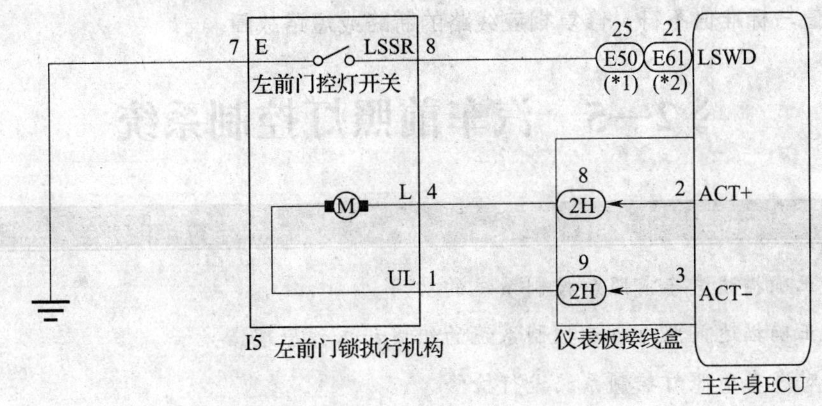

图 2—4—14 左前门锁执行机构电路

（1）门锁执行器的检修

1）拆下左前门车内饰板，断开左前门锁执行机构连接器，如图 2—4—15 所示。

2）给门锁执行器电机端子 I5/4 和 I5/1 加正反向 12 V 电压，电机应能正反向运转，实现锁止或解锁，否则更换门锁执行机构。

3）使用万用表测量左前门锁执行机构电阻，标准值如下：

锁止时，I5/7－I5/8 为∞。

解锁时，I5/7－I5/8 小于 1 Ω。

若测量值与标准值不符，更换左前门锁执行机构。

（2）门锁执行器线路的检修

断开仪表板接线盒连接器 2H，检测线路端对端电阻，标准值如下：

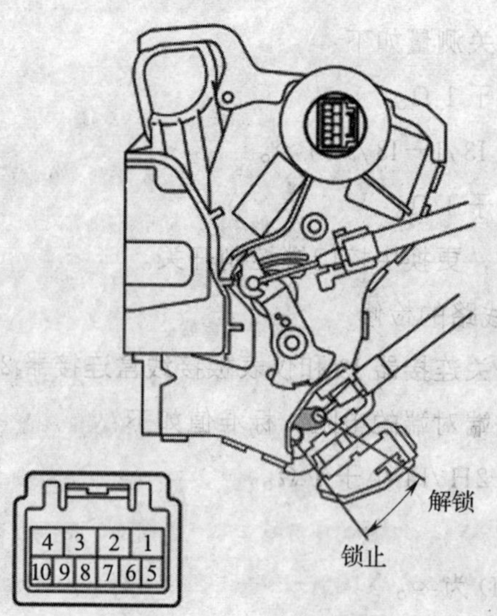

图 2—4—15　左前门锁执行机构连接器

I5 /4－2H /8 和 I5 /1－2H /9 小于 1 Ω。

2H /8 和 2H /9－GND 为∞。

若测量值与标准值不符，修复相应线路的断路或短路故障。

§ 2—5　汽车前照灯控制系统

学习目标

1. 能正确描述汽车前照灯控制系统的功用。
2. 能正确描述前照灯自动控制系统的组成和工作原理。
3. 能对汽车前照灯控制系统进行检修。

一、汽车前照灯控制系统的功用

前照灯又称前大灯，如图 2—5—1 所示。汽车前照灯控制系统的功用是提供足够的照明，确保汽车在照明效果不佳的情况下行驶的安全性。为了减轻驾驶员的疲劳强度，提高驾驶的舒适性，随着技术的发展，很多汽车对前照灯增加了自动控制，例如，前照灯自动开关控制、自适应前照灯系统（前照灯高度自动调节控制、前照灯随动转向自动控制）等。

二、前照灯自动开关控制系统

前照灯自动开关控制系统的功用是根据外界照明情况自动开关汽车近光前照灯，其组成和工作原理如图 2—5—2 所示。

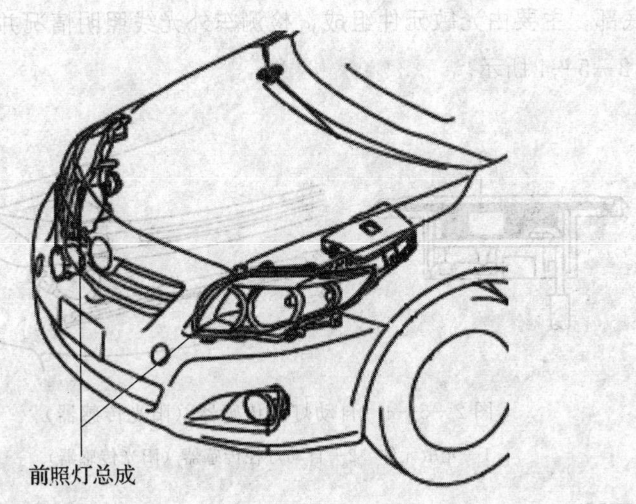

图 2—5—1　前照灯总成

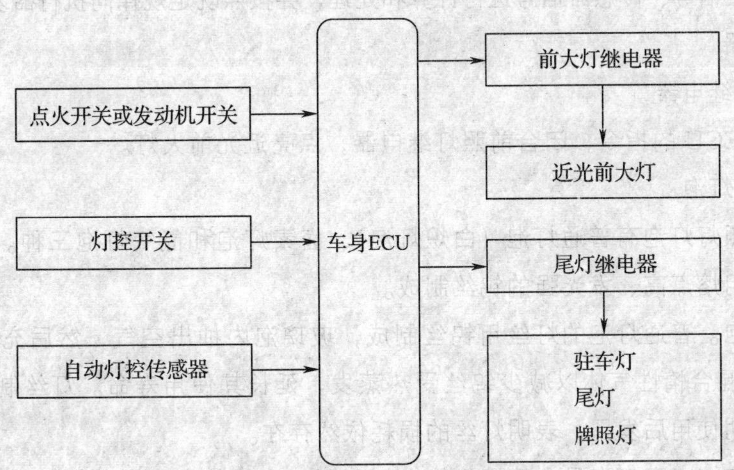

图 2—5—2　前照灯自动开关控制系统

1. 前照灯自动开关控制系统的组成

它主要由各种开关和传感器、车身 ECU 和执行器组成。

(1) 开关和传感器

1) 点火开关

用于打开点火开关，接通汽车电源。

2) 前照灯控制开关（灯控开关）

灯控开关是手动控制前照灯的开关，同时也是打开或关闭前照灯自动开关控制功能的开关。以卡罗拉轿车为例，前照灯开关位于方向盘左侧下方的手柄上，如图 2—5—3 所示。

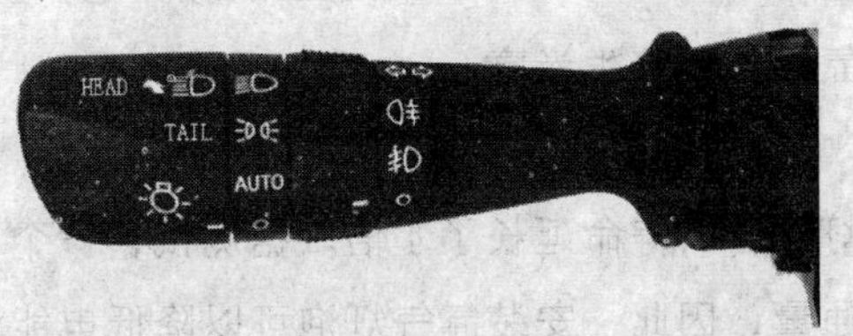

图 2—5—3　前照灯开关

3) 自动灯控传感器

自动灯控传感器（阳光传感器）一般安装在

前挡风玻璃的底部，主要由光敏元件组成，检测车外光线照明情况并转换为电信号传递给车身 ECU，如图 2—5—4 所示。

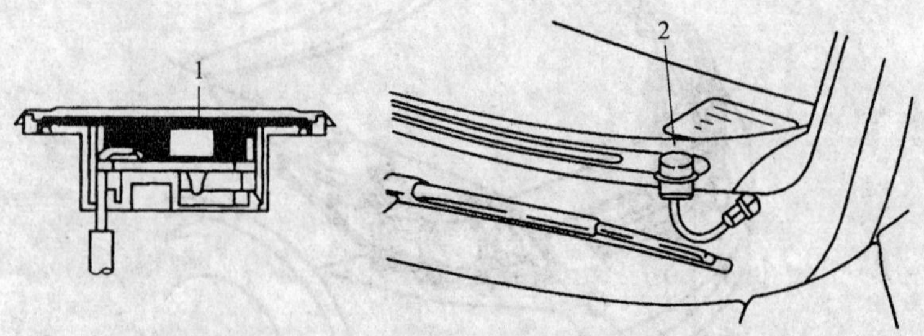

图 2—5—4　自动灯控传感器（阳光传感器）

1—光敏元件　2—自动灯控传感器（阳光传感器）

（2）车身 ECU

对各种开关信号、传感器信号进行计算和处理，并按照既定规律向执行器发出控制信号。

（3）执行器

1）前照灯继电器

按照车身 ECU 的指令，闭合前照灯继电器，点亮近光前大灯。

2）前照灯灯泡

目前，前照灯灯泡有普通灯泡（白炽灯泡）、卤素灯泡和氙气灯泡三种。普通灯泡和卤素灯泡都是采用熔点高、发光强的钨丝制成。

①普通灯泡。普通灯泡的灯丝用钨丝制成，玻璃泡内抽出空气，然后充以约 86％氩气和 14％氮气的混合惰性气体以减少钨丝受热蒸发，延长其使用寿命。灯丝制成紧密的螺旋状。灯泡在长期使用后发黑，表明灯丝的损耗依然存在。

②卤素灯泡。卤素灯泡是在惰性气体中加入了一定量的卤族元素（如碘、溴），使得从灯丝上蒸发出来的气态钨与卤族元素反应生成了一种挥发性的卤化钨，再扩散到灯丝附近的高温区域后又受热分解，使钨重新回到灯丝上，如此循环防止了钨的蒸发和灯泡黑化的现象。卤素灯泡比普通灯泡的发光率高 20％以上。同时，由于卤素灯泡体积小、耐高温、发光强度高、使用寿命长，目前得到了广泛应用。

③氙气灯泡。氙气灯泡 HID（High Intensity Discharge）又称气体放电灯泡。这种灯泡里没有传统灯泡的灯丝，取而代之的是装在石英管内的两个金属电极，石英管内充有氙气（水银蒸气、金属卤化物）。氙气灯泡工作时，接通电源，在几毫秒内通过变压器将汽车蓄电池电压升压到 20 000 V 以上的脉冲电，加在石英灯泡内的两金属电极之间，激励灯泡内的氙气电离产生光亮。

氙气灯泡发出的光色与日光灯相似，发光率和亮度是卤素灯泡的 2～3 倍。由于不使用灯丝，其寿命延长了 4 倍。据测试，一个 35 W 的氙气灯泡可产生 55 W 卤素灯泡 2 倍的光通量，因此，安装氙气灯泡可以降低电能消耗。

2. 前照灯自动开关控制系统的工作过程

(1) 前照灯手动开关控制系统的工作过程

通过手动操作灯控开关使近光前照灯和尾灯（驻车灯、尾灯和牌照灯）亮起。以2010款丰田卡罗拉轿车为例，当灯控开关转至TAIL位置时，车身ECU使尾灯亮起。当灯控开关转至HEAD位置时，车身ECU使前照灯继电器和尾灯继电器工作，近光前大灯和尾灯亮起。

(2) 前照灯自动开关控制系统的工作过程

当灯控开关置于AUTO位置时，自动灯控传感器检测环境光照等级并将其输出至车身ECU。车身ECU根据此信号控制近光前照灯和尾灯（驻车灯、尾灯和牌照灯）。借助于此功能，在夜间或当车辆进入隧道时等情况下，尾灯和近光前照灯会自动亮起。如果车灯亮起或熄灭的时机不符合用户的偏好，可使用智能检测仪改变自动灯控系统的灵敏度。

(3) 远光前照灯控制系统的工作过程

1) 手动变光开关控制

当近光前照灯已经点亮，打开变光开关时，车身ECU会指令远光前照灯继电器工作，点亮远光前大灯。

2) 自动变光控制

当变光开关处于自动变光位置时，光敏传感器检测迎面来车的灯光照射的强度，当灯光照射强度达到一定程度时，车身ECU关闭远光前大灯变为近光；当灯光照射强度减小到一定程度时，则恢复远光前大灯的照明。这种自动变光控制系统也称会车变光控制。

三、前照灯自动高度调节控制系统

1. 前照灯自动高度调节控制系统的功用

汽车由于载荷的改变，造成车身的高度发生改变，前照灯光束随之发生偏移，如图2—5—5所示。

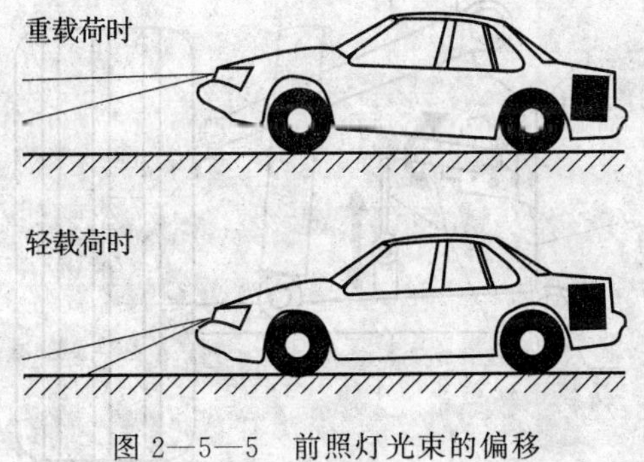

图2—5—5 前照灯光束的偏移

前照灯自动高度调节控制系统的功用是将近光前照灯的光束高度保持恒定，原理如图2—5—6所示。

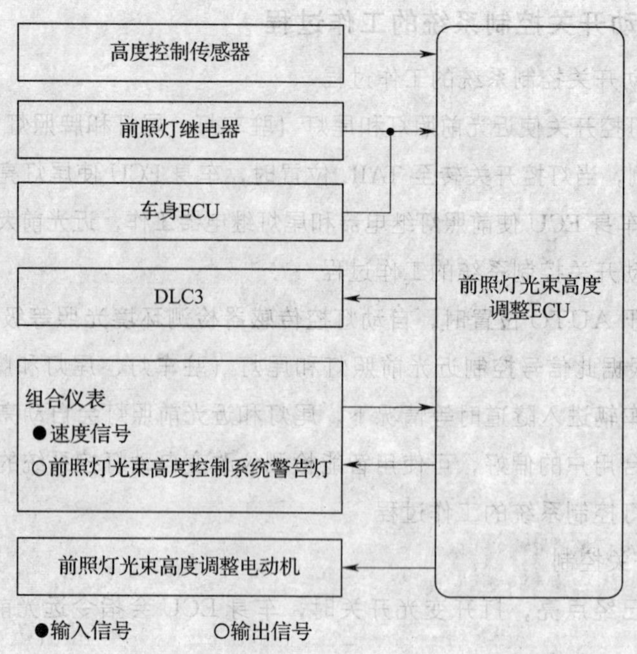

图 2—5—6 前照灯自动高度调节控制系统

2. 前照灯自动高度调节控制系统的组成

(1) 传感器

1) 高度控制传感器

高度控制传感器将汽车车身相对于车轴的高度转换为电信号传递给前照灯光束高度调整ECU，从而检测汽车车身姿态，常见的有滑动变阻式和霍尔式。高度控制传感器的核心是角度传感器，汽车的下摆臂通过四连杆机构与一个角度传感器的旋转臂连接，当车身高度发生变化时，下控制臂会以旋转轴为圆心发生旋转，同时带动四连杆机构运动，角度传感器的摆臂被带动旋转，角度传感器的输出信号发生变化，间接反映了车身高度的变化，如图 2—5—7 所示。

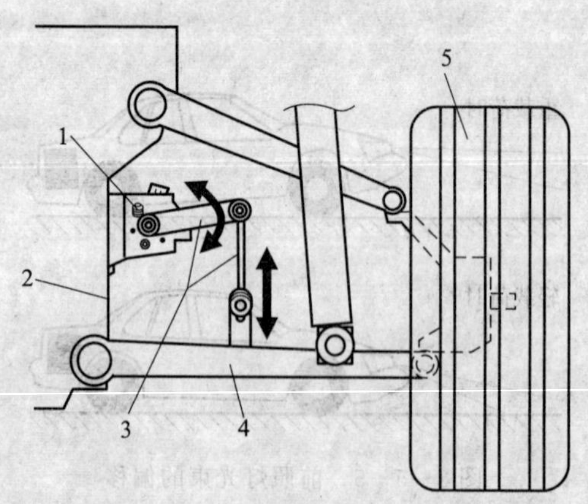

图 2—5—7 高度控制传感器

1—高度控制传感器 2—车身 3—角度传感器摆臂 4—下摆臂 5—轮胎

2）车速传感器（组合仪表系统内的车速信号）

利用组合仪表系统内的车速信号检测车速。

3）前照灯开关状态检测

前照灯光束高度调整 ECU 通过检测车身 ECU 和前照灯继电器的工作状态，判断前照灯是否处于打开状态。

4）前照灯光束高度调整 ECU

根据传感器的信号计算出车身的姿态，按 ECU 中的既定规律向执行器发出控制信号；同时它还具有系统自诊断功能。

（2）执行器

1）前照灯光束高度调整电动机

前照灯光束高度调整电动机根据前照灯光束高度调整 ECU 的控制指令，双向旋转改变汽车前照灯的倾斜角度，从而调整前照灯光束的高度。

2）警告灯

前照灯高度调整 ECU 通过自诊断功能发现系统内存在故障时，点亮警告灯，提醒驾驶员及时检修。

3. 前照灯自动高度调节控制系统的工作原理

如图 2—5—8 所示，当车辆停止时，该系统使前照灯近光光束保持在一个恒定高度，由前大灯光束高度调整 ECU 控制。该 ECU 通过后高度控制传感器检测车辆姿态，并通过组合仪表检测车速，然后 ECU 根据这些信息控制前大灯光束高度调整电动机，以改变前大灯反射器角度。前照灯的高度可以通过前照灯垂直角度传感器进行反馈控制。

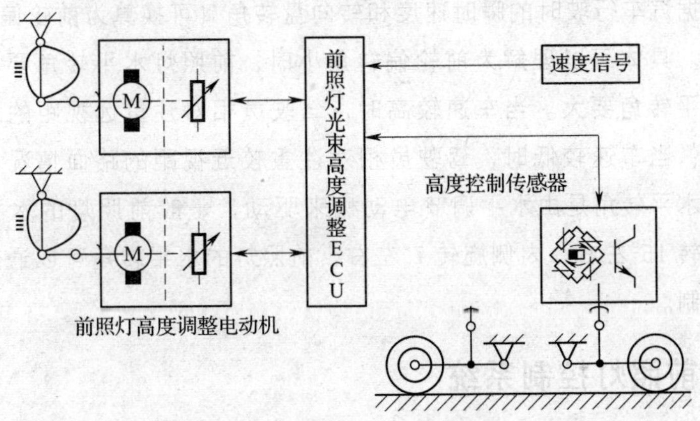

图 2—5—8　前照灯自动高度调节原理

四、前照灯随动转向控制系统

前照灯自动高度调节控制系统和随动转向控制系统合称自适应前照灯系统 AFS（Adaptive Front－lighting System）。

1. 前照灯随动转向控制系统的功用

随动转向控制系统的功用是使近光前照灯在水平方向上与转向盘转角联动进行左右转动，使得近光灯的照射光线能转向车辆的前进方向。夜间行驶时，前方的交叉路口、弯道处的可视性得到提高，能够有效降低驾驶员在夜晚弯路上行车的疲劳程度，使驾驶员能够看清转弯处的实际路况，进而有充分的时间来应付紧急情况，提升夜晚弯路上行车的安全性。

2. 前照灯随动转向控制系统的组成

随动转向控制系统包括传感器（转向盘转角传感器、车速传感器等）、AFS 控制模块、执行机构等，如图 2—5—9 所示。执行机构包括控制大灯在水平方向转动的步进电动机及传动机构。

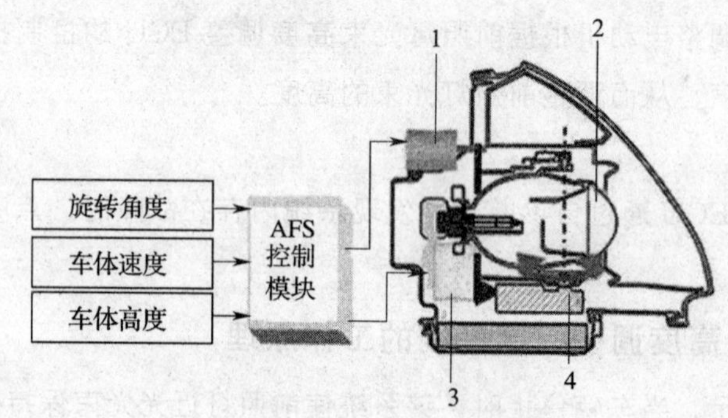

图 2—5—9 AFS 系统的组成

1—高度调节电动机 2—近光前照灯 3—水平调节电路 4—水平调节电动机

3. 前照灯随动转向控制系统的工作原理

系统主要依据汽车行驶时的瞬时速度和转向盘转角（可换算为前轮偏转角）的输入值来确定转向角度。具体可以理解为前轮偏转角小时，前照灯水平转角要小；前轮偏转角大时，前照灯水平转角要大。当车速较高时，驾驶员相对注重远视距的路面情况，头灯转角相对大一些；当车速较低时，驾驶员相对注重较近视距的路面情况，头灯转角相对小一点。前照灯水平转角是由水平调节电动机来驱动，一般前照灯的水平转角调节的最大角度为外侧旋转 15°左右，内侧旋转 7°左右，前照灯的水平转角可以通过前照灯角度传感器进行反馈控制。

五、氙气前照灯控制系统

1. 氙气前照灯控制系统的组成

以 2010 款丰田卡罗拉轿车为例，氙气前照灯控制系统主要由前照灯控开关、车身 ECU、前照灯继电器、灯控 ECU、氙气灯泡等组成。它的组成和前照灯自动开关控制系统中的前照灯开关控制系统类似，如图 2—5—10 所示。

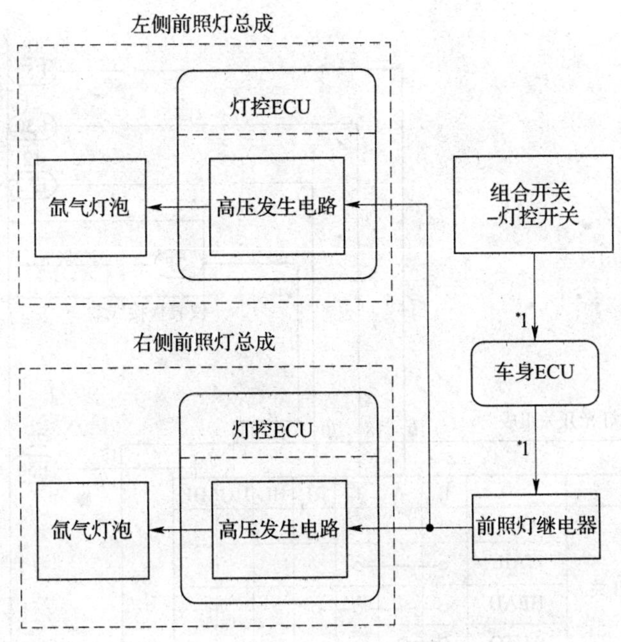

图 2—5—10　氙气前照控制系统的组成

2. 氙气前照灯控制系统的工作原理

如图 2—5—10 所示，当前照灯灯控开关打开，车身 ECU 接收到开关信号，指令前照灯继电器工作，蓄电池的电压经前照灯继电器、灯控 ECU、氙气灯泡、搭铁，形成回路。其中，灯控 ECU 中的高压发生电路的作用是将蓄电池 12 V 电压升压为 22 000 V 的高压脉冲，加到氙气灯泡两极之间，使氙气灯泡工作发出亮光。氙气灯泡工作后，灯控 ECU 控制高压发生电路，将蓄电池 12 V 电压升压至 45 V，维持氙气灯泡正常工作。

六、氙气前照灯控制系统检修

以 2010 款丰田卡罗拉轿车为例。

1. 前照灯控制系统开关电路的检修

前照灯控制开关和变光开关安装在同一总成上，前照灯控制开关电路如图 2—5—11 所示。

(1) 断开电池负极 90 s 以上，待余电放完。

(2) 拆下方向盘总成，防止误引爆气囊。

(3) 脱开卡爪，断开连接器，拆下灯光开关总成 E8，如图 2—5—12 所示。

(4) 操作灯光组合开关，使用万用表电阻挡测量开关引脚间阻值，如图 2—5—13 所示，其标准值如下：

1) 前照灯控制开关的检测

OFF：E8/12－E8/18 或 E8/18－E8/19 或 E8/19－E8/20 为∞。

HEAD (近光灯)：E8/12－E8/18 或 E8/18－E8/20 小于 1 Ω。

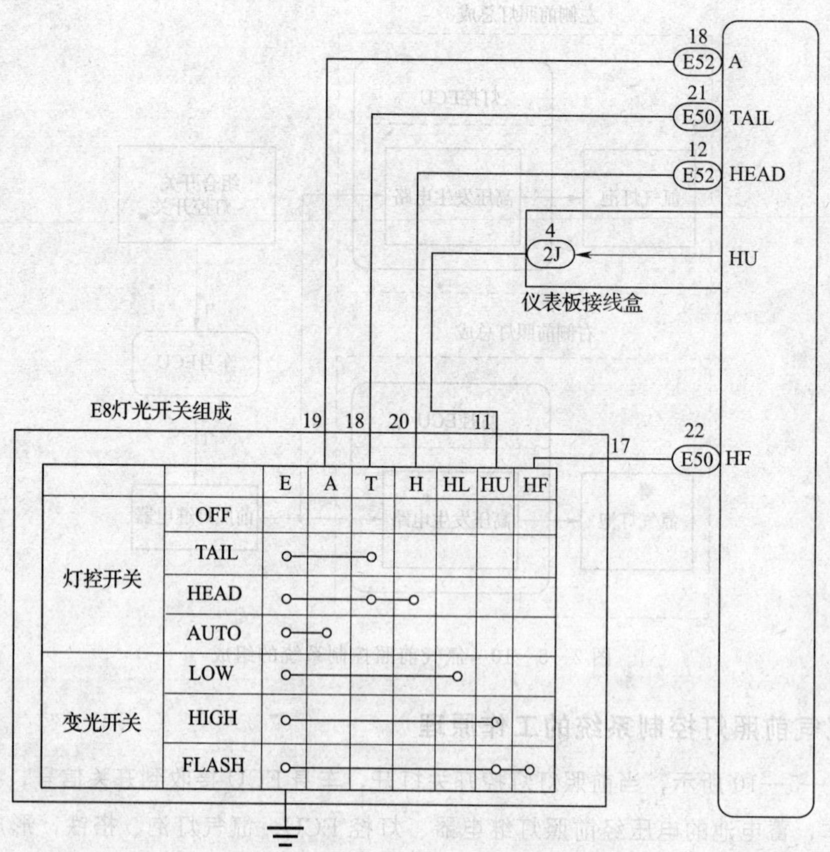

图 2—5—11 前照灯控制开关电路

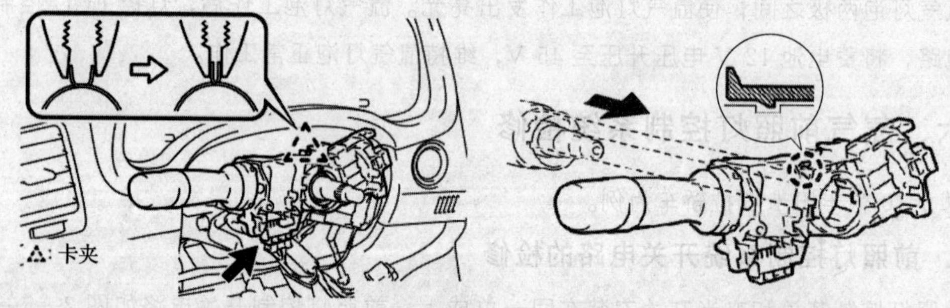

图 2—5—12 前照灯控制开关的拆卸

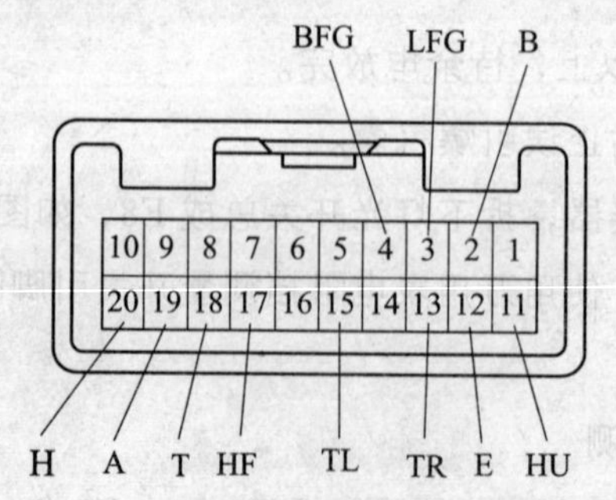

图 2—5—13 前照灯控制开关连接器引脚

AUTO（自动开关）：E8/12－E8/19 小于 1 Ω。

2）变光开关的检测

E8/12－E8/17 或 E8/11－E8/12 小于 1 Ω。

若上述测量值与标准值不符，则更换开关总成。

2. 前照灯继电器及前照灯相关电路的检修

前照灯继电器电路如图 2—5—14 所示。

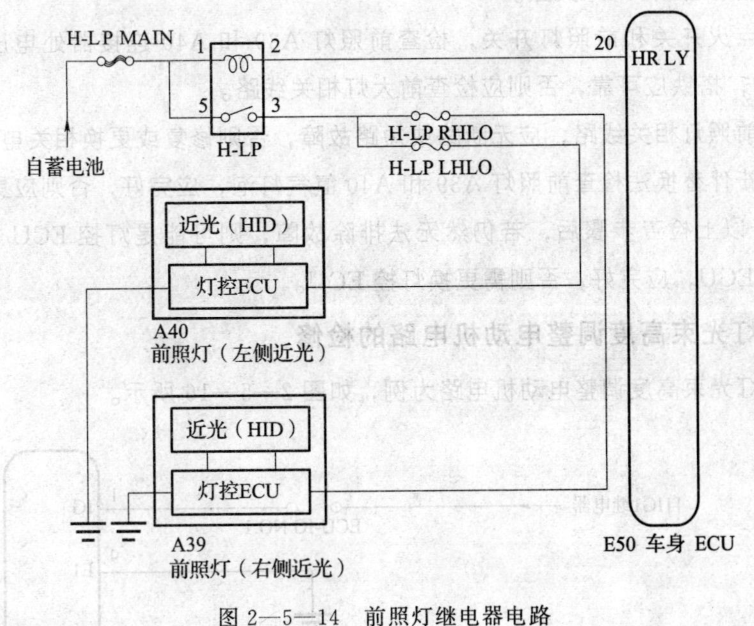

图 2—5—14 前照灯继电器电路

(1) 检查蓄电池电压，应高于 11 V。

(2) 打开点火开关，检查 H－LP MAIN 熔丝处，应有 11 V 以上电压。否则取下熔丝，测量熔丝应导通；若不导通，应更换熔丝并检查线路有无短路。

(3) 检查前照灯继电器

前照灯继电器的结构和原理如图 2—5—15 所示。

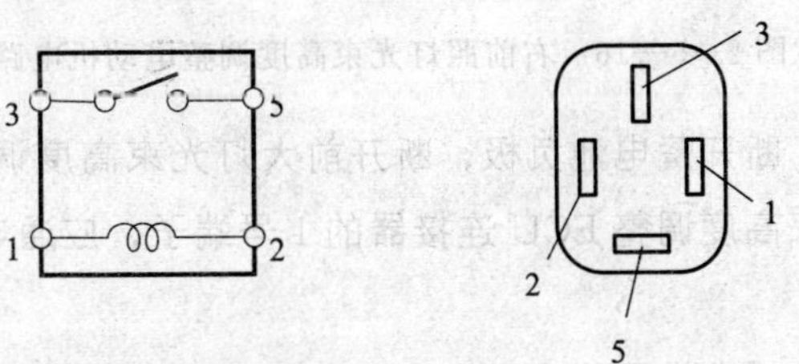

图 2—5—15 前照灯继电器的结构和原理

1）从发动机继电器盒上拆下前照灯继电器。

2）未在 1 号和 2 号端子间施加电压时，3 号和 5 号端子之间的电阻应为无穷大。当在 1 号和 2 号端子间施加电压时，3 号和 5 号端子之间的电阻应小于 1 Ω。

若测量值与标准值不符，应更换继电器。

(4) 打开点火开关，测量继电器盒内 1 号和 5 号端子，电压应大于 11 V，否则检修相关线路或连接器。

(5) 打开点火开关和前照灯开关，检查 H－LP RHLO 与 H－LP LHLO 熔丝及电路应通电，否则更换熔丝或修复相关线路。

(6) 关闭点火开关、前照灯控开关，断开蓄电池负极，断开灯控 ECU 连接器，防止灯控 ECU 输出的高压危害人身安全。

(7) 打开点火开关和前照灯开关，检查前照灯 A39 和 A40 连接器处电压，应在 11～14 V 的范围内，搭铁应可靠，否则应检查前大灯相关线路。

(8) 检查前照灯相关线路，应无断路或短路故障，否则修复或更换相关电路。

(9) 采用新件替换法检查前照灯 A39 和 A40 氙气灯泡，应完好，否则应更换。

(10) 执行以上检查步骤后，若仍然无法排除故障，则可能是灯控 ECU 故障。采用替换法检查灯控 ECU，应完好，否则需更换灯控 ECU。

3. 前照灯光束高度调整电动机电路的检修

以右前照灯光束高度调整电动机电路为例，如图 2—5—16 所示。

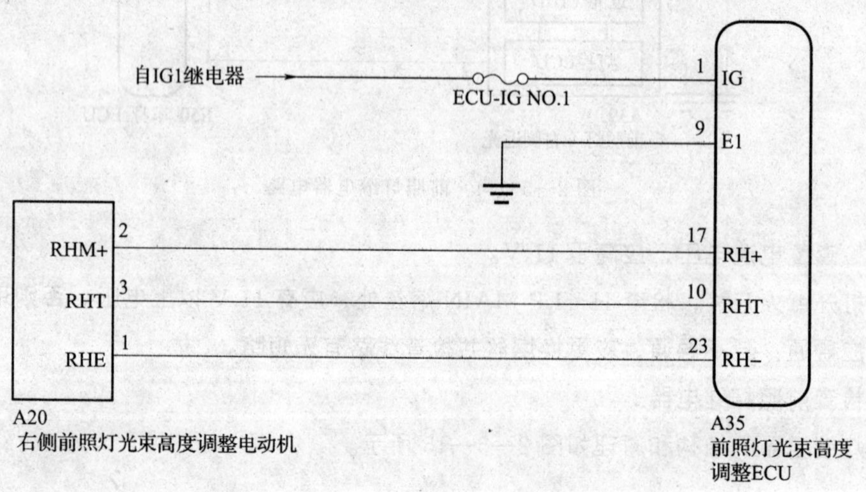

图 2—5—16　右前照灯光束高度调整电动机电路

(1) 关闭点火开关，断开蓄电池负极，断开前大灯光束高度调整 ECU 连接器，打开点火开关，检查前照灯光束高度调整 ECU 连接器的 1 号端子，应通电，否则应检修 ECU－IG NO. 1 熔丝及相关电路。

(2) 关闭点火开关，检查前照灯光束高度调整 ECU 连接器的 9 号端子，应可靠搭铁。

(3) 断开前照灯光束高度调整电动机连接器，检查电动机和 ECU 间线路，应导通、无短路现象。

(4) 若电动机和 ECU 间线路无故障，使用诊断仪主动测试功能，测试电动机应能转动，否则更换前照灯光束高度调整电动机。

§2—6　汽车胎压监测系统

学习目标

1. 能正确描述胎压监测系统的功用。
2. 能正确描述胎压监测系统的组成和工作原理。
3. 能对胎压监测系统进行检修。

一、胎压监测系统的功用

轮胎的压力过高或过低在汽车行驶过程中会引起胎压异常变化，导致轮胎爆裂，从而威胁行车安全和人身安全。同时，轮胎的压力过高或过低会引起轮胎异常磨损，缩短轮胎的使用寿命。

汽车胎压监测系统（Tire Pressure Monitoring System）简称 TPMS，作用是保持汽车在标准的轮胎气压下行驶，及时发现并提醒轮胎压力不正常，从而有效保障行车安全、延长轮胎使用寿命。

二、胎压监测系统的类型

目前，胎压监测系统主要有两种类型，一种是基于车轮转速传感器的 TPMS，另一种是基于胎压传感器的 TPMS。

1. 基于车轮转速传感器的 TPMS

基于车轮转速传感器的 TPMS 又称间接式 TPMS。它主要通过轮速传感器检测各个车轮之间转速的差别，从而间接确定各个车轮轮胎压力的变化。例如，轮胎压力偏低，轮胎的回转半径会变小，车轮行驶同一段距离所转过的圈数会增多。这种间接检测轮胎压力的系统现在用得不多，多见于中低端车型。

2. 基于胎压传感器的 TPMS

基于胎压传感器的 TPMS 又称直接式 TPMS。它主要通过轮胎压力传感器直接检测轮胎的压力，然后把检测的信号通过无线的方式传递给电脑。这种直接检测轮胎压力的系统现在已经广泛应用。

三、胎压监测系统的组成与工作原理

以 2013 年上汽通用别克君越轿车为例。

1. 胎压监测系统的组成

胎压监测系统（TPMS）主要由胎压传感器及无线发射器 B2、天线 T10、遥控门锁接收器 K77、车身控制模块 BCM（K9）、组合仪表 P16、驾驶员信息中心显示器 P9 组成，如图 2—6—1 所示。

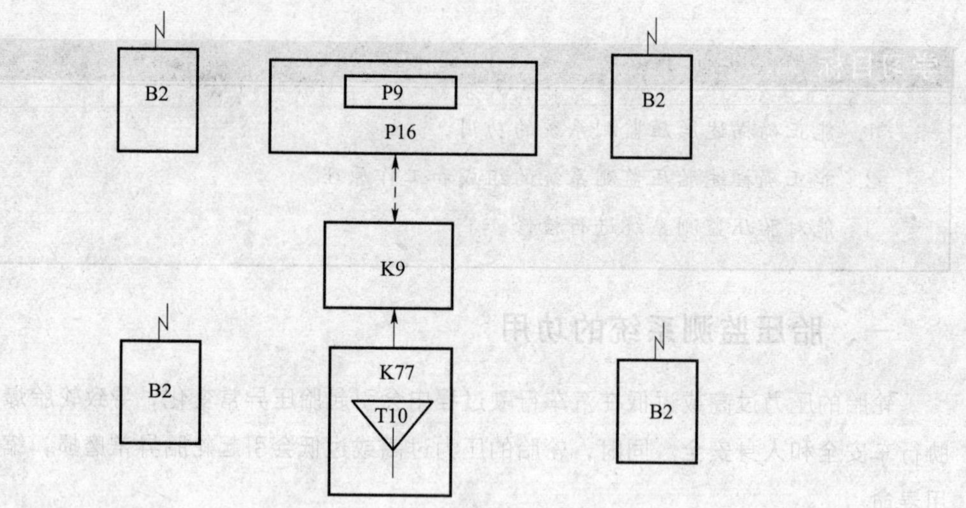

图 2—6—1　胎压监测系统的组成

（1）胎压传感器及无线发射器 B2

胎压传感器使用电容式压力传感器，并自带电源和芯片，用于检测轮胎内的气压并通过无线发射器将胎压以无线信号的方式发送给接收天线和接收器。

（2）天线 T10

接收胎压传感器及无线发射器 B2 发出的无线信号，并传输给遥控门锁接收器 K77。

（3）遥控门锁接收器 K77

遥控车门锁接收器接收无线信号并与车身控制模块进行通信。遥控车门锁接收器负责接收来自天线的无线电频率响应信息并将该信息传递至车身控制模块。

（4）车身控制模块 BCM（K9）

接收并处理遥控车门锁接收器传输的胎压信号，并向组合仪表 P16 中的驾驶员信息中心显示器 P9 发出报警指令。

（5）组合仪表 P16

接收车身控制模块 BCM（K9）发出的控制信号，并执行相应的操作。

（6）驾驶员信息中心显示器 P9

按车身控制模块 BCM（K9）发出的控制信号，显示相关信息，用于显示汽车的运转状况或发出提示报警信息。

2. 胎压监测系统的工作原理

车辆静止时，胎压传感器内部加速计未启动，从而使胎压传感器进入静止状态。在静止状态下，胎压传感器每 30 s 进行一次轮胎气压采样，如果轮胎气压不变，则不向外发射轮胎气压的无线信号。随着车速的增加，车轮的加速度启动传感器内部的加速计，从而唤醒胎压传感器，并进入驱动模式。在驱动模式下，胎压传感器每 30 s 采样轮胎气压一次，且在驱动模式下每 60 s 发射一次胎压信号。无线天线接收传感器信号并通过遥控门锁接收器传输给车身控制模块，车身控制模块接收每个传感器无线信号并转换成轮胎气压和轮胎位置数据。车身控制模块将轮胎气压和轮胎位置数据通过串行数据电路发送至显示数据的驾驶员信息中心。

当轮胎气压监测系统检测到明显的气压下降或上升（8.3 kPa）时，组合仪表上将点亮轮胎气压监测器指示灯图标，驾驶员信息中心上显示检查轮胎气压的信息。通过调整轮胎气压至推荐的压力值并且以 40 km/h 以上的速度驾驶车辆至少 2 min，可熄灭指示灯图标并清除驾驶员信息中心的信息。

车身控制模块可检测到轮胎气压监测系统内的故障。设置故障诊断码时，组合仪表上的轮胎气压监测器指示灯图标将闪烁 1 min。随后，在点火开关切换至“ON”（打开）位置且完成组合仪表灯泡检查后，指示灯图标将保持点亮。如检测到任何故障，驾驶员信息中心将会显示一个维修轮胎气压监测系统的信息。

四、胎压监测系统的检修

以 2013 年上汽通用别克君越轿车为例。

1. 胎压监测系统的故障现象

当汽车胎压监测系统发生故障时，组合仪表上的轮胎气压监测系统指示灯图标闪烁 1 min。随后，在点火开关切换至“ON”（打开）位置且完成组合仪表灯泡检查后，指示灯图标将保持点亮，驾驶员信息中心将显示维修轮胎监测器的信息。

2. 使用故障诊断仪读取车身控制模块中胎压监测系统的故障代码

遥控门锁接收器和车身控制模块之间的数据通信，或车身控制模块和组合仪表之间发生的数据通信故障，车身控制模块会设置 U 开头的网络通信故障码。

3. 执行轮胎气压指示灯传感器的读入程序

在每次轮胎换位、车身控制模块更换或传感器更换后，都必须执行传感器读入程序。一旦启用读入模式，每个传感器的唯一识别号将会被读入车身控制模块存储器中。当读入一个传感器识别号时，车身控制模块使喇叭发出“唧唧”声指示传感器已经发送识别号且车身控制模块已经接收且读入。车身控制模块必须按正确的顺序读入传感器识别码，以确定正确的传感器位置。

（1）踩下驻车制动器。

（2）将点火开关置于“ON”（打开）位置，使用故障诊断仪或驾驶员信息中心按钮启动轮胎气压传感器读入模式。若听到喇叭发出两声“唧唧”声，表示读入模式已经启用，左前转向信号灯也将点亮。

（3）从左前轮胎开始，使轮胎气压监测器专用工具的天线朝上，顶住靠近气门杆处轮辋的轮胎侧壁以激活传感器。按下激活按钮，确保专用工具上的发射指示灯传感器正在发射激活信号，等待喇叭发出“唧唧”声。如果喇叭未发出“唧唧”声，则用工具再次进行传感器激活步骤。一旦喇叭发出“唧唧”声，传感器信息就被读入，而要读入的下一个位置的转向信号灯将点亮。

(4) 喇叭发出鸣响且右前转向信号灯点亮后，剩下的3个传感器按以下顺序重复步骤3：右前、右后、左后。

(5) 当左后传感器已被读入且喇叭也发出两次“唧唧”声后，读入过程完成且车身控制模块也退出读入模式。

4. 车辆行驶中检测

(1) 车辆以高于40 km/h的速度行驶2 min以上，确认故障诊断仪上的“传感器模式”参数变更为“驱动”。

(2) 如果“传感器模式”参数未变更为“驱动”，则胎压传感器损坏，更换相应的轮胎气压传感器B2。

1) 举升并妥善支承车辆。

2) 将轮胎和车轮总成从车辆上拆下。

3) 将轮胎从轮辋上拆下。

4) 将梅花头螺钉1从胎压传感器2上拆下，并将其从气门芯3中直接拉出，如图2—6—2所示。

5) 将轮胎气门芯从轮辋中拉出。

5. 安装新的胎压传感器

(1) 将胎压传感器装配至气门杆，然后安装新的梅花头螺钉。轮胎气压监测器（TPM）气门和梅花头螺钉仅能使用一次，如图2—6—3所示。

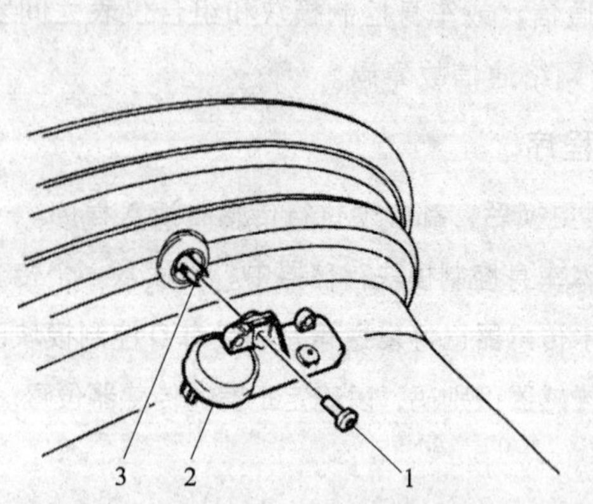

图2—6—2 胎压传感器的拆卸

1—梅花螺钉 2—胎压传感器 3—气门芯

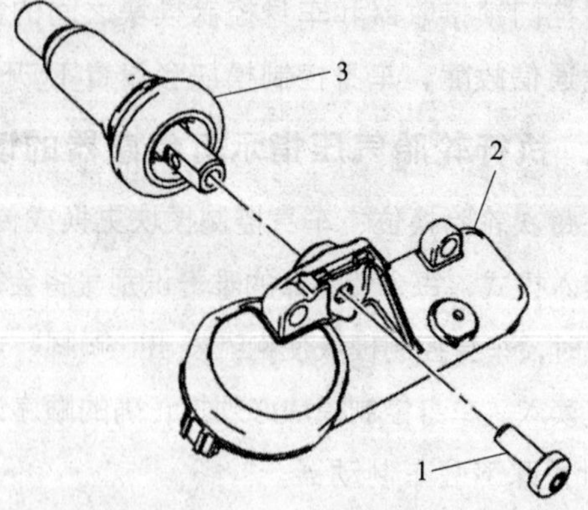

图2—6—3 胎压传感器的安装

1—梅花头螺钉 2—胎压传感器 3—气门芯

(2) 在气门芯的橡胶部分涂抹肥皂水。

(3) 使用轮胎气门杆安装工具，沿轮辋上气门孔的平行方向，拉动气门杆，如图2—6—4所示。

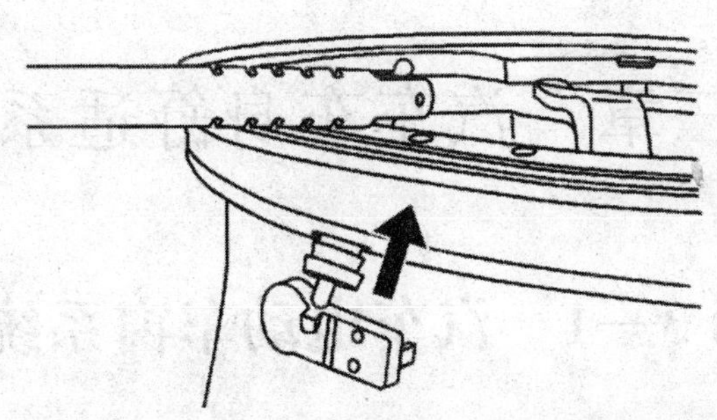

图 2—6—4　气门芯的安装

(4) 将轮胎安装至轮辋。

(5) 将轮胎和车轮总成安装到车上。

(6) 降下车辆。

6. 执行“轮胎气压指示灯传感器的读入”

如果“传感器模式”参数变更为“驱动”，则全部正常。

第三章　汽车车身舒适系统

§3—1　汽车电动车窗系统

学习目标

1. 能正确描述电动车窗系统的功用。
2. 能正确描述电动车窗系统的组成和工作原理。
3. 能对电动车窗系统进行初始化及检修。

一、电动车窗系统的功用

1. 电动车窗上升和下降功能

(1) 手动上升和下降功能

通过车窗开关按或拉到中间位置，使车窗上升或下降，但松开开关时，车窗会停止。

(2) 一键上升和下降功能

将驾驶员侧车窗开关按或拉到极限位置后松开，驾驶员侧车窗会自动完全打开或关闭。

2. 防夹功能

有的电动车窗在上升期间，如果有物体卡滞在门窗内，使电动车窗自动停止并向下移动，可有效防止人体夹伤等安全事故的发生。

3. Key－Off 操作功能

有的电动车窗，将点火开关置于 OFF 位置后，如果任一前门未打开，则该功能使电动车窗继续工作 45 s。

4. 遥控功能

通过驾驶员侧的车窗开关，可以控制其他电动车窗的上升和下降。

5. 钥匙联动功能

使用机械钥匙插入驾驶员侧车门锁芯，长时间处于解锁或锁止位置，可打开或关闭车窗。长按遥控钥匙解锁或锁止按钮，可打开或关闭车窗。

二、电动车窗系统的组成

汽车电动车窗系统一般由电动车窗升降器、电动车窗开关、电动车窗主开关、电动车窗 ECU、车窗锁止开关等部件组成，如图 3—1—1 所示。

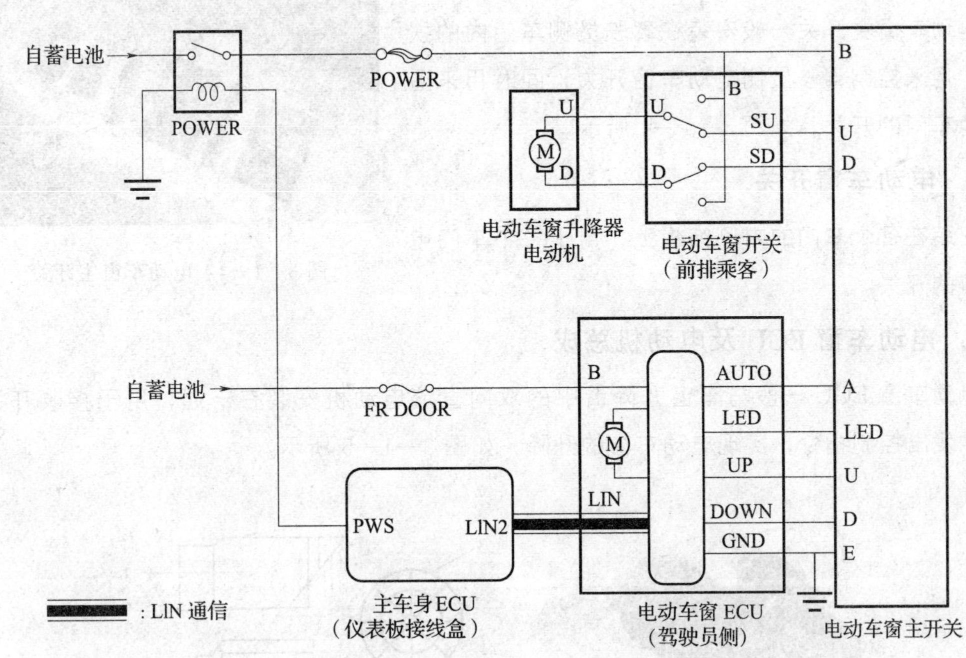

图 3—1—1　电动车窗系统

1. 电动车窗升降器

电动车窗升降器主要由双向直流电动机和传动装置组成，它作为车窗电动系统的执行器，根据控制指令实现车窗的升降。电动车窗升降器按传动装置的不同，分为钢丝绳式和交叉传动臂式，如图 3—1—2 和图 3—1—3 所示。钢丝绳式电动车窗升降器通过电动机正反转带动钢丝绳，钢丝绳使车窗玻璃上下运动。交叉传动臂式电动车窗升降器是通过电动机正反转驱动交叉臂左右伸缩，支架与导轨使车窗玻璃上下运动。

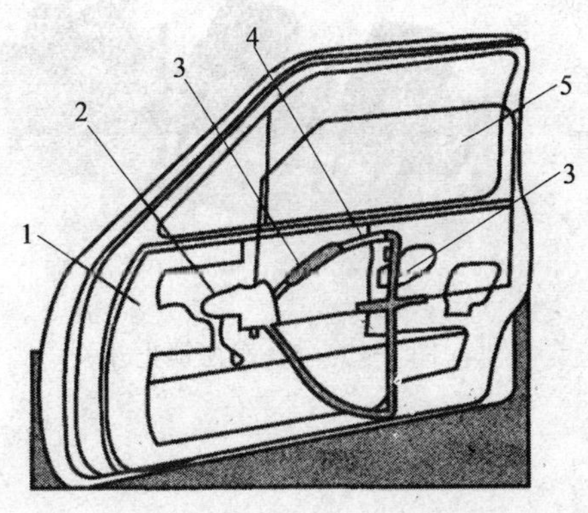

图 3—1—2　钢丝绳式车窗升降器

1—盖板　2—双向直流电动机及减速器

3—导向套　4—钢丝绳　5—玻璃

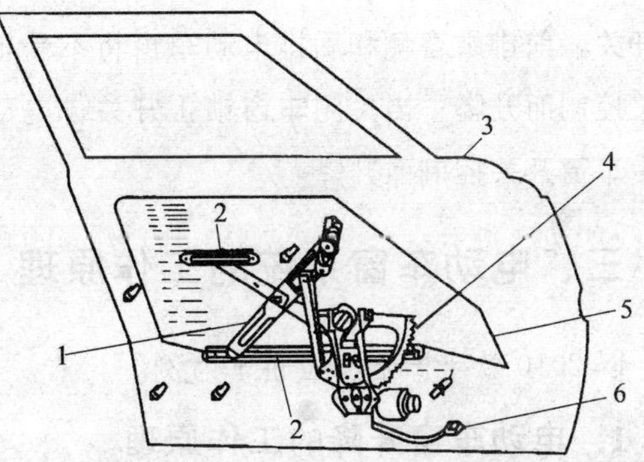

图 3—1—3　交叉传动臂式车窗升降器

1—调整杆　2—支架与导轨　3—车门

4—驱动齿扇　5—玻璃

6—双向直流电动机及线索连接器

2. 电动车窗主开关

电动车窗主开关一般安装在驾驶员侧车门内的扶手上，用来控制驾驶员侧电动车窗开关，同时用来遥控其他车门的开关，如图 3—1—4 所示。

图 3—1—4　电动车窗主开关

3. 电动车窗开关

安装在各个车门的内侧饰板上，用于各个车门电动车窗的开关。

4. 电动车窗 ECU 及电动机总成

电动车窗 ECU 一般与车窗升降器中的双向直流电动机安装在一起，用于接收开关信号，并发出控制指令，实现电动车窗的升降，如图 3—1—5 所示。

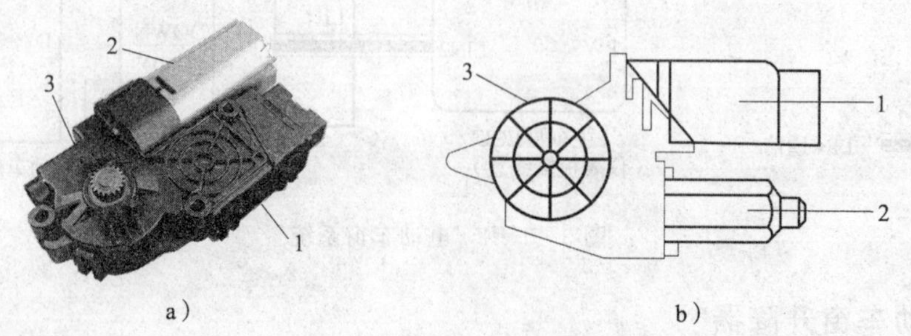

图 3—1—5　电动车窗 ECU 及电动机总成

a）实物图　b）结构图

1—电动车窗 ECU　2—双向直流电动机　3—电动机传动齿轮

5. 车窗锁止开关

车窗锁止开关一般安装在驾驶员侧车门内的扶手上，如图 3—1—4 和图 3—1—6 所示。当按下车窗锁止开关，前排乘客侧和后排电动车窗将不受电动车窗开关控制而升降；当关闭车窗锁止开关，电动车窗重新受车窗开关控制而升降。

图 3—1—6　车窗锁止开关

三、电动车窗系统的工作原理

以 2010 款丰田卡罗拉轿车为例。

1. 电动车窗升降的工作原理

(1) 手动升降的工作原理

如图 3—1—1 所示，当点火开关打开，置于 Key－On（ACC）位置，车身 ECU 控制 PWS 端子发出 12 V 电压，电动车窗 POWER 继电器的线圈得电，继电器闭合。蓄电池通过闭合后的POWER继电器常开开关、POWER 熔丝，给电动车窗开关和电动车窗主开关供电。

以前排乘客电动车窗开关为例，当向上拉起车窗开关，电动车窗开关从触点 SU 转向触点 B，蓄电池的电流经电动车窗开关的端子 B、电动车窗开关触点 U、电动车窗升降器电动机、电动车窗开关触点 D、电动车窗开关触点 SD、电动车窗主开关触点 D，车窗电动机正向运转，车窗升降器带动车窗玻璃上升；当向下按车窗开关时，蓄电池电路经触点 B、开关触点 D 方向流动，电动车窗升降器电动机反向运转，车窗升降器带动车窗玻璃下降。

当松开电动车窗开关时，车窗将会停止升降。

(2) 遥控电动车窗的工作原理

以通过驾驶员侧电动车窗主开关遥控前排乘客侧电动车窗为例，如图 3—1—1 所示。当电动车窗主开关上的前排乘客电动车窗遥控开关向上拉起，主开关端子 U 发出 12 V 电压，电流经开关触点 SU、开关触点 U、电动车窗升降器电动机、开关触点 D、开关触点 SD、主开关端子 D，车窗电动机正向运转，车窗升降器带动车窗玻璃上升；当电动车窗主开关上的前排乘客电动车窗遥控开关向下按时，主开关端子 D 发出 12 V 电压，电流经主开关端子 D、开关触点 SD、开关触点 D 方向流动，电动车窗升降器电动机反向运转，车窗升降器带动车窗玻璃下降。

当松开电动车窗开关时，车窗将会停止升降。

(3) 一键升降的工作原理

2010 款丰田卡罗拉轿车只有驾驶员侧电动车窗带一键升降功能，如图 3—1—1 所示。

将驾驶员侧电动车窗按或拉到中间位置时，与手动升降工作原理一样，但是，松开开关时，车窗升降将会停止。将驾驶员侧电动车窗拉到中间位置时，车窗主开关端子 U 向电动车窗 ECU 端子 UP 提供车窗上升信号，电动车窗 ECU 接收到车窗上升信号后，驱动驾驶员侧车窗电动机正向运转，车窗升降器带动车窗玻璃上升；反之，将驾驶员侧电动车窗按到中间位置时，车窗主开关端子 D 向电动车窗 ECU 端子 DOWN 提供车窗下降信号，电动车窗 ECU 接收到车窗下降信号后，驱动驾驶员侧车窗电动机反向运转，车窗升降器带动车窗玻璃下降。

将驾驶员侧电动车窗按或拉到极限位置后，即使松开开关，电动车窗仍将会自动升降到终点位置。此时，车窗主开关端子 A 向电动车窗 ECU 端子 AUTO 提供车窗一键升降信号(自动升降信号)，电动车窗 ECU 接收到一键升降信号后，驱动驾驶员侧车窗电动机正向或反向运转，车窗升降器带动车窗玻璃上升或下降。

2. 电动车窗到达终点自动停止的工作原理

当电动车窗升降器运动到工作终点时，车窗电动机被限定不能转动，此时电动机的电流增大，电动车窗 ECU 检测到电流增大到一定程度，将会中断电动机的供电，实现电动车窗的停止。

电动车窗升降器运动位置可以通过车窗电动机上安装的霍尔传感器来检测，如

图 3—1—7 所示。霍尔传感器安装在电动机轴上，一个环形磁铁为霍尔传感器提供磁场，霍尔传感器将信号输入电动车窗 ECU。通过电动车窗的初始化，电动车窗 ECU 会记录车窗电动机从工作上止点到下止点之间转过的圈数，来识别车窗升降器的工作位置。

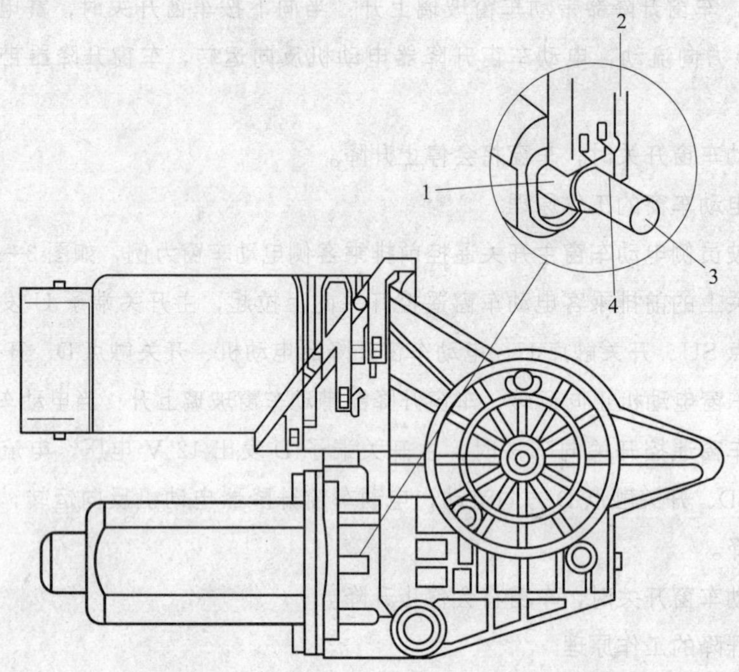

图 3—1—7　电动车窗电动机上的霍尔传感器

1—环形磁铁　2—电路板　3—电动机　4—霍尔传感器

3. 电动车窗防夹功能工作原理

以 2010 款丰田卡罗拉轿车为例，电动车窗 ECU 通过霍尔传感器检测到在车窗全关位置附近 4 mm 以下，有物体阻碍电动车窗上升，电动车窗 ECU 将控制车窗电动机停止上升并向下降方向运动一段距离，如图 3—1—8 所示。

防夹电动车窗的工作原理如图 3—1—9 所示。在关闭车窗的过程中，驱动机构中的电动车窗 ECU 及霍尔传感器时刻检测电动机的转速。当霍尔传感器检测到电动机的转速有变化时，就会向 ECU 传送信息，ECU 向继电器发出指令，使电动机停转或反转，车窗玻璃也就停止上升或开始下降。

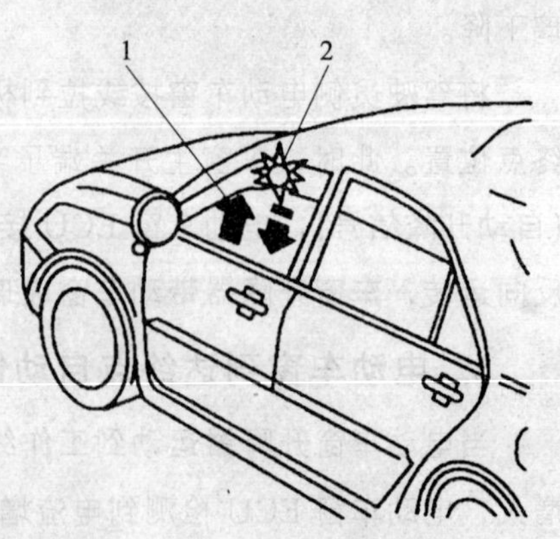

图 3—1—8　电动车窗防夹功能

1—窗　2—异物

电动车窗防夹检测机构由电动车窗电动机总成中蜗杆上的磁铁和连接器部分上的两个霍尔 IC 组成。霍尔 IC 将蜗杆旋转产生的磁通量变化转换为脉冲信号，并将其输出到电动窗主开关/电动窗开关。如果车窗玻璃在关闭过程中遇到异物，霍尔 IC 感测到速度变化，将

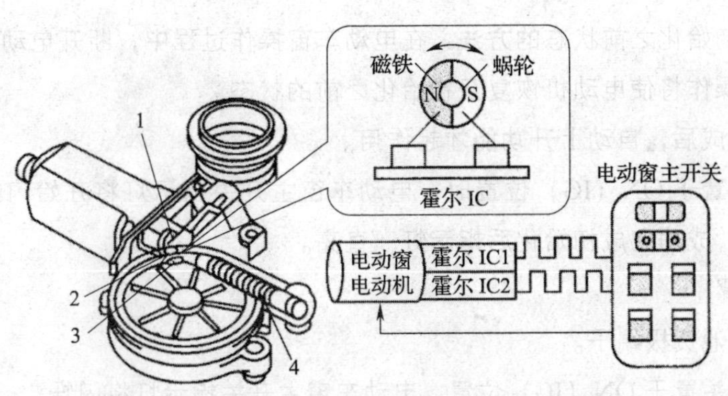

图 3—1—9　电动车窗防夹功能的原理

1—磁铁　2—霍尔 IC1　3—霍尔 IC2　4—蜗轮

信号输入车窗 ECU，车窗 ECU 由此识别出车窗玻璃受到异物干扰。图 3—1—10a 所示是车窗正常时，车窗电动机转一圈霍尔 IC 输出的脉冲信号，图 3—1—10b 所示是有异物时车窗电动机转一圈时霍尔 IC 输出的脉冲信号，以此为依据来判断车窗玻璃的移动量和是否夹住异物。

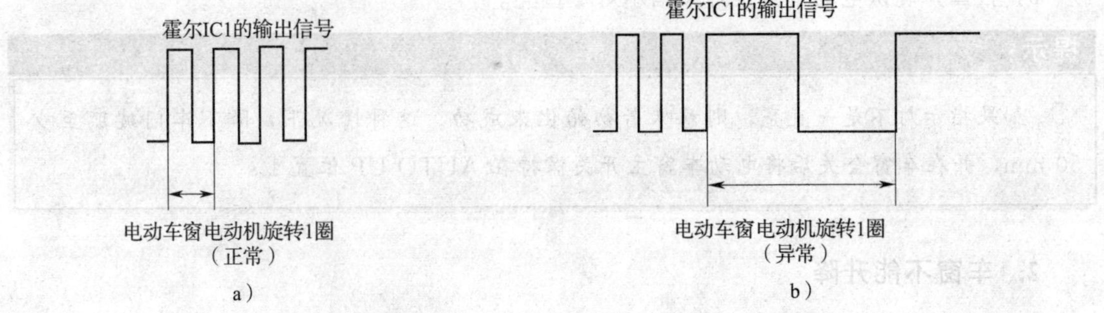

图 3—1—10　霍尔传感器的信号

a）车窗正常时　b）车窗夹住异物时

四、电动车窗的检修

1. 车窗初始化设定

以 2010 款丰田卡罗拉轿车为例，初始化电动车窗系统（驾驶员侧电动车窗升降器电动机）。

（1）注意事项

1）如果更换了电动车窗电动机或电动车窗升降器，则需要进行初始化（蓄电池负极端子断开并重新连接后，没有必要进行初始化）。

2）初始化期间不应操作其他电气系统。如果电动车窗电动机的电源电压出现下降，则初始化将中断。

3）更换车门玻璃或车门玻璃升降槽可能导致当前车门玻璃位置与 ECU 中存储的位置之间产生差异。在这种情况中，防夹功能可能无法正常工作。此时应使系统返回到初始化前的状态并对系统重新进行初始化。

将系统返回初始化之前状态的方法：在电动车窗操作过程中，断开电动车窗升降器电动机连接器。该项操作将使电动机恢复至初始化之前的状态。

4）初始化完成后，自动上升功能才起作用。

5）点火开关置于 ON（IG）位置时，电动车窗主开关指示灯将开始闪烁，并且持续闪烁至初始化完成。成功完成初始化后指示灯一直亮。

（2）操作步骤

1）连接蓄电池负极端子。

2）将点火开关置于 ON（IG）位置。电动车窗主开关指示灯将闪烁。

3）在电动车窗操作过程中，断开电动车窗升降器电动机连接器。该项操作将使电动机恢复至初始化之前的状态。

4）恢复电动机车窗升降器电动机连接器的连接。

5）通过操作电动车窗主开关完全关闭车门玻璃。车门玻璃停止后，将电动车窗主开关保持在 AUTO UP 位置至少 1 s。

6）检查并确认电动车窗主开关指示灯一直亮。

提示：

如果指示灯不是一直亮，则意味着初始化未成功。这种情况下，降下车门玻璃至少 50 mm，并在车窗全关后将电动车窗主开关保持在 AUTO UP 位置 1 s。

2. 车窗不能升降

（1）电动车窗开关电路的检修

2010 款丰田卡罗拉轿车的电动车窗开关电路如图 3—1—11 所示。

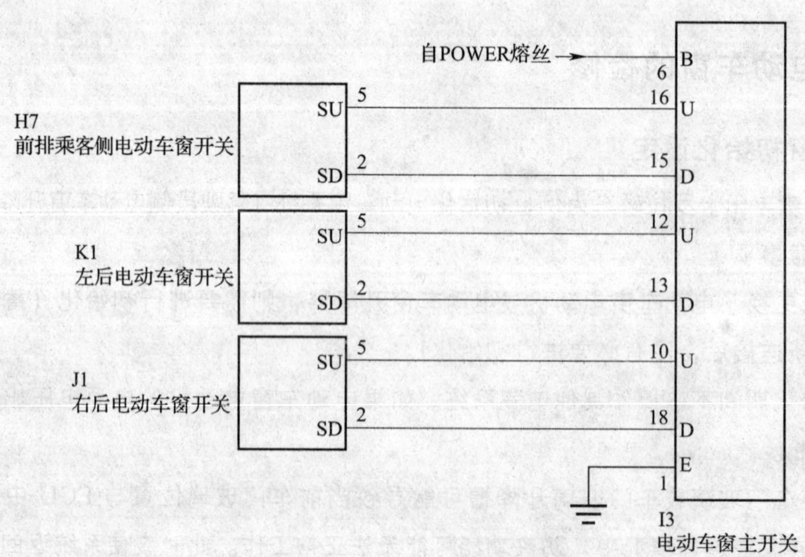

图 3—1—11 电动车窗开关电路

1）关闭点火开关，断开电动车窗主开关 I3 连接器、前排乘客侧电动车窗开关 H7。

2）打开点火开关，测量 I3/6－GND 电压应为 11～14 V；测量 I3/1－GND 电阻应小于 1 Ω；否则维修或更换线束或连接器。

3）检查电动车窗主开关。以电动车窗主开关上的前排乘客侧遥控开关的检查为例，其他电动车窗遥控开关检查方法以此类推。其标准值如下。

拉起开关：I3/6－I3/16 小于 1 Ω；I3/15－I3/1 小于 1 Ω。

按下开关：I3/6－I3/15 小于 1 Ω；I3/16 I3/1 小于 1 Ω。

否则更换电动车窗主开关。

4）检查电动车窗开关。以前排乘客侧电动车窗开关为例，它的原理如图 3—1—1 所示。其标准值如下。

拉起开关：B－U 小于 1 Ω，D－SD 小于 1 Ω。

按下开关：B－D 小于 1 Ω，U－SU 小于 1 Ω。

否则更换前排乘客侧电动车窗开关。

5）检查前排乘客侧电动车窗开关相关线路。以电动车窗主开关至前排乘客侧电动车窗开关相关线路的检查为例。其标准值如下。

I3/16－H7/5 小于 1 Ω。

I3/15－H7/2 小于 1 Ω。

否则修复相关线路的断路或接触不良故障。

I3/16－GND 为∞。

I3/15－GND 为∞。

否则修复相关线路的短路故障。

（2）车窗电动机电路的检查

以前排乘客侧车窗电动机电路为例，如图 3—1—12 所示。

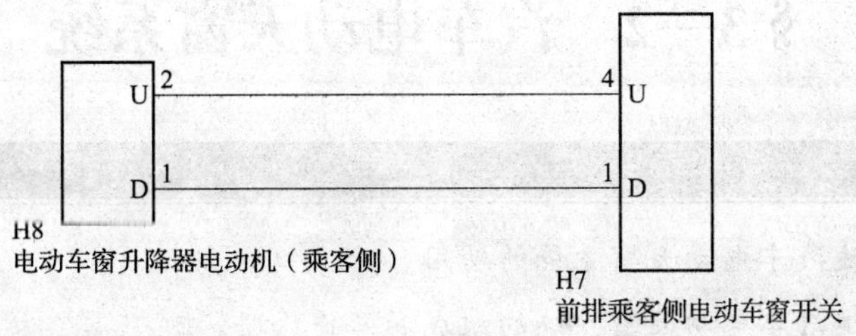

图 3—1—12　前排乘客侧车窗电动机电路

1）车窗电动机的检查。拆下车窗电动机，利用蓄电池分别向电动机两接线端施加正反向电压，电动机应正反向旋转，否则更换车窗电动机。

2）车窗电动机线路的检查。断开车窗电动机线路两端的连接器，检查线路应导通，对搭铁无短路情况，否则应修复或更换。

3）驾驶员侧车窗电动机电路的检查。驾驶员侧车窗电动机电路如图 3—1—13 所示。

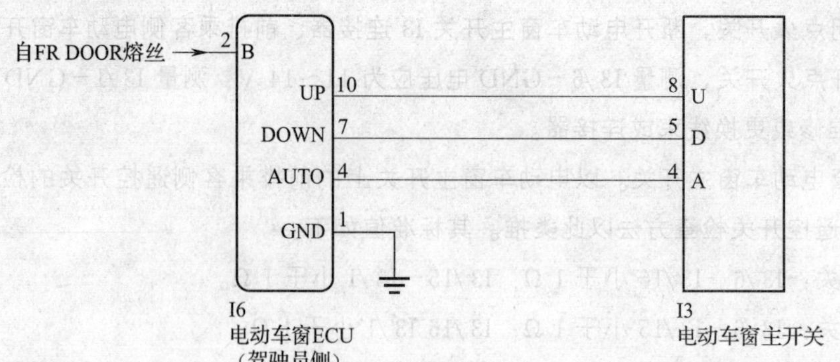

图 3—1—13 驾驶员侧车窗电动机电路

①关闭点火开关，断开电动车窗 ECU 连接器 I6，I6 /1－GND 电阻小于 1 Ω。

②打开点火开关，I6 /2－GND 电压为 11～14 V。

③检查电动车窗 ECU 与电动车窗主开关之间的线路应导通，对搭铁无短路现象。

④驾驶员侧车窗电动机的检查。

a. 拆下驾驶员侧电动车窗 ECU（与车窗电动机是同一总成）。

b. 模拟手动操作下降：蓄电池正极接 I6 /2，蓄电池负极接 I6 /1、I6 /7，车窗电动机顺时针旋转。

c. 模拟手动操作上升：蓄电池正极接 I6 /2，蓄电池负极接 I6 /1、I6 /10，车窗电动机逆时针旋转。

d. 模拟一键上升：蓄电池正极接 I6 /2，蓄电池负极接 I6 /1、I6 /4、I6 /7，车窗电动机顺时针旋转。

e. 模拟一键下降：蓄电池正极接 I6 /2，蓄电池负极接 I6 /1、I6 /4、I6 /10，车窗电动机逆时针旋转。

§3—2 汽车电动天窗系统

学习目标

1. 能正确描述汽车电动天窗系统的功用。
2. 能正确描述汽车电动天窗系统的组成和工作原理。
3. 能对汽车电动天窗系统进行检修。

一、电动天窗系统的功用

电动天窗位于汽车车顶，主要用于加强车内的通风换气，改善车内空气质量，调整车内的温度和湿度，提高车内的舒适性，如图 3—2—1 所示。

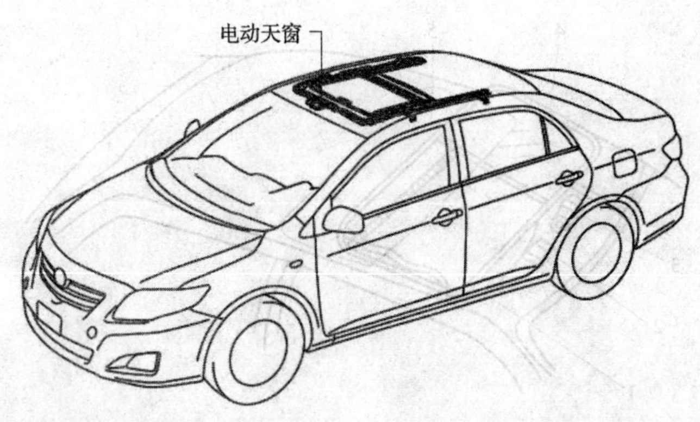

图 3—2—1 电动天窗

电动天窗系统主要有手动打开或关闭功能、自动打开或关闭功能、手动上倾或下倾功能、自动上倾或下倾功能和防夹功能。

1. 手动打开或关闭功能

当按下 SLIDE OPEN 开关不超过 0.3 s 时，该功能使滑动天窗打开或关闭。松开开关后滑动天窗立刻停止滑动。

2. 自动打开或关闭功能

当按下 SLIDE OPEN 开关不小于 0.3 s 时，该功能使滑动天窗完全打开或关闭。

3. 手动上倾或下倾功能

当按下 TILT UP 开关不超过 0.3 s 时，该功能使滑动天窗点动上倾或下倾。

4. 自动上倾或下倾功能

当按下 TILT UP 开关不小于 0.3 s 时，该功能使滑动天窗上倾或下倾到终了位置。

5. 防夹功能

如果在自动关闭操作或自动下倾操作过程中有异物卡在滑动天窗中，防夹功能会自动停止滑动天窗，或停止滑动天窗并使它部分地打开或完全上倾。

6. Key—Off 操作功能

如果前门没有打开，钥匙关闭操作功能可以在点火开关置于 OFF 位置后操作滑动天窗一段时间。

7. 滑动天窗开启警告

如果在滑动天窗打开时将点火开关从 ON（IG）转至 OFF 位置且驾驶员车门打开，则组合仪表中的多功能蜂鸣器会鸣响一次。

二、电动天窗系统的组成

电动天窗系统主要由天窗组件、滑动机构、驱动机构和电子控制系统等组成，如图 3—2—2 所示。

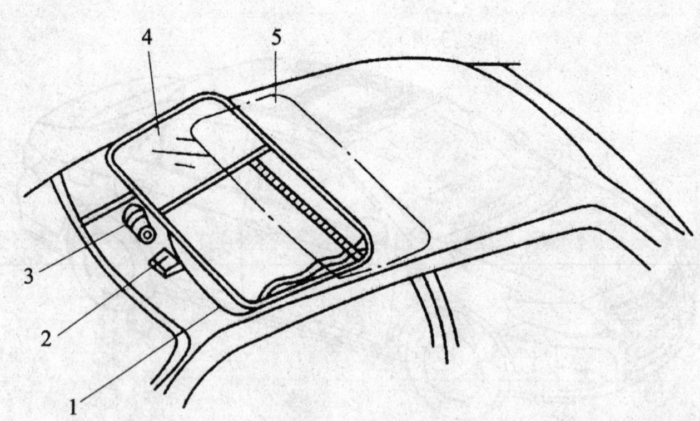

图 3—2—2　电动天窗系统的组成

1—滑动机构　2—ECU　3—电动机及驱动齿轮　4—天窗玻璃　5—遮阳板

1. 天窗组件

天窗组件主要包括天窗框架、天窗玻璃、遮阳板、导流槽和排水槽等。

2. 滑动机构

滑动机构的作用是在驱动机构的驱动下，使天窗做出滑动或倾斜运动。滑动机构主要由连杆、导向销、导向槽、导向块和前后枕座组成，如图 3—2—3 所示。当后枕座向前移动，连杆沿 A 方向移动，天窗玻璃斜升起来；后枕座后移，连杆沿 B 方向移动，天窗玻璃斜降。只有天窗玻璃斜降下来，才能操作滑动开关。

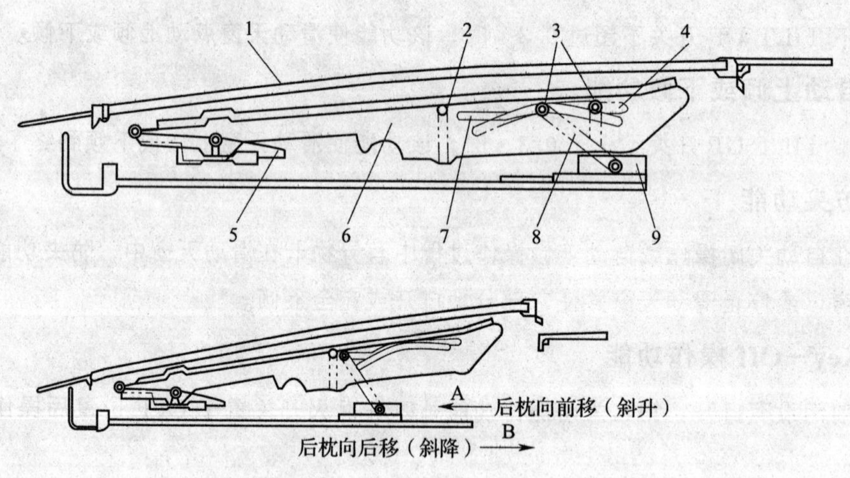

图 3—2—3　电动天窗滑动机构

1—天窗玻璃　2—导向块　3—导向销　4—导向槽　5—前枕座　6—托架　7—导向槽　8—连杆　9—后枕座

3. 驱动机构

驱动机构主要由电动机、传动机构、滑动螺杆等组成，如图 3—2—4 所示。驱动机构工作时，电动机正反方向转动从而驱动传动机构，使天窗滑动或倾斜。

传动机构的作用是将电动机的动力通过蜗杆、蜗轮，经中间齿轮进行减速后驱动齿轮，传递给滑动螺杆带动天窗玻璃前后滑动，如图 3—2—5 所示。

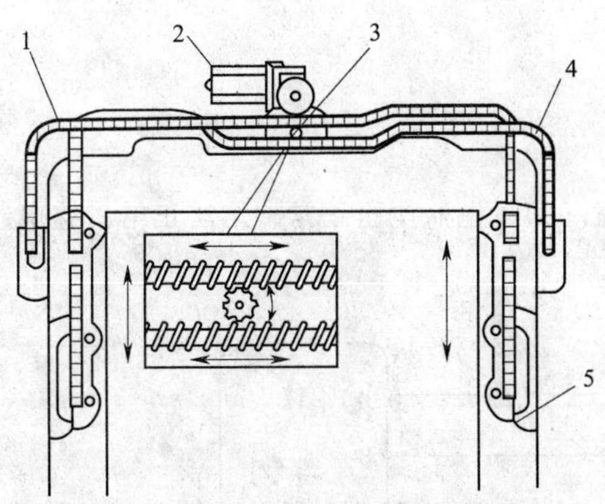

图 3—2—4 电动天窗驱动机构

1、4—滑动螺杆 2—电动机

3—传动机构 5—后枕座

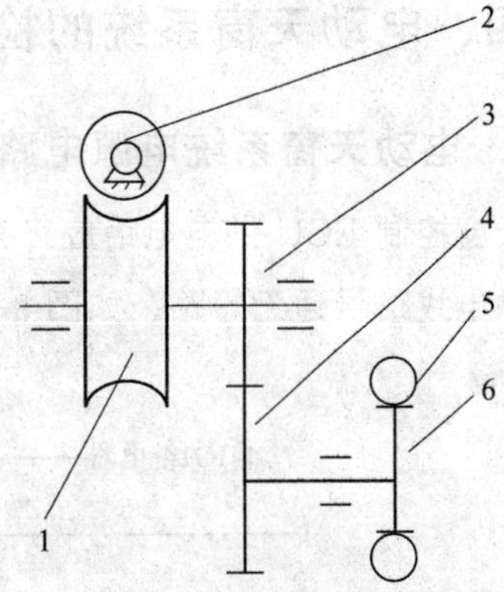

图 3—2—5 电动天窗传动机构

1—蜗轮 2—蜗杆 3、4—中间齿轮

5—滑动螺杆 6—驱动齿轮

4. 电子控制系统

以 2010 款丰田卡罗拉轿车为例，电动天窗的电子控制系统主要由天窗开关、天窗控制 ECU（含电动机总成），如图 3—2—6 所示。

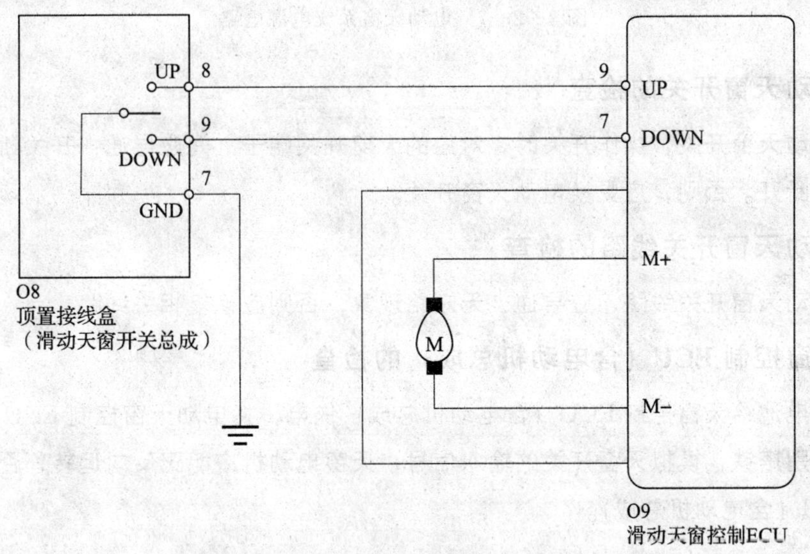

图 3—2—6 电动天窗电子控制系统

三、电动天窗系统的工作原理

电动天窗系统的工作原理与电动车窗系统基本相同，如图 3—2—6 所示。当驾驶员操作滑动天窗开关，开关信号输入滑动天窗 ECU，滑动天窗 ECU 根据开关信号向天窗电动机施加正反的电压，实现天窗电动机的正反转，使电动天窗打开或关闭。同时，滑动天窗 ECU 根据开关信号的特征实现电动天窗系统的各项功能。

四、电动天窗系统的检修

1. 电动天窗系统电源电路的检查

天窗控制 ECU 供电电路应正常，搭铁可靠。即蓄电池电压正常、熔丝正常、继电器正常、供电线路导通无短路，如图 3—2—7 所示。

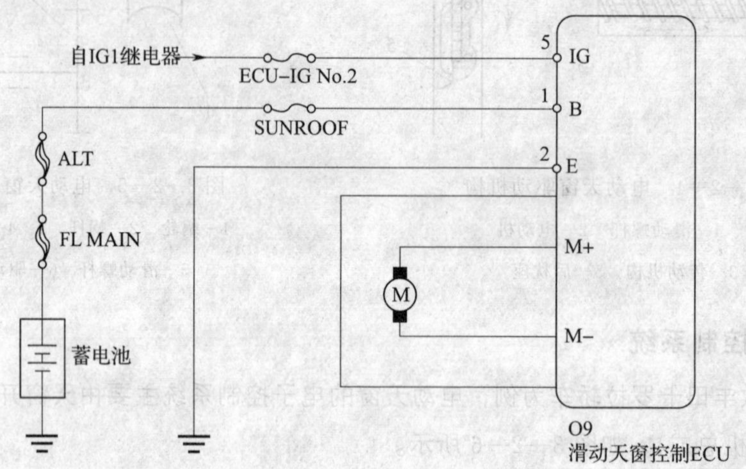

图 3—2—7 电动天窗系统电源电路

2. 电动天窗开关的检查

拆下电动天窗开关，操作开关时，对应的天窗开关端子之间应导通；开关断开时，开关端子之间应断开。否则，应更换电动天窗开关。

3. 电动天窗开关线路的检查

检查电动天窗开关线路，应导通、无短路现象，否则应修复相关线路。

4. 天窗控制 ECU（含电动机总成）的检查

利用蓄电池给天窗控制 ECU（含电动机总成）供电，将电动天窗控制 ECU 的开关信号输入端子分别搭铁，模拟天窗开关的输入信号，天窗电动机应能正反向运转，否则应更换天窗控制 ECU（含电动机总成）。

§ 3—3 汽车电动座椅系统

学习目标

1. 能正确描述汽车电动座椅系统的功用。
2. 能正确描述汽车电动座椅系统的组成和工作原理。
3. 能正确分析电动座椅系统的电路，并对电动座椅系统进行检修。

一、电动座椅的功用

现代的很多汽车前排座椅都配备了汽车电动座椅系统。汽车电动座椅系统可通过座椅上的开关操作座椅电动机运转，调节座椅的位置和姿态，从而提高乘坐的舒适性。电动座椅可进行座椅前后位置、座椅高度位置、座椅靠背倾斜位置、座椅腰部支承位置共 4 个位置 8 个方向的调节，如图 3—3—1 所示。

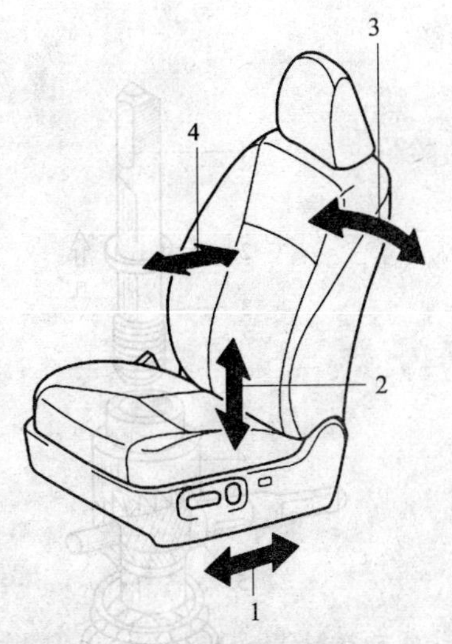

图 3—3—1　电动座椅的调节

1—座椅前后位置调节
2—座椅高度位置调节
3—座椅靠背倾斜位置调节
4—座椅腰部支承调节

二、电动座椅系统的组成

1. 普通电动座椅系统的组成

普通电动座椅系统主要由座椅开关、座椅调节电动机、传动装置等组成。座椅电动机采用 4 个永磁式双向直流电动机，利用电动机的正反转调节座椅的 4 个位置 8 个方向，如图 3—3—2 所示。

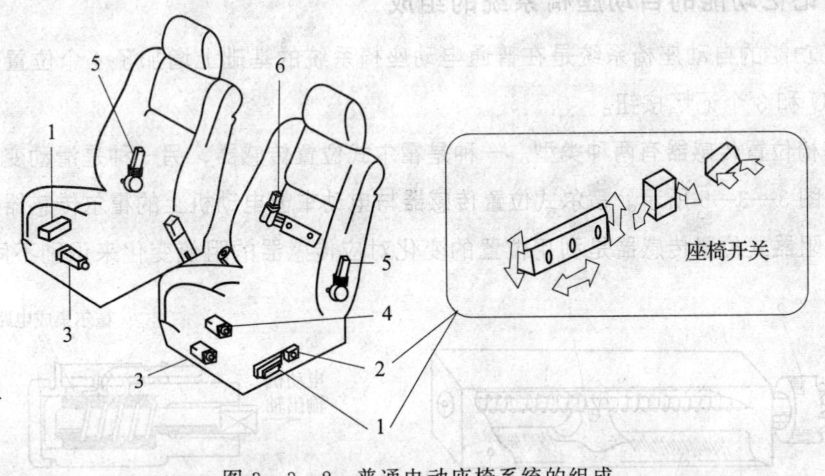

图 3—3—2　普通电动座椅系统的组成

1—前后调节开关、靠背倾斜调节开关　2—腰部支撑调节开关　3—前后调节电动机
4—高度调节电动机　5—靠背倾斜调节电动机　6—腰部支承调节电动机

座椅高度调节传动装置主要由蜗杆、蜗轮、芯轴等组成，如图 3—3—3 所示。调整时，调节电动机驱动蜗杆，带动蜗轮转动，从而使芯轴旋进或旋出，实现座椅的上升或下降。

座椅前后调节传动装置主要由蜗杆、蜗轮、齿条、导轨等组成，齿条装在导轨上，如图 3—3—4 所示。调整时，电动机驱动蜗杆，蜗杆带动蜗轮，蜗轮带动齿条实现座椅的前后移动。

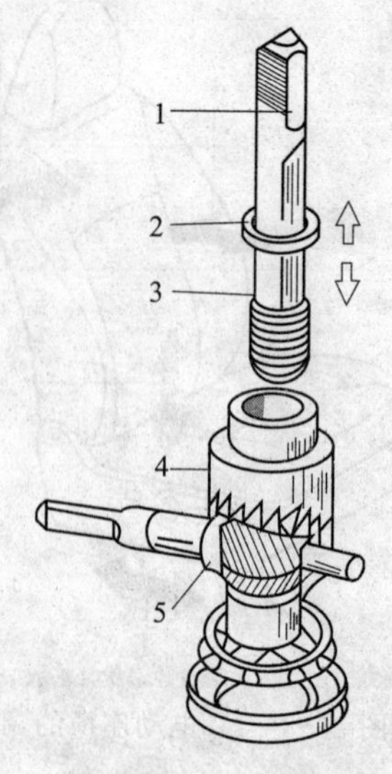

图 3—3—3 座椅高度调节传动装置

1—铣平面 2—垫片 3—芯轴

4—蜗轮 5—蜗杆（电动机驱动）

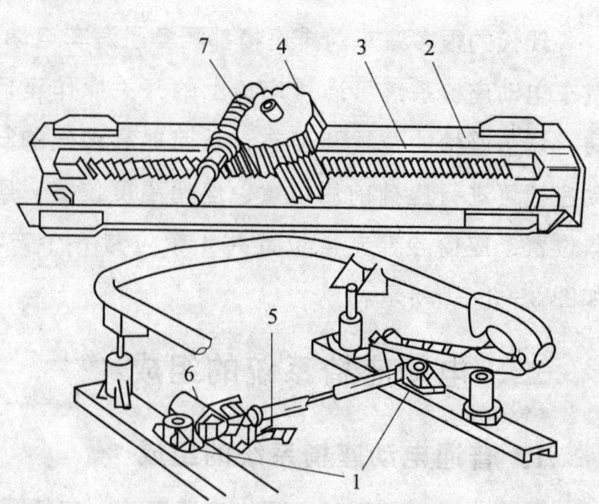

图 3—3—4 座椅前后调节传动装置

1—支承及导向元件 2—导轨 3—齿条 4—蜗轮

5—滑动变阻器式位置传感器 6—前后调节电动机 7—蜗杆

2. 带记忆功能的自动座椅系统的组成

带记忆功能的自动座椅系统是在普通电动座椅系统的基础上增加了 4 个位置传感器、电动座椅 ECU 和 3 个记忆按钮。

电动座椅位置传感器有两种类型。一种是霍尔式位置传感器，另一种是滑动变阻器式位置传感器，如图 3—3—5 所示。霍尔式位置传感器与电动车窗电动机上的霍尔传感器工作原理相同；滑动变阻器式位置传感器是利用位置的变化对应传感器的阻值变化来识别不同的位置。

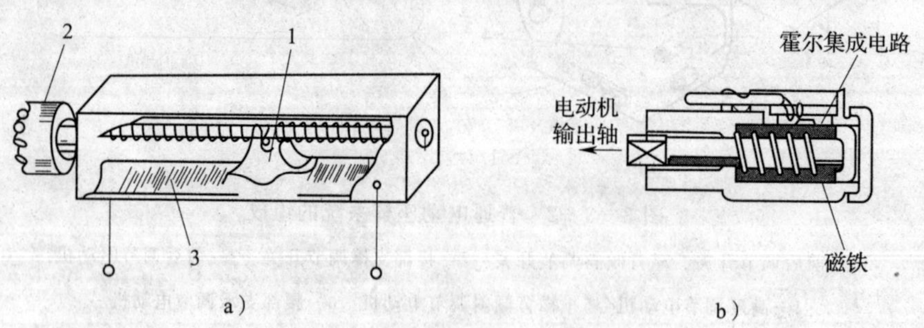

图 3—3—5 电动座椅位置传感器

a）霍尔式位置传感器 b）滑动变阻器式位置传感器

1—滑块 2—齿轮（电动机驱动） 3—电阻器

3 个记忆按钮（L1、L2、L3）一般安装在驾驶员侧车门饰板的扶手上，当点火开关打开，变速杆挡位处于“P”，用座椅调节开关调整好座椅的位置后，可以通过按下记忆按钮和 SET 按钮存储座椅位置，下次使用时按下记忆按钮，座椅自动恢复到原来记忆的位置，如图 3—3—6 所示。

图 3—3—6　座椅记忆按钮

三、电动座椅系统的工作原理

1. 普通电动座椅系统的工作原理

以 2010 款丰田卡罗拉轿车为例，普通电动座椅系统的原理如图 3—3—7 所示。

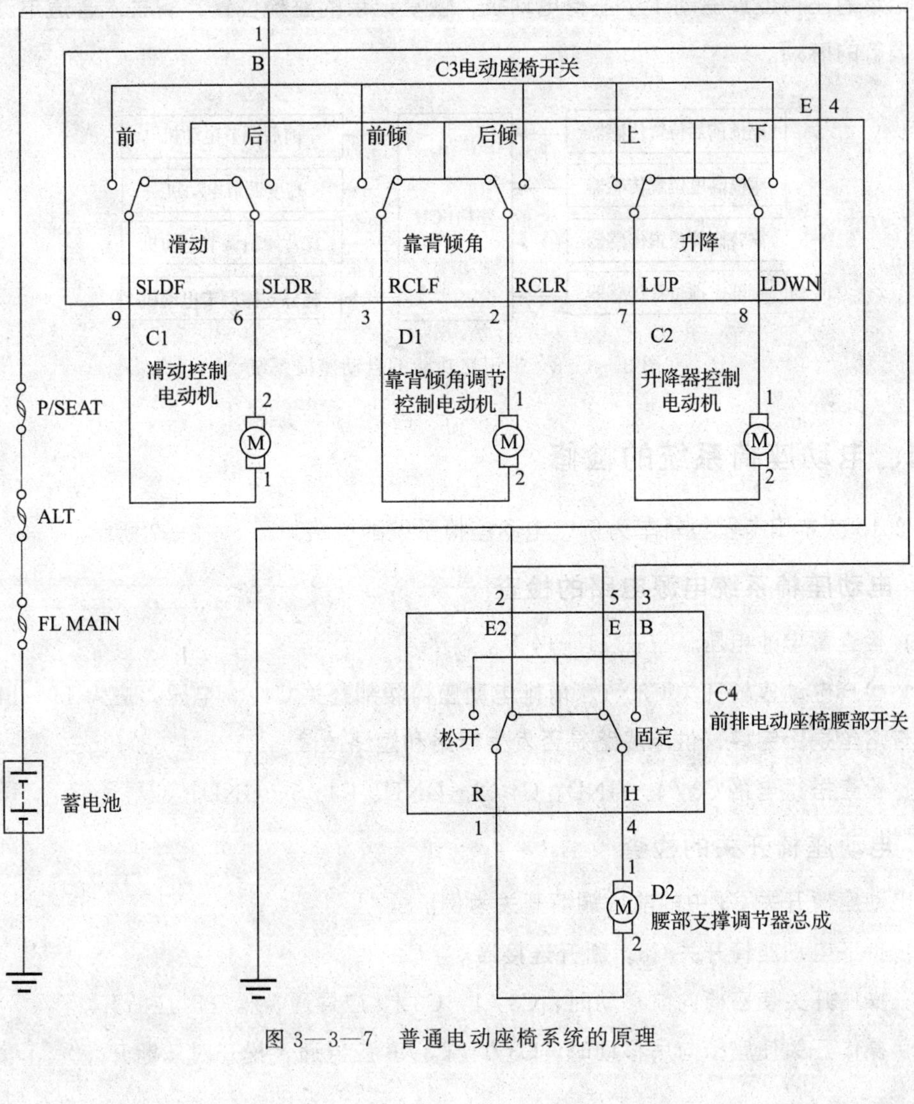

图 3—3—7　普通电动座椅系统的原理

以电动座椅前后位置调节电路为例。打开点火开关，当操作 C3 电动座椅开关使座椅向前移动时，电动座椅开关 C3 的“滑动”开关的“前”开关触点闭合，电流经蓄电池正极、熔丝、电动座椅开关 C3/1、“前”开关触点、滑动控制电动机流向蓄电池搭铁，滑动控制电动机正向运转，并通过传动装置驱动座椅向前运动；松开电动座椅开关 C3 时，座椅停止移动。反之，当操作 C3 电动座椅开关使座椅向后移动时，电动座椅开关 C3 的“滑动”开关的“后”开关触点闭合，蓄电池电路电流经蓄电池正极、熔丝、电动座椅开关 C3/1、“后”开关触点、滑动控制电动机流向蓄电池搭铁，滑动控制电动机反向运转，座椅后移。

其他座椅位置调节电路的工作原理与电动座椅前后位置调节电路相同。

2. 带记忆功能的自动座椅系统的工作原理

如图 3—3—8 所示，带记忆功能的自动座椅系统可通过 4 个位置传感器分析检测座椅的前后位置、高度位置、靠背倾斜位置、腰部支撑位置；电动座椅 ECU 可记录 3 种不同的座椅位置，记录的 3 种不同的座椅位置分别对应 3 个记忆按钮。当按下记忆按钮，座椅 ECU 便根据记录的座椅位置驱动 4 个座椅电动机，恢复记录的座椅位置，省去了普通电动座椅系统反复调节的麻烦。

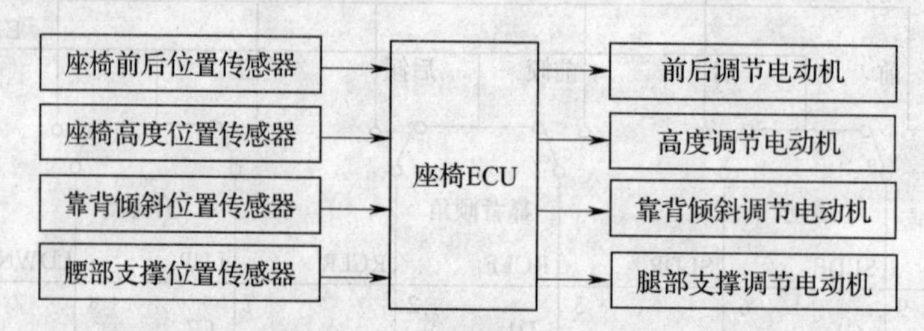

图 3—3—8 带记忆功能的自动座椅系统

四、电动座椅系统的检修

以 2010 款丰田卡罗拉轿车为例，电动座椅系统的电路如图 3—3—7 所示。

1. 电动座椅系统电源电路的检查

(1) 检查蓄电池电压，应在 11～14 V。

(2) 检查电动座椅开关 C3/1、前排电动座椅腰部开关 C4/3 电压，应为 11～14 V，否则应检查熔丝是否完好，供电线路是否发生断路和短路故障。

(3) 检查搭铁电路 C3/4—GND、C4/2—GND、C4/5—GND，应导通。

2. 电动座椅开关的检查

以电动座椅开关 C3 中的前后调节开关为例。

(1) 拆下电动座椅开关 C3，断开连接器。

(2) 操作开关使座椅向前移动时，C3/1—C3/9 应导通，松开时应断开。

(3) 操作开关使座椅向后移动时，C3/1—C3/6 应导通，松开时应断开。

3. 相关线路的检查

检查座椅开关与座椅电动机之间的线路，应无断路和短路故障。

4. 座椅电动机的检查

拆下座椅开关连接器，利用蓄电池对座椅电动机的两条接线施加正反两个方向的电压，电动机应能正反向运转，并驱动座椅发生相应的正反两个方向的位置变化。

§3—4 汽车电动刮水器系统和电动清洗系统

学习目标

1. 能正确描述电动刮水器系统的功用。
2. 能正确描述电动刮水器系统的组成和工作原理。
3. 能正确描述电动清洗器的组成和工作原理。
4. 能对电动刮水器系统进行检修。

一、电动刮水器系统的功用

电动刮水器系统的功用是刮去汽车风窗玻璃上的雨水、雪或尘土，并根据雨量的大小调整刮水器的工作速度，以确保驾驶员有良好的能见度，如图 3—4—1 所示。电动刮水器一般分为前风窗刮水器和后风窗刮水器。

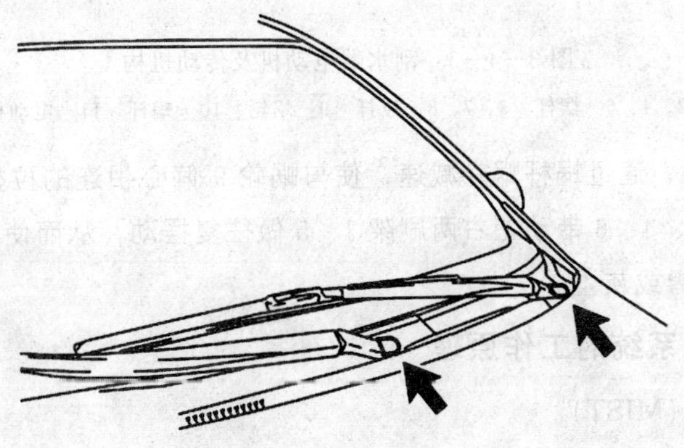

图 3—4—1 电动刮水器

二、电动刮水器系统的组成与工作原理

电动刮水器系统主要由刮水器开关、刮水器电动机、传动机构等组成。

1. 刮水器开关

电动刮水器位于汽车方向盘的右下方，通过开关的上下拨动更换开关的位置，可以实现刮水器的不同工作方式，如图 3—4—2 所示。刮水器开关位置对应的功能如下：

MIST——手动工作挡，开关向该位置提一次，雨刮刮一次。

OFF——关闭位置，开关在该位置，雨刮停止工作并恢复到初始位置。

INT——间歇工作挡，开关在该位置，雨刮间歇工作（间隔 3 s 左右）。

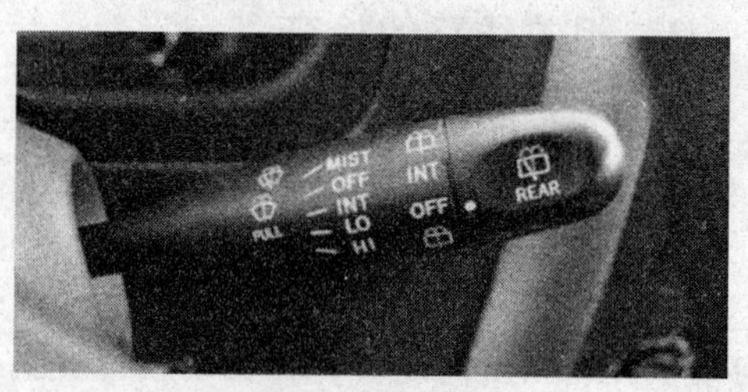

图 3—4—2 电动刮水器开关

LO——低速工作挡，开关在该位置，雨刮低速连续工作。

HI——高速工作挡，开关在该位置，雨刮高速连续工作。

2. 刮水器电动机及传动机构

刮水器电动机采用的是直流电动机，传动机构主要有蜗轮蜗杆减速器、联动机构（连杆和拉杆组成），如图 3—4—3 所示。

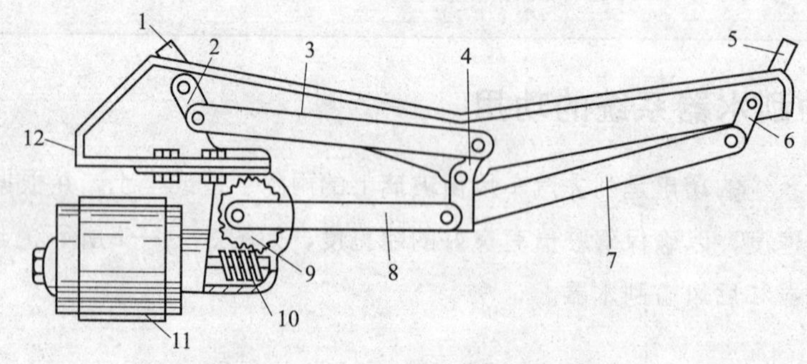

图 3—4—3 刮水器电动机及传动机构

1、5—刷架 2、4、6—摆杆 3、7、8—拉杆 9—蜗轮 10—蜗杆 11—电动机 12—底板

电动机 11 旋转时，通过蜗杆蜗轮减速，使与蜗轮 9 偏心相连的拉杆 8 做往复运动，通过拉杆 7、3 和摆杆 2、4、6 带动左右两刷架 1、5 做往复摆动，从而使刷架上的橡胶刷刮去风窗玻璃上的雨水、雪或灰尘。

3. 电动刮水器系统的工作原理

（1）手动工作挡（MIST）

当点火开关打开，刮水器开关置于 MIST 位置时，来自点火开关继电器 IG1 的电流经刮水器熔丝、刮水器开关＋B、刮水器开关＋1、刮水器电动机＋1、电动机电刷及绕组、车身搭铁，形成回路，刮水器电动机运转带动雨刮工作。当松开置于 MIST 挡的开关时，刮水器开关会自动复位到 OFF 位置，此时刮水器自动复位到初始工作位置。

（2）刮水器自动复位

为了不影响驾驶员的视线，要求刮水器橡胶刷自动复位，不管何时切断电源，刮水器的橡胶刷都能自动停止在风窗玻璃的下部。图 3—4—4 所示为刮水器自动复位装置的示意图。在减速蜗轮 8（由尼龙制成）上嵌有铜环，其中较大的一片铜环 9 与电动机外壳相连接而搭铁；触点臂 3、5 用磷铜片制成（有弹性），其一端分别铆有触点与蜗轮端面或铜片接触。

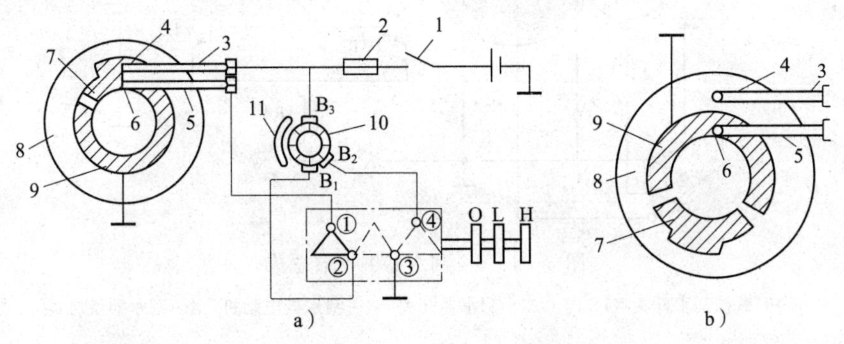

图 3—4—4　自动复位装置

a）电枢短路制动　b）电动机继续转动

1—电源开关　2—熔丝　3、5—触点臂　4、6—触点　7、9—铜环　8—减速蜗轮　10—电枢　11—永久磁铁

1）刮水器开关拉到 L 挡（LO 低速工作挡）

当点火开关 1 接通，把刮水器开关拉到 L 挡时，电流从蓄电池正极、电源开关 1、熔丝 2、电刷 B_3、分电枢绕组、电刷 B_1、接线柱②、接触片、接线柱③、搭铁、蓄电池负极，形成回路，电动机以低速运转。

2）刮水器开关拉到 H 挡（HI 高速工作挡）

刮水器开关拉到 H 挡时，电流从蓄电池正极、电源开关 1、熔丝 2、电刷 B_3、分电枢绕组、电刷 B_2、接线柱④、接触片、接线柱③、搭铁、蓄电池负极，形成回路，电动机以高速运转。

3）刮水器开关推到 O 挡（OFF 关闭挡）

刮水器开关推到 O 挡时，如果刮水器橡胶刷没有停到规定位置，由于触点与铜环 9 接触则电流继续流入电枢，其电路为蓄电池正极、电源开关 1、熔丝 2、电刷 B_3、分电枢绕组、电刷 B_1、接线柱②、接触片、接线柱①、触点臂 5、铜环 9、搭铁、蓄电池负极，形成回路（图 3—4—4b），电动机以低速运转直至蜗轮旋转到图 3—4—4a 所示的特定位置，电路中断。由于电枢的惯性，电动机不可能立即停止转动，电动机以发电机方式运行，此时电枢绕组通过触点臂 3、5，与铜环 7 接通而短路，电枢绕组产生很大的反向电动势，产生制动力矩，电动机便迅速停止转动，使橡胶刷复位到风窗玻璃的下部。

（3）间歇工作挡（INT）

当接通间歇开关，VT1 导通，VT2 截止，K 通电使常开触点闭合，刮水器以低速运转；当 C1 充电到一定值后，VT2 导通，VTl 截止，K 断电，常闭触点闭合，电动刮水器自动复位后停止工作。当 C2 充电到 VTl 导通电压时，VTl 导通，VT2 截止，K 动作，常开触点闭合，反复上述过程，如图 3—4—5 所示。

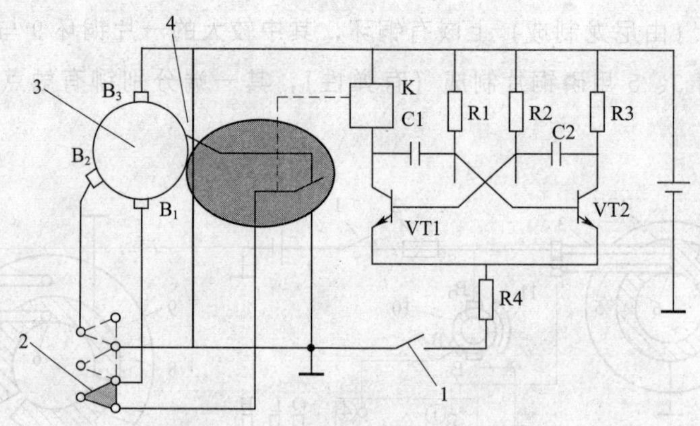

图 3—4—5 刮水器继电器总成

1—间歇挡刮水开关（INT） 2—刮水器开关 3—刮水器电动机 4—刮水器继电器

三、电动清洗器的组成与工作原理

为了保持风窗玻璃的干净，在需要时清洗风窗玻璃，一般采用电动清洗器与电动刮水器配合使用的方式。风窗玻璃电动清洗器由洗涤液储液罐、清洗泵、软管、三通、喷嘴及清洗器开关组成，如图 3—4—6 所示。

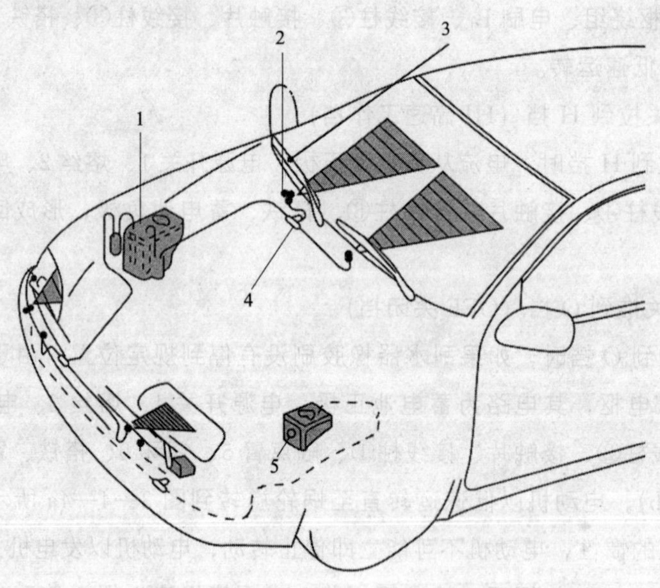

图 3—4—6 电动清洗器

1—洗涤泵 2—喷嘴（前风窗玻璃） 3—前风窗玻璃刮水器 4—三通 5—储液罐

清洗器开关与刮水器开关为同一开关总成，操作开关时，只需将刮水器开关向方向盘的方向提起即可。清洗泵由永磁直流电动机和离心式液片泵组成。喷射压力为 70～88 kPa。喷嘴安装在风窗玻璃下面，喷嘴方向可以调整，使洗涤剂喷射在风窗玻璃的合适位置。清洗泵连续工作的时间一般不超过 1 min，在喷水停止后，刮水器应继续刮 2～5 次，这样配合才能达到良好的洗涤效果。因此，清洗器的电路一般是与刮水器电路联合工作的。

四、电动刮水器系统的检修

以 2010 款丰田卡罗拉轿车为例，电动刮水器系统的电路如图 3—4—7 所示。

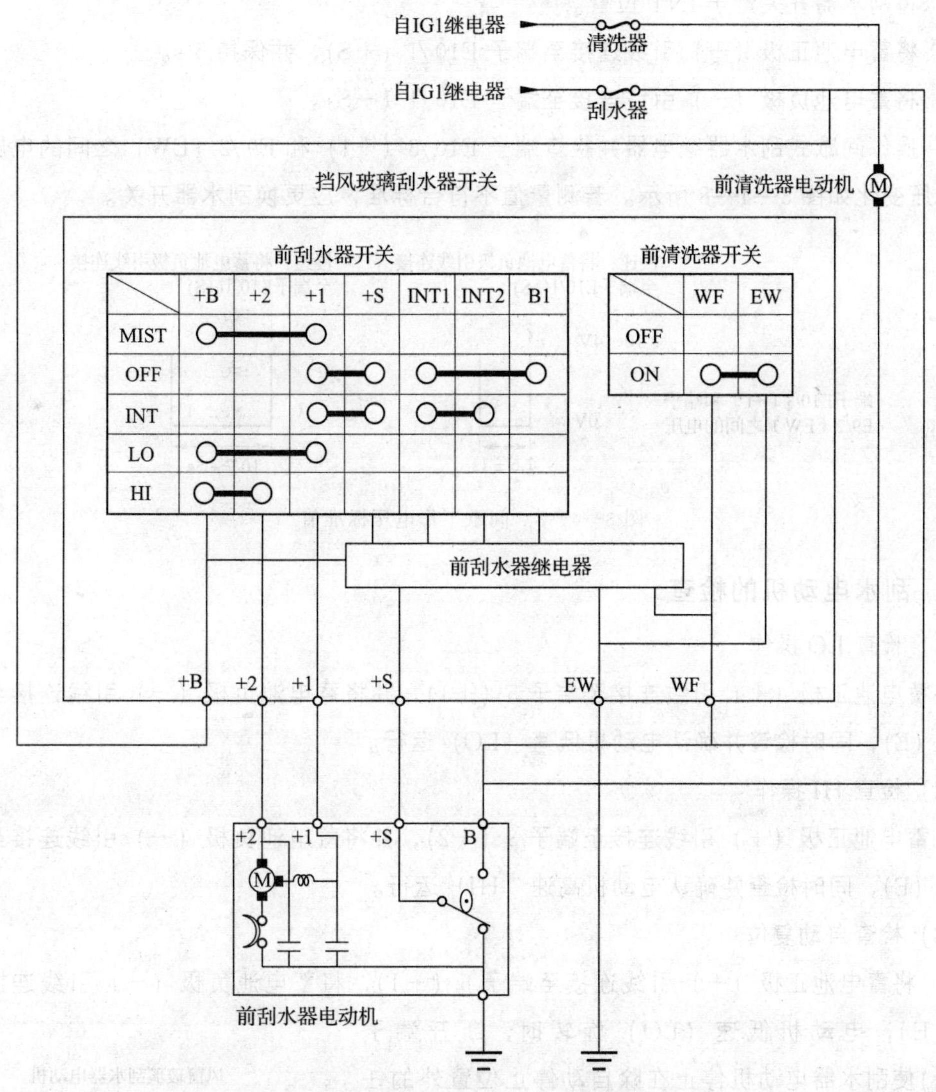

图 3—4—7 电动刮水器和清洗器系统

1. 刮水器开关的检查

(1) 拆下刮水器开关，操作开关测量不同开关位置端子间的阻值。标准如下：

INT、OFF：E10/1（+S）－E10/3（+1）小于 1 Ω。

MIST、LO：E10/2（+B）－E10/3（+1）小于 1 Ω。

HI：E10/2（+B）－E10/4（+2）小于 1 Ω。

(2) 间歇工作功能检查

1) 将电压表正极（+）引线连接至端子 E10/3（+1），并将电压表负极（－）引线连接至端子 E9/2（EW）。

2）将蓄电池正极（＋）引线连接至端子 E10/2（＋B），并将蓄电池负极（－）引线连接至端子 E9/2（EW）和 E10/1（＋S）。

3）将刮水器开关置于 INT 位置。

4）将蓄电池正极（＋）引线连接至端子 E10/1（＋S），并保持 5 s。

5）将蓄电池负极（－）引线连接至端子 E10/1（＋S）。

6）操作间歇式刮水器继电器并检查端子 E10/3（＋1）和 E9/2（EW）之间的电压，其正常电压变化如图 3—4—8 所示。若测量值不符合标准，应更换刮水器开关。

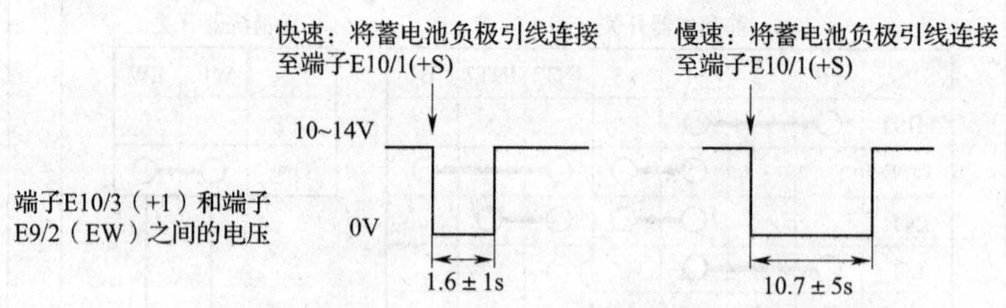

图 3—4—8　间歇工作电压标准值

2. 刮水电动机的检查

(1) 检查 LO 操作

将蓄电池正极（＋）引线连接至端子 5（＋1），并将蓄电池负极（－）引线连接至搭铁端子 4（E），同时检查并确认电动机低速（LO）运行。

(2) 检查 HI 操作

将蓄电池正极（＋）引线连接至端子 3（＋2），并将蓄电池负极（－）引线连接至搭铁端子 4（E），同时检查并确认电动机高速（HI）运行。

(3) 检查自动复位

1）将蓄电池正极（＋）引线连接至端子 5（＋1），将蓄电池负极（－）引线连接至端子 4（E），电动机低速（LO）旋转时，断开端子 5（＋1）使刮水器电动机停止在除自动停止位置外的任何位置。

2）用 SST 连接端子 1（＋S）和 5（＋1），然后将蓄电池正极（＋）引线连接至端子 2（B），并将蓄电池负极（－）引线连接至端子 4（E），使电动机以低速（LO）重新起动。

3）检查并确认电动机在工作初始位置自动停止，如图 3—4—9 所示。若刮水器电动机检查结果不符合规定，应更换电动机总成。

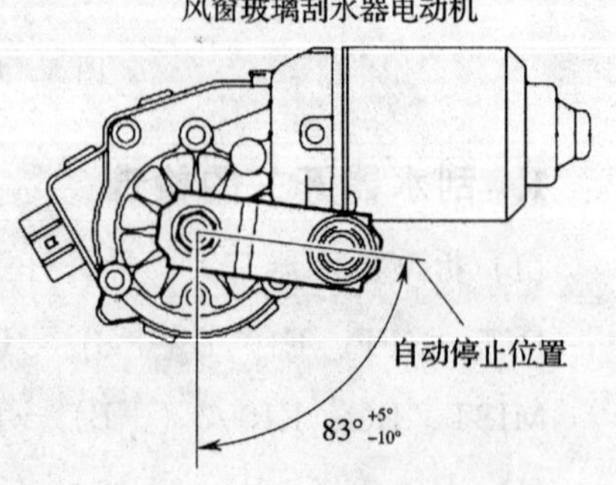

图 3—4—9　电动机自动复位功能检查

3. 相关线路的检查

(1) 检查蓄电池电压，应在 11～14 V。

(2) 检查熔丝是否完好，供电线路应无断路和短路故障。

(3) 检查搭铁电路是否可靠。

(4) 检查刮水器开关与电动机之间线路，应无断路和短路故障。

若线路检查结果不符合规定，应修复或更换相应线路。

§3—5 汽车电动后视镜系统

学习目标

1. 能正确描述电动后视镜的功用。
2. 能正确描述电动后视镜系统的组成和工作原理。
3. 能对电动后视镜系统进行检修。

一、电动后视镜的功用

汽车上的后视镜位置直接关系驾驶员能否观察到车后的情况，对汽车行车的安全有重要的影响。后视镜分为车内后视镜和车外后视镜，如图 3—5—1 所示。

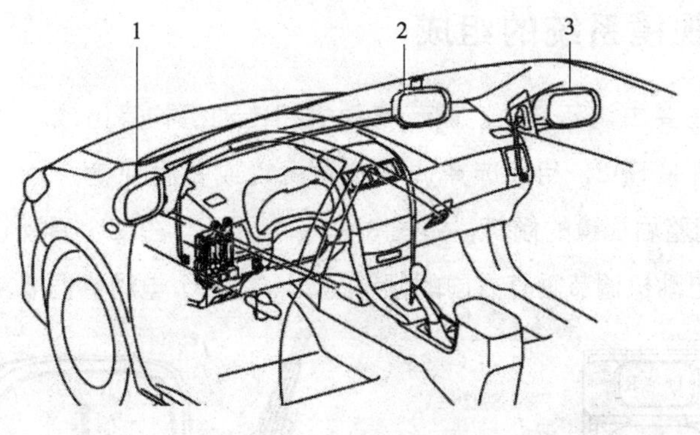

图 3—5—1 汽车后视镜

1—左侧车外后视镜 2—车内后视镜 3—右侧车外后视镜

1. 电动后视镜开关调整功能

车外后视镜一般采用电动后视镜，可通过开关调整，操作起来十分方便。

2. 位置记忆功能

带有电动座椅记忆功能的汽车还具有车外后视镜记忆功能，可将车外后视镜的位置与电动座椅的位置一起存储起来，以便在以后的使用过程中能自动调整，省去了每次调整的烦琐，提高了驾车的舒适性。

3. 防眩目后视镜功能

目前汽车所采用的防炫目技术主要有两种，中低档车多采用手动光学防炫目后视镜，中高档车一般采用电子防炫目后视镜。

手动光学防眩目后视镜的优点是结构简单，价格便宜，基本上免维护。这种后视镜表面上看起来与普通镜子是一样的，但实际上它是一种上厚下薄的尖型玻璃镜，并非平面镜。镜子的反射面与普通镜子一样镀上镜面反射层，其反射率接近100%，后视镜就是通过该反射层的反光，看到后面物体的虚像。当晚上行车时，遇到后面有跟车开大灯的情况，可以把后视镜扳下来，转过一个角度，这个角度与镜子的劈尖角度相同（大约是15°），这时候我们看到的是后视镜外表面的反光成像。因为外层是没有镀镜面膜的（有些还镀上一层半透膜），这样，从外表面的反射光大概只有入射光的30%～50%，大大地减弱了后面车的大灯的反射光，起到了防炫目的作用。当然，这时候从镜子上看到的后面物体也是很模糊的，所以如果是倒车时，必须要把后视镜置于正常状态。

电子防炫目后视镜利用液晶变光的功能，开发了一系列的防炫目滤光镜。将液晶变色板安装在前挡风玻璃和驾驶员眼睛之间，当对方车辆强光照射时，系统的光传感器就会把强光信号转变成电信号，使变色板颜色变深，让驾驶员感觉不到强光的刺眼，当强光消失后，变色板瞬间恢复原色，这个过程的变色时间仅是0.15 s。用这种方法防炫目的好处就是实时地保证了驾驶员视野的清晰度，但是其应对各种路况的智能性还不够。如果频繁地改变驾驶员视野的亮度，反而容易造成视觉疲劳。

二、电动后视镜系统的组成

电动后视镜系统主要由调节开关、调节电动机和传动机构等组成。调节开关是两个开关组件，一个是左右调节开关SA2，用来选择调整左后视镜或右后视镜；另一个是后视镜控制开关SA1，用来调节所需调整后视镜的倾斜，如图3—5—2所示。在每个后视镜背面都有两个双向永磁直流电动机，一个电动机调节垂直方向的倾斜运动，另一个电动机调节左右方向的倾斜运动。

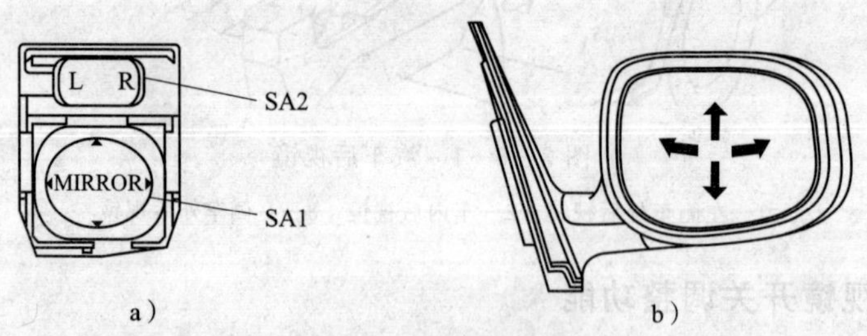

图 3—5—2　电动后视镜的调节

a）调节开关　b）后视镜运动方向

三、电动后视镜系统的工作原理

以调整左侧后视镜角度为例，将左右调节开关SA2置于“L”位置，如图3—5—2所示。即将左右调节开关 SA2 拨向左侧的 D 触点和 E 触点，如图 3—5—3 所示。此时，才能通过后视镜控制开关 SA1 调整左侧后视镜的上下、左右的角度。反之，调节右侧后视镜应将左右调节开关置于“R”位置。

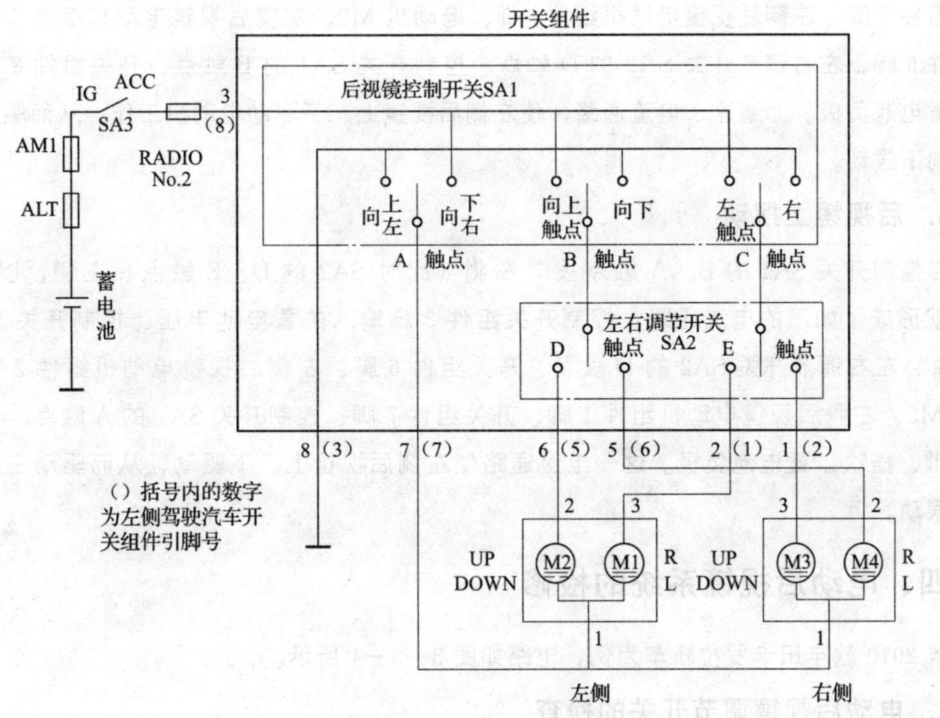

图 3—5—3　电动后视镜系统

1. 后视镜左摆动

当控制开关 SA1 的 A、C 触点拨向左侧（此时 SA2 的 D、E 触点在左侧，以下同）时，就分别与左侧的开关触点接通，由此就形成了如下的电流通路：控制开关组件 3 脚输入的蓄电池正极电压、控制开关 SA1 的 C 触点、左右调节开关的 E 触点、开关组件的 2 脚、左侧后视镜电动机组件 3 脚、电动机 Ml、左侧后视镜电动机组件 1 脚、开关组件 7 脚、控制开关 A 触点、开关组件 8 脚、搭铁、蓄电池负极。上述这一电流通路，使左侧后视镜左、右动作电动机驱动后视镜向左摆动。

2. 后视镜右摆动

当控制开关 SA1 的 A、C 触点拨向右侧（此时 SA2 的 D、E 触点在左侧，以下同）时，就分别与右侧的开关触点接通，由此就形成了如下的电流通路：控制开关组件 3 脚输入的蓄电池电压、控制开关 SA1 的 A 触点、开关组件 7 脚、左侧后视镜电动机组件 1 脚、电动机 M1、左侧后视镜电动机组件 3 脚、开关组件 2 脚、左右调节开关 SA2 的 E 触点、控制开关 SA1 的 C 触点、开关组件 8 脚、搭铁、蓄电池负极。上述这一电流通路，使左侧后视镜左、右动作，从而驱动后视镜向右摆动。

3. 后视镜下摆动

当控制开关 SA1 的 B、A 触点拨向右侧（此时 SA2 的 D、E 触点在左侧，以下同）时，就形成了如下的电流通路：控制开关组件 3 脚输入的蓄电池电压、控制开关 SA1 的 A 触点、开关组件 7 脚、左侧后视镜电动机组件 1 脚、电动机 M2、左侧后视镜电动机组件 2 脚、开关组件 6 脚、左右调节开关 SA2 的 D 触点、控制开关 SA1 的 B 触点、开关组件 8 脚、搭铁、蓄电池负极。上述这一电流通路，使左侧后视镜上、下驱动电动机工作，从而驱动左后视镜向下摆动。

4. 后视镜上摆动

当控制开关 SA1 的 B、A 触点拨向左侧（此时 SA2 的 D、E 触点在左侧，以下同）时，就形成了如下的电流通路：控制开关组件 3 脚输入的蓄电池电压、控制开关 SA1 的 B 触点、左右调节开关 SA2 的 D 触点、开关组件 6 脚、左侧后视镜电动机组件 2 脚、电动机 M2、左侧后视镜电动机组件 1 脚、开关组件 7 脚、控制开关 SA1 的 A 触点、开关组件 8 脚、搭铁、蓄电池负极。这一电流通路使左侧后视镜上、下驱动，从而驱动左后视镜向上摆动。

四、电动后视镜系统的检修

以 2010 款丰田卡罗拉轿车为例，电路如图 3—5—4 所示。

1. 电动后视镜调节开关的检查

(1) 拆下电动后视镜调节开关，断开连接器，如图 3—5—5 所示。

(2) 操作左右调节开关至 L 位置，操作后视镜控制开关 E17，根据电动后视镜系统的工作原理，检查各开关引脚间的导通和断开状态是否正常。若不正常应更换电动后视镜调节开关。

UP：E17/4－E17/8 和 E17/6－E17/7 小于 1 Ω。

OFF：E17/4－E17/8 和 E17/6－E17/7 等于∞。

DOWN：E17/4－E17/7 和 E17/6－E17/8 小于 1 Ω。

OFF：E17/4－E17/7 和 E17/6－E17/8 等于∞。

LEFT：E17/5－E17/8 和 E17/6－E17/7 小于 1 Ω。

OFF：E17/5－E17/8 和 E17/6－E17/7 等于∞。

RIGHT：E17/5－E17/7 和 E17/6－E17/8 小于 1 Ω。

OFF：E17/5－E17/7 和 E17/6－E17/8 等于∞。

2. 电动后视镜调节电动机的检查

(1) 使用头部缠有胶带的旋具撬开车门扶手盖，拆下车门装饰板的 2 个固定螺钉，拆下车门装饰板，如图 3—5—6 所示。

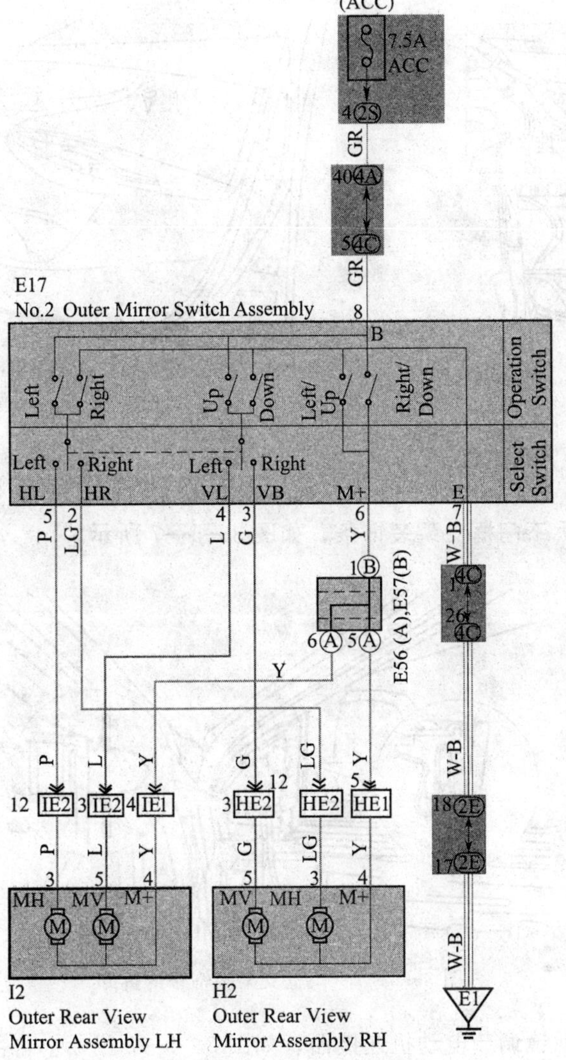

图 3—5—4　电动后视镜电路图

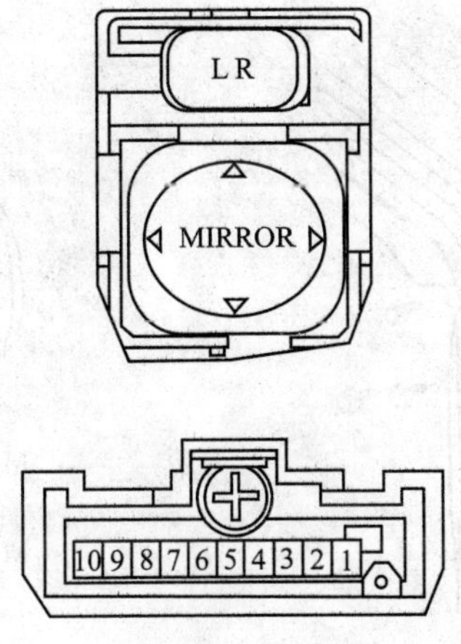

图 3—5—5　电动后视镜调节开关连接器

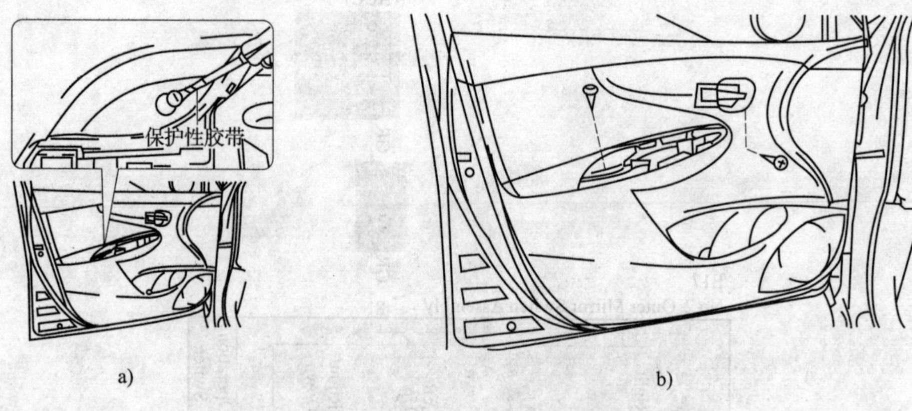

图 3—5—6 车门装饰板的拆卸

a）车门扶手盖的拆卸 b）车门装饰板固定螺钉的拆卸

(2) 脱开卡子，拆下门框支架装饰条，如图 3—5—7 所示。

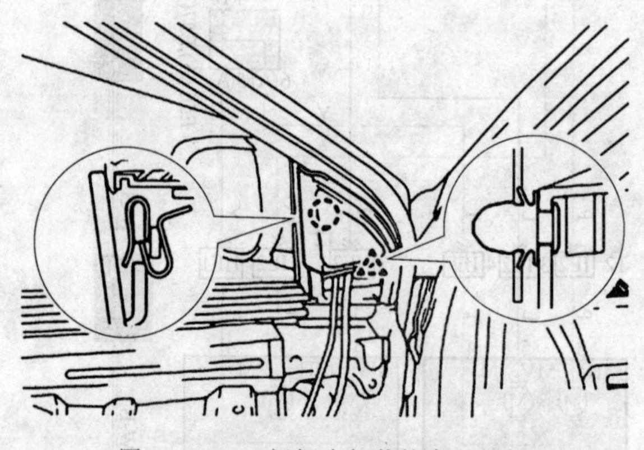

图 3—5—7 门框支架装饰条的拆卸

(3) 断开电动后视镜调节电动机连接器，如图 3—5—8 所示。

(4) 利用蓄电池，分别对电动后视镜电动机施加正反向电压，电动机应分别正反向运转，否则应更换电动后视镜电动机，如图 3—5—9 所示。

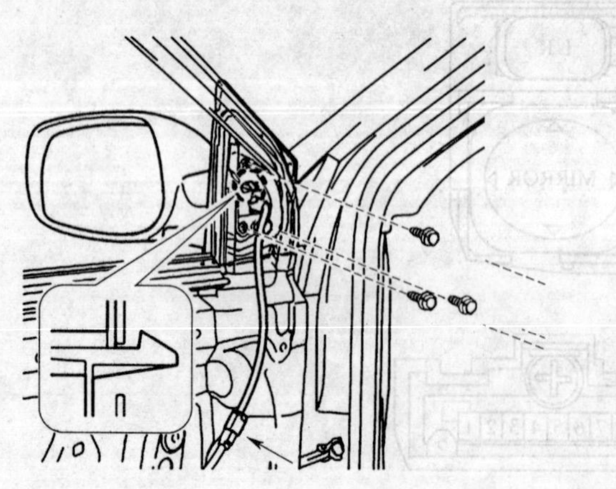

图 3—5—8 断开电动后视镜调节电动机连接器

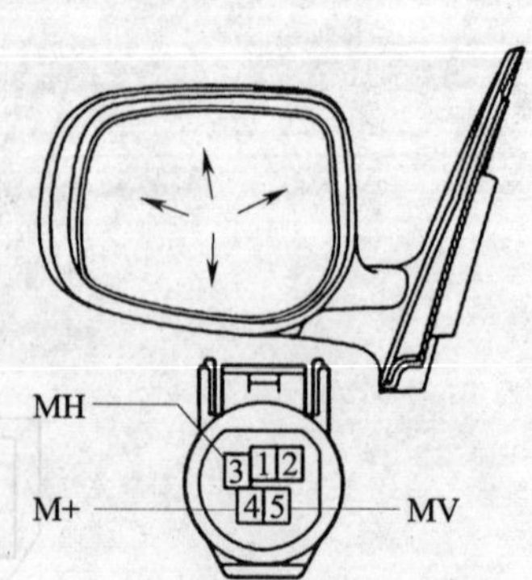

图 3—5—9 左外电动后视镜连接器

上翻：5（＋）——4（－）。

下翻：5（－）——4（＋）。

左转：3（＋）——4（－）。

右转：3（－）——4（＋）。

3. 相关线路的检查

(1) 检查蓄电池电压，应在 11～14 V。

(2) 检查熔丝是否完好，供电线路应无断路和短路故障。

(3) 检查搭铁电路是否可靠。

(4) 检查电动后视镜调节开关与调节电动机之间线路，应无断路和短路故障。

若线路检查结果不符合规定，应修复或更换相应线路。

§3—6　汽车电动除雾系统

学习目标

1. 能正确描述电动除雾系统的功用。
2. 能正确描述电动除雾系统的组成和工作原理。
3. 能正确分析电动除雾系统的电路。

一、电动除雾系统的功用

电动除雾系统一般分为后风窗除雾器系统和后视镜除雾器系统，通过车窗或玻璃上的加热丝的加热作用除去水或雾气，如图 3—6—1 所示。

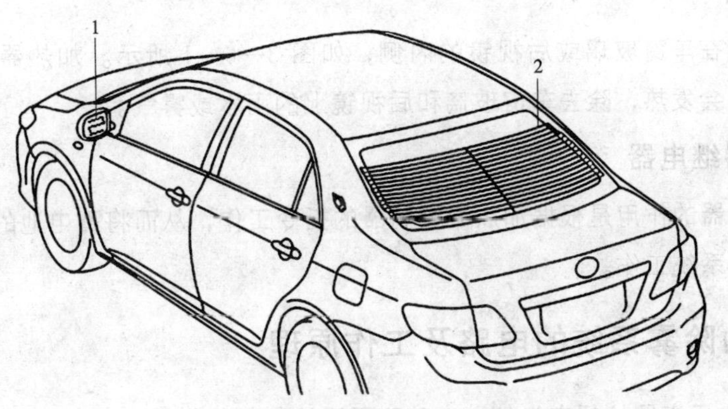

图 3—6—1　电动除雾系统

1—后视镜除雾器加热丝　2—后风窗除雾器加热丝

1. 后视镜除雾器系统

后视镜除雾器系统是在车外后视镜的内侧安装加热丝，通过加热丝的加热功能快速除去后视镜表面的雨水或雾气。

2. 后风窗除雾器系统

后风窗除雾器系统是在后风窗内侧安装加热丝，通过加热丝的加热功能快速除去车窗表面的雾气。

二、电动除雾系统的组成

电动除雾系统主要由加热器控制开关总成、加热器、加热器继电器等组成。

1. 加热器控制开关总成

加热器控制开关总成包括除雾器开关和加热器控制器，加热器控制器根据开关信号控制加热器继电器闭合，给加热器供电，使电动除雾系统工作。加热器控制开关总成安装在中控仪表板的中央，空调或加热通风系统的多功能开关上，如图 3—6—2 所示。后风窗除雾器与后视镜除雾器是联动的，当按下后风窗除雾器开关，后风窗除雾器和后视镜除雾器一起工作。

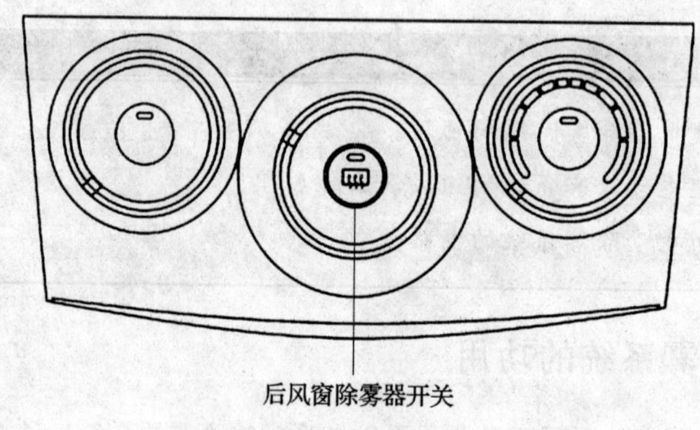

图 3—6—2 电动除雾器开关

2. 加热器

加热器安装在车窗玻璃或后视镜的内侧，如图 3—6—1 所示。加热器主要由加热丝组成，当它通电后会发热，除去车窗玻璃和后视镜上的雨水或雾气。

3. 加热器继电器

加热器继电器的作用是根据加热器控制器的指令工作，从而将蓄电池的电压提供给加热器，使电动除雾系统工作。

三、电动除雾系统的电路及工作原理

以 2010 款丰田卡罗拉轿车为例，电动除雾系统的电路如图 3—6—3 所示。

当点火开关打开，点火开关继电器 IG1 工作，蓄电池的电压经 IG1 继电器的触点 5、触点 3、HTR－IG 熔丝，到达加热器控制器 IG＋引脚，加热器控制器被激活开始工作。同时，IG1 继电器通过 ECU－IG NO. 2 熔丝、加热器继电器线圈，到加热器控制器 RDEF 引脚。

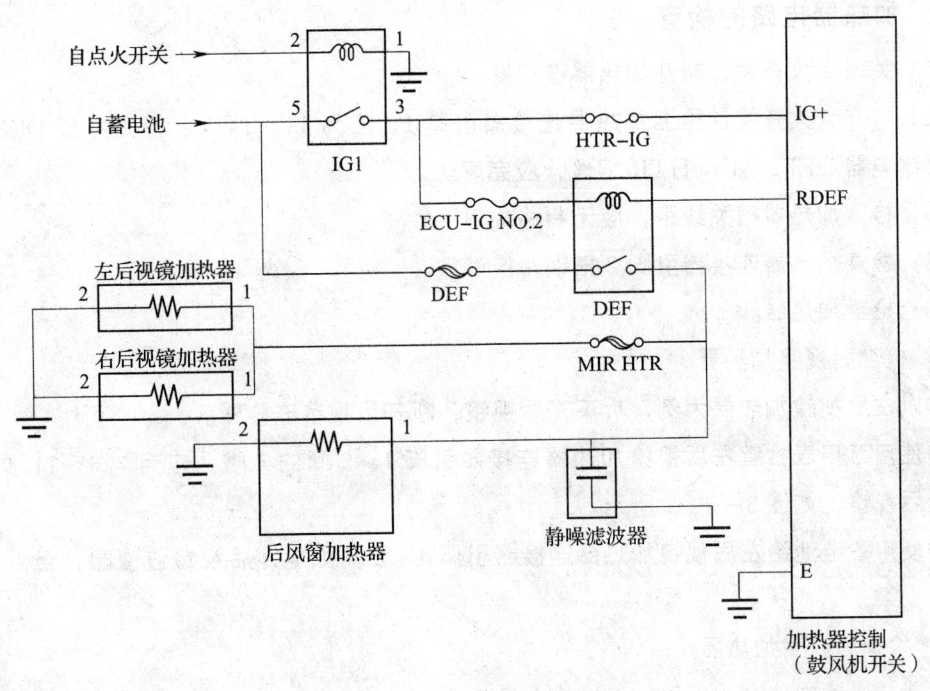

图 3—6—3 电动除雾系统电路

当加热器控制开关闭合，加热器控制器接收到开关信号后，指令控制器 RDEF 引脚搭铁，加热器继电器 DEF 线圈得电，DEF 继电器工作，蓄电池电流经 DEF 熔丝、DEF 继电器常开触点、左后视镜加热器、右后视镜加热器、后风窗加热器、搭铁，到达蓄电池负极，加热器开始工作除去风窗玻璃或后视镜上的水雾。

电动除雾系统工作时，指示灯会亮起，大约 15 min 后，系统会自动关闭，从而保护加热器电路，降低电量消耗。

四、电动除雾系统的检修

1. 电源电路的检查

(1) 检查蓄电池电压，应为 11～14 V。

(2) 关闭点火开关，断开加热器控制器连接器。

(3) 打开点火开关，检查加热器控制器线束连接器 IG＋引脚的电压，应在 11～14 V；否则检查熔丝 HTR－IG、IG1 继电器，应完好。

(4) 检查供电线路，应无断路和短路故障。

2. 加热器控制电路的检查

(1) 检查加热器控制器线束连接器 RDEF 引脚的电压，应为 11～14 V；否则检查 ECU－IG NO. 2 熔丝、加热继电器 DEF，应完好。

(2) 检查加热器控制电路相关线路，应无断路或短路故障。

3. 加热器电路的检查

(1) 关闭点火开关，断开加热器连接器。

(2) 打开点火开关，检查加热器连接器引脚 1，应为 11～14 V；否则检查 DEF 熔丝、加热器继电器 DEF、MIR HTR 熔丝，应完好。

(3) 检查加热器相关线路，应无断路或短路故障。

(4) 检查加热器连接器引脚 2 搭铁，应可靠。

(5) 检查加热器。

1) 检查后视镜加热器

①以左后视镜加热器为例，拆下左后视镜，断开后视镜连接器。

②使用万用表检查左后视镜加热器连接器引脚 1、2 间的电阻，应为 7.6～11.4 Ω，否则更换后视镜，如图 3—6—4 所示。

③使用蓄电池给左后视镜加热器连接器引脚 1、2 间加电，后视镜应变暖，否则更换后视镜。

2) 检查后风窗加热器

注意：清洁玻璃时，用柔软干燥的布沿加热丝擦拭玻璃，小心不要损坏加热丝；不要使用含有研磨成分的洗涤剂或者玻璃清洁剂。

①将点火开关置于 ON (IG) 位置，将除雾器开关置于 ON 位置。

②用一张锡箔纸缠绕万用表表笔的探头，然后再用手指将锡箔纸按压在加热丝上检查加热丝上的电压，如图 3—6—5 所示。

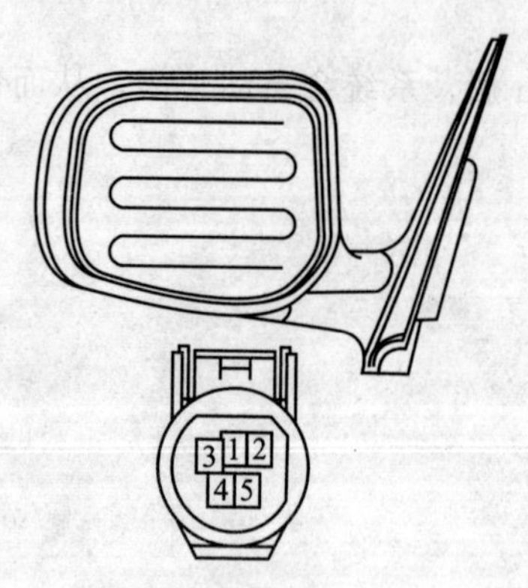

图 3—6—4　左后视镜加热器的检查

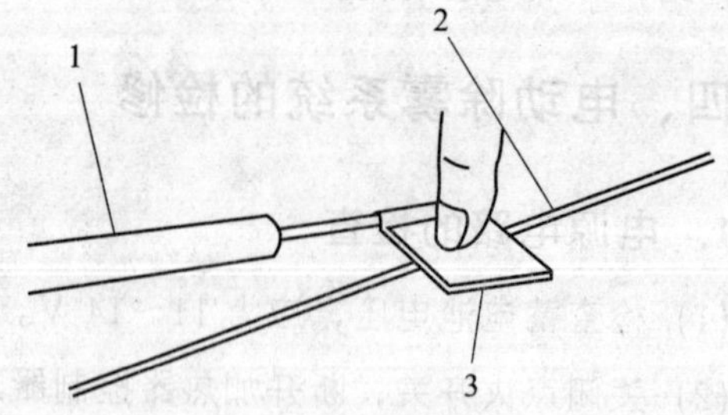

图 3—6—5　左后视镜加热器的检查

1—检测仪探针　2—除雾器加热丝　3—锡箔纸

③检查每条除雾器加热丝中间的电压，如图 3—6—6 所示。

若加热丝没断，电压约为 5 V；若加热丝断裂，电压约为 10 V 或 0 V。

④检查加热丝的断点。采用③中的方法，在加热丝上从蓄电池正极侧向负极侧移动万用表表笔，观察电压的变化。电压从 10 V 降到 0 V 处即为加热丝断裂点，如图 3—6—7 所示。

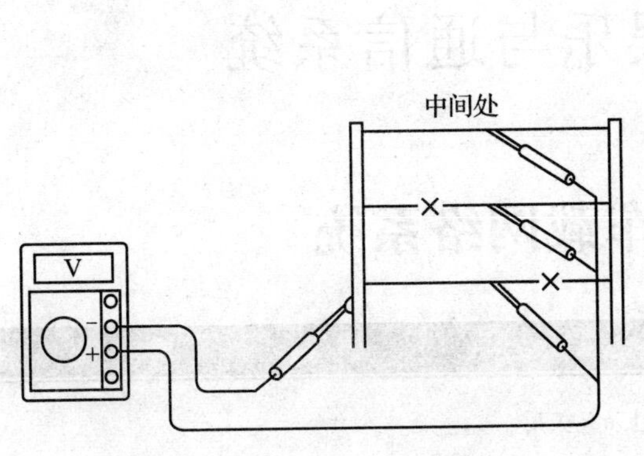

图 3—6—6 加热丝电压的检查

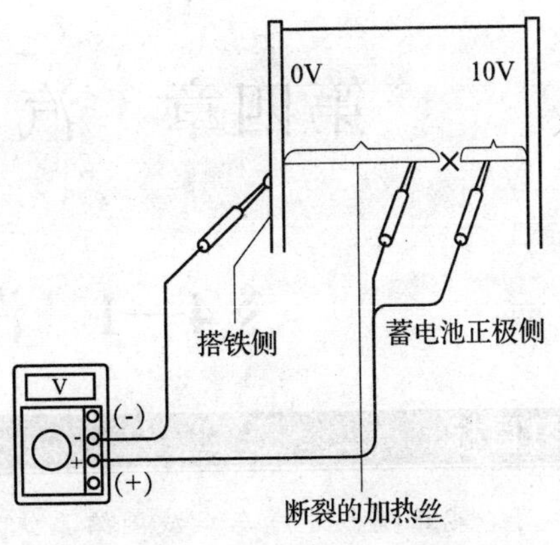

图 3—6—7 加热丝断点的检查

⑤加热丝断点的维修。

a. 用润滑脂、蜡和硅树脂清洁剂清洁断裂的加热丝末端。

b. 沿加热丝的两侧放置胶纸带，如图 3—6—8 所示。

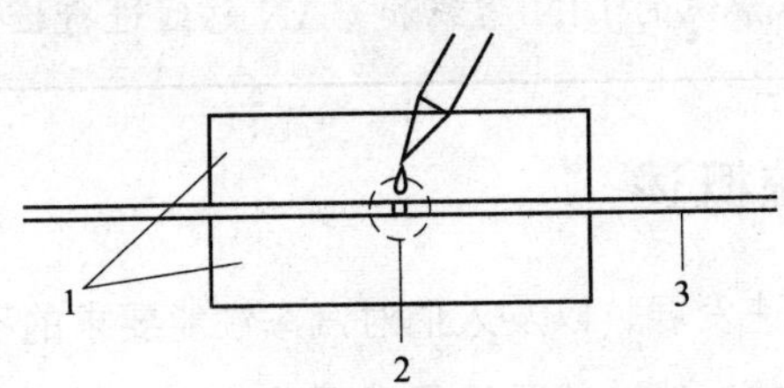

图 3—6—8 加热丝断点的维修

1—胶纸带 2—修复点 3—断裂的加热丝

c. 使用尖头毛刷将少量的维修剂涂抹到加热丝上，几分钟后，拆除胶纸带，至少 24 h 之内不要再次维修除雾器加热丝。

第四章　汽车娱乐与通信系统

§4—1　汽车车载网络系统

学习目标

1. 能正确叙述汽车车载网络系统在汽车上的应用。
2. 能正确描述 CAN 总线的特性、结构、数据传输原理及过程。
3. 能正确描述 CAN 总线数据帧的组成和各部分作用。
4. 能正确描述 LIN 总线的特性、结构和工作原理。
5. 能正确描述 MOST 总线的特性、结构和工作原理。
6. 能对汽车车载网络系统的 LIN 总线和 CAN 总线进行检修。

一、车载网络系统概述

随着汽车电控技术的快速发展，以及人们对汽车性能要求的不断提高，汽车上的电控装置越来越多，传统的点到点的布线方式已经无法适应汽车电控技术的发展。为了简化线路，提高各电控单元之间的通信速度和可靠性，汽车制造商开发设计了新型总线系统，即车载网络系统，使汽车内部各电控单元之间通过数据总线的形式进行信息传输，达到信息共享、减少布线、降低成本以及提高总体可靠性的目的。

1. 车载网络的基础知识

(1) 局域网 (LAN)

局域网是在一个有限区域内连接的计算机网络，通过该网络可以实现系统内的资源共享和信息通信。连接到该网络上的节点可以是计算机、基于微处理器的应用系统或控制装置。汽车上的许多模块和数据总线距离很近，因此被称为局域网 (LAN)。

(2) 多路传输

车载网络系统一般采用多路传输线路来传输信息。多路传输是指在同一条通道或线路上同时传输多条信息。实际上，数据信息是依次传输的，但速度非常快，几乎就是同时传输的。比如，一秒钟对一台计算机而言是很长的时间，计算机可以将这一秒分成许多时间片，每个时间片由一个信号占用，利用每个信号之间的时间差，就能在同一物理传输介质（总线）上传输多个信号，称为分时多路传输。

虽然常规线路比多路传输线路简单，但多路传输系统的电控单元之间所用的导线比常规线路少得多。多路传输线路可以通过一根数据总线执行多个指令，因此，可以增加许多功能装置。

(3) 数据总线

数据总线是模块之间运输数据的通道，即所谓的信息高速公路，如图 4—1—1 所示。数据总线可以实现在一条数据线上传递的信息被多个系统（电控单元）共享，从而最大限度地提高系统整体效率，充分利用有限的资源。如果一个模块既可以通过数据总线发送数据，又可以从数据总线接收数据，则这样的数据总线称为双线制数据总线。汽车上的信息高速公路实际上是一条或两条导线。

为了防止外界电磁波的干扰和向外辐射导致数据传输出错，双线制数据总线总将两条线缠绕在一起，称为双绞线，这两条线的电位总相反，如果一条是 5 V，另外一条就是 0 V，如图 4—1—2 所示。各汽车制造商一直在设计各自的数据总线，如果不兼容，就称为专用数据总线；如果是按照某种国际标准设计的，就是非专用数据总线。

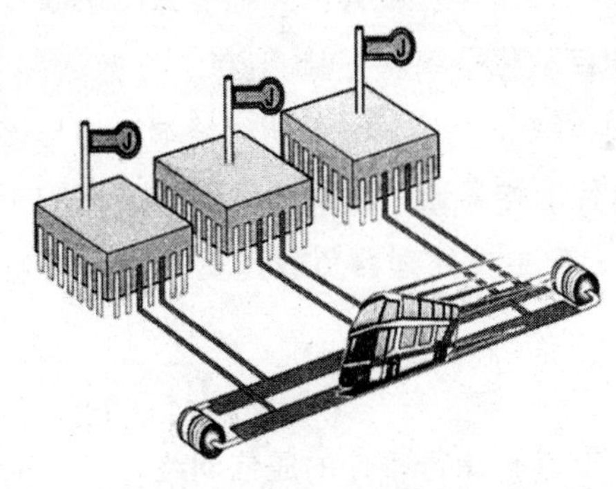

图 4—1—1　数据总线

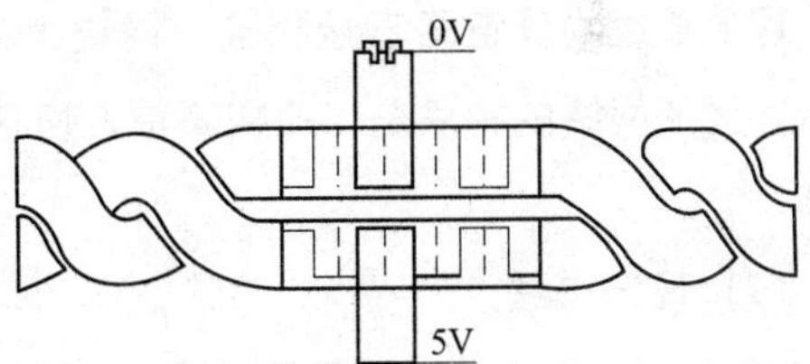

图 4—1—2　双线制数据总线（双绞线）

(4) 模块/节点

模块/节点是一种电子装置，简单的如温度传感器、压力传感器等，复杂的如计算机、微处理器、电控单元等。传感器是一个模块装置，根据温度、压力等的不同产生不同的电压信号，这些电压信号在数字装置的输入接口被转变成数字信号。在计算机多路传输系统中，控制单元模块被称为节点。

(5) 数据帧

为了可靠地传输数据，通常将原始数据分割成一定长度的数据单元，称为数据帧。数据帧携带数据，将数据从发送器传输到接收器。

(6) 网络拓扑结构

网络拓扑结构就是网络的物理连接方式。局域网常用的拓扑结构有 3 种：总线型、环形和星形，如图 4—1—3 所示。

总线型网络拓扑结构是将所有接入网络的计算机通过分接头连接到一条总线上，如图 4—1—3a 所示。总线型网络的特点是信道利用率较高，但同一时刻只能有两处网络节点在相互通信，网络延伸距离有限，网络容纳的节点数有限，适用于传输距离较短、地域有限的组网环境。目前，车载网络系统多采用总线型网络。

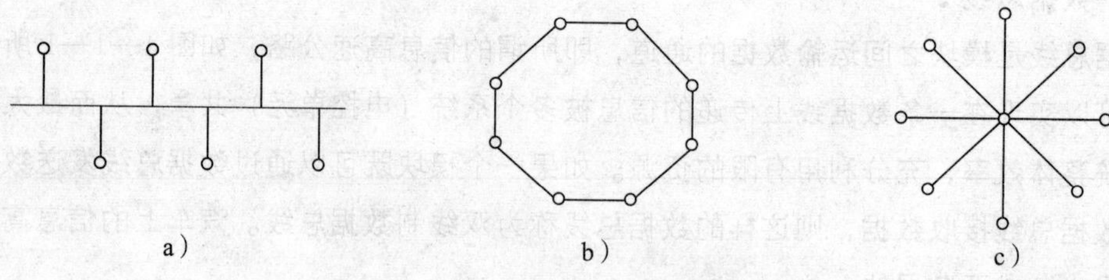

图 4—1—3 网络拓扑结构示意图

a）总线型 b）环形 c）星形

环形网络拓扑结构是通过转发器将每台入网计算机接入网络的，每个网络接口与相邻的两个网络接口用物理链路相连，所有转发器组成一个拓扑为环状的网络系统，如图 4—1—3b 所示。环形网络的特点是：实时性较高，传输控制机制较为简单，但其中一个节点出现故障可能会终止整个网络的运行，一般用于信息处理系统和自动化系统。

星形网络拓扑结构是以一台中央处理器作为主机的网络，各入网计算机（终端）均与该中央处理器通过物理链路直接相连，网络上的所有信息传输均需通过主机转发，如图 4—1—3c 所示。星形网络的特点是：结构简单，通信功能简单，但中央处理器负载过重，线路利用率不高。

(7) 现场总线

现场总线是现场控制系统直接与所有受控设备（节点）串行相连的通信网络，是一种总线型网络。现场总线传输的信息帧短小，实时性强、可靠性高。

(8) 链路

链路是指网络通信传输的媒体，分为有线和无线两种类型。目前，汽车上大多使用有线通信链路，主要有双绞线、同轴电缆和光纤。双绞线成本较低、传输距离较近，一般用于低速传输，是车载网络中最常用的传输媒体，最大传输速率可达几兆比特每秒（Mb/s）。

同轴电缆能满足较高性能的传输需求，连接的网络节点较多，跨越的距离较大。光纤在电磁兼容性方面有很大优势，数据传输速度高、传输距离远。在车载网络的信息与多媒体网络上，光纤有很大的应用前景。

(9) 传输协议

传输协议又称为通信协议，是控制网络各节点有效完成信息交换的一组约定和规则。传输协议具有三要素：一是语法，确定通信双方之间“如何讲”，即通信信息帧的格式；二是语义，确定通信双方之间“讲什么”，即通信信息帧的数据和控制信息；三是定时规则，即确定不同数据传输的优先级、顺序和传输速率。

(10) 传输仲裁

当出现多个使用者同时申请使用总线发送信息时，会发生数据传输冲突，传输仲裁能够判断出信息的重要程度，并按其重要程度进行发送，避免出现数据传输冲突。

(11) 网关

网关是一种特殊功能的计算机，可以实现不同总线和网络之间的信息共享，保证在不同的传输协议、数据格式和传输速率的各节点之间进行无差错数据传输。网关的主要作用是接收、转换和发送数据，实现与其他系统的连接。

2. 车载网络系统在汽车上的应用

车载网络系统在汽车上的应用非常多，按照应用系统可以划分为动力传动系统、车身系统、安全系统和信息系统 4 个系统，汽车车载网络系统的结构如图 4—1—4 所示。

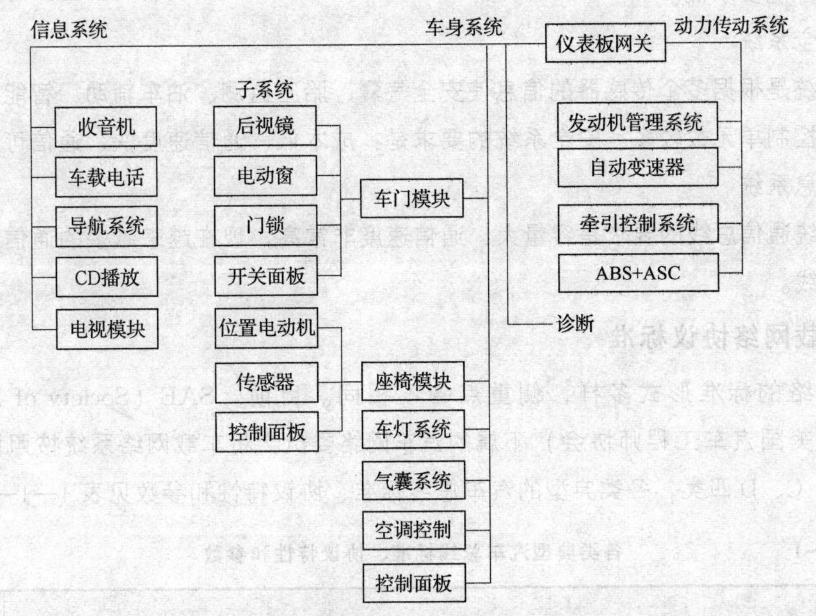

图 4—1—4　汽车车载网络系统结构

(1) 动力传动系统

动力传动系统采用高速网络将发动机舱内的电控单元连接起来，负责控制车辆行驶、转向、制动等功能。动力 CAN 数据总线连接 3 个电控单元，分别是发动机控制单元、ABS/EDL 控制单元和自动变速器控制单元（动力 CAN 数据总线还可以连接安全气囊、四轮驱动与组合仪表等控制单元）。动力 CAN 数据总线可以同时传递 10 组数据，其中发动机控制单元 5 组、ABS/EDL 控制单元 3 组、自动变速器控制单元 2 组。

动力 CAN 数据总线传输数据的速率为 500 kbit/s，传输每一组数据大约需要 0.25 ms，每个电控单元每隔 7～20 ms 发送一次数据。动力 CAN 数据总线传输数据的顺序为：ABS/EDL 控制单元→发动机控制单元→自动变速器控制单元。在动力传动系统中，数据传递应尽可能快速以便充分利用数据，因此，需要一个高性能的发送器。

(2) 车身系统

汽车上各个位置都安装有车身系统的部件，车身系统与动力传动系统相比，线束较长、容易受到干扰，应尽量降低通信速度，提高抗干扰能力。车身 CAN 数据总线连接 5 个控制单元，包括1个中央控制单元和4个车门控制单元。车身CAN数据总线传递数据的功能有：中央门锁控制功能、电动窗控制功能、照明开关控制功能、电动调节和后视镜加热控制功能及故障自诊断功能。

车身CAN数据总线传输数据的速率为62.5 kbit/s，传输每一组数据大约需要1 ms，每个电控单元每隔20 ms发送一次数据。车身CAN数据总线传输数据的顺序为：中央控制单元→驾驶员侧车门控制单元→前排乘客侧车门控制单元→左后车门控制单元→右后车门控制单元。在车身系统中，对数据传递的速率要求较低，车身系统的发送器性能也比动力传动系统的发送器性能要求低。

(3) 安全系统

安全系统是根据多个传感器的信息使安全气囊、胎压监测、泊车辅助、智能防碰撞等启动，使用的控制单元数较多。安全系统的要求是：成本低、通信速度快、通信可靠性高。

(4) 信息系统

信息系统通信总线的要求是容量大、通信速度非常高，现在越来越多的通信媒体采用光纤来取代铜线。

3. 车载网络协议标准

车载网络的标准形式多样，侧重点各不相同。目前，SAE（Society of Automotive Engineers：美国汽车工程师协会）下属的汽车网络委员会将车载网络系统按照协议特性划分为A、B、C、D四类，各类典型的汽车总线标准、协议特性和参数见表4—1—1。

表4—1—1　各类典型汽车总线标准、协议特性和参数

类别	A类	B类	C类				D类
			CAN	安全	X—by—Wire	诊断	多媒体
名称	LIN	ISO 11519—2	ISO 11898 SAE J1939	Safety Bus	FlexRay	ISO 15765	DDB（MOST）
所属机构	Motorola	ISO/SAE	ISO/ TMC—ATA	Delphi	BMW & DC	ISO	Philips
用途	智能传感器	控制、诊断	控制、诊断	SRS	线控制	诊断	数据流控制
介质	单根线	双绞线	双绞线	双线	双线	双绞线	光纤
位编码	NRZ	NRZ—5	NRZ—5	RTZ	NRZ	NRZ	Biphase
媒体访问	主/从	竞争	竞争	主/从	FTDMA	TESTER/ SLAVE	TOKEN RING
错误检测	8位CS	CRC	CRC	CRC	CRC	CRC	CRC
数据长度/B	8	0～8	8	24～39	12	0～8	—
传输速率/(bit/s)	20 k	10～100 k	250 k～1 M	5 k～10 M	5 M	10～250 K	12～400 M

续表

类别	A类	B类	C类				D类
			CAN	安全	X-by-Wire	诊断	多媒体
总线最大长度/m	40	40	40	未定	无限制	40	无限制
最多节点数/个	16	32	30（STP） 10（UTP）	64	64	32	24
成本	低	中	中	中	中	中	高

(1) A类总线协议标准

A类总线协议标准面向传感器和执行器控制的低速网络，数据传输速率通常只有1～10 kbit/s。该网络协议种类主要有LIN、UART、CCP等，适用于对实时性要求不高的场合，主要应用于车身控制，如电动门窗、中央门锁、后视镜、座椅调节、灯光照明及早期的汽车故障诊断等。A类车载网络目前首选的标准是LIN总线。

(2) B类总线协议标准

B类总线协议标准面向独立电控单元之间数据共享的中速网络，数据传输速率一般为10～100 kbit/s。该网络协议主要应用于车辆电子信息中心、故障诊断、仪表显示、SRS等，以减少冗余的传感器和其他电子部件。B类车载网络的国际标准是CAN总线。

(3) C类总线协议标准

C类总线协议标准面向高速、实时闭环控制的多路传输，最高数据传输速率可达1 Mbit/s，主要用于发动机控制、ABS控制、牵引控制、悬架控制等。该网络协议的种类主要有ISO 11898-1（高速CAN）、TTP/C、FlexRay等。随着车载网络技术的发展，将会使用具有高速实时传输特性的一些总线标准和协议，包括采用时间触发通信的X-by-Wire系统总线标准和用于安全控制和诊断的总线标准、协议。

(4) D类总线协议标准

D类车载网络称为智能数据总线（IDB），主要面向信息、多媒体系统等，采用D2B、MOST光纤传输和IDB—Wireless无线通信技术，通信速率为250 kbit/s～400 Mbit/s，用于实时的音频和视频通信。DDB是用于汽车多媒体和通信的分布式网络，通常使用光纤作为传输介质，可连接CD播放器、语音电控单元、电话和因特网。MOST是车辆内LAN的接口规格，用于连接车载导航器和无线设备等，数据传输速率为24 Mbit/s，其规格主要由德国Oasis Silicon System公司制定。在无线通信方面，采用Bluetooth规范，主要面向下一代汽车应用，如声音系统、信息通信等。

二、典型的车载网络

1. CAN

CAN总线是控制器局域网（Controller Area Network，CAN）的简称，是德国Bosch

公司研发的，为了解决现代汽车中电子控制装置之间庞大的数据交换需要越来越多的信号线的问题。CAN 总线是国际上应用最广泛的现场总线之一，采用串行通信协议，是一种多主总线。

(1) CAN 总线的特性

1）数据传输介质选择灵活。CAN 总线可以使用普通的双绞线、同轴电缆或光纤等作为数据传输介质。

2）数据传输速率高。CAN 总线支持高达 1 Mbit /s 的数据传输速率。

3）数据传输距离长，长达 10 km。

4）总线利用率高。

5）多主方式工作。每个节点不分主次，都可为主节点，均可向其他节点发出信息。

6）错误处理和检测机制可靠性高。

7）发送的信息遭到破坏后，具有自动重发功能。

8）节点错误严重时具有自动退出总线的功能。

9）将传感器信号线减至最少，让更多的传感器信号进行高速数据传输。

10）CAN 总线符合国际标准，适用于在一辆汽车上不同生产厂家的电控单元之间进行数据交换。

(2) CAN 总线的结构

CAN 总线主要由一个控制器、一个收发器、两个终端电阻以及两条数据传输线组成。除了数据传输线，其他元件都置于控制单元内部，如图 4—1—5 所示。

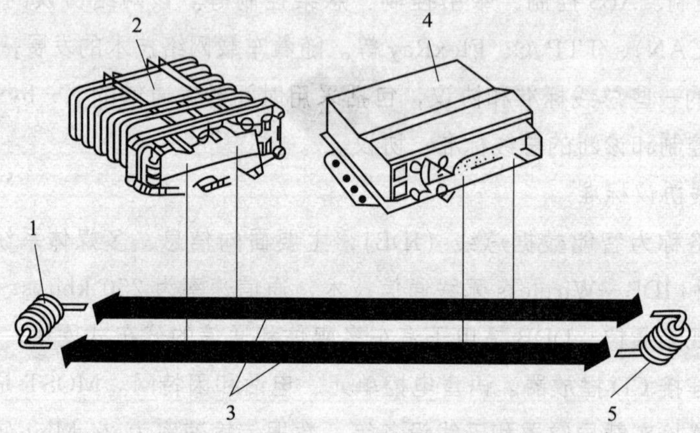

图 4—1—5 CAN 总线的结构

1、5—终端电阻 2—带有 CAN 控制器和 CAN 收发器的发动机电控单元 3—数据传输线
4—带有 CAN 控制器和 CAN 收发器的自动变速器电控单元

1）CAN 控制器。CAN 控制器的作用是接收来自控制单元中的微处理器的数据，将其处理后再发送给 CAN 收发器。同时，CAN 控制器也接收来自 CAN 收发器的数据，对其进行处理后再发送给控制单元中的微处理器。

2）CAN 收发器。CAN 收发器是一个发送/接收放大器，作用是把 CAN 控制器提供的数据转化为电信号，并通过数据传输线发送出去。CAN 收发器也接收来自数据传输线的数据，并将其发送给 CAN 控制器。

3）终端电阻。数据传输终端是一个电阻器，作用是防止数据在传输终了被反射回来，产生反射波破坏数据。

4）数据传输线。数据传输线采用双绞线，分别为 CAN 高位数据线（CAN－High）和 CAN 低位数据线（CAN－Low）。为了避免外界电磁波的干扰和向外辐射，CAN 总线将两条线缠绕在一起，如图 4—1—6 所示。这两条线的电位总相反，如果一条是 5 V，另外一条就是 0 V，始终保持电压之和为常数。通过该方法，CAN 总线可以免受外界电磁场的干扰，并且其向外辐射也保持中性，即无辐射。

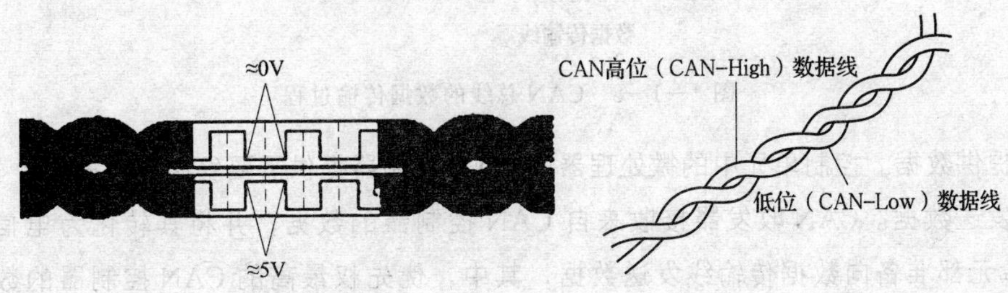

图 4—1—6　CAN 数据传输线

（3）CAN 总线的数据传输原理

CAN 总线中的数据传输就像一个电话会议，其中一个电话用户（控制单元）将数据“讲入”网络中，其他用户则通过网络“接听”这个数据，如图 4—1—7 所示。数据没有指定的接收者，数据被所有控制单元接收并计算。其中，认为这些数据有用的控制单元用户会接受并使用这些数据，而其他控制单元则选择忽略。

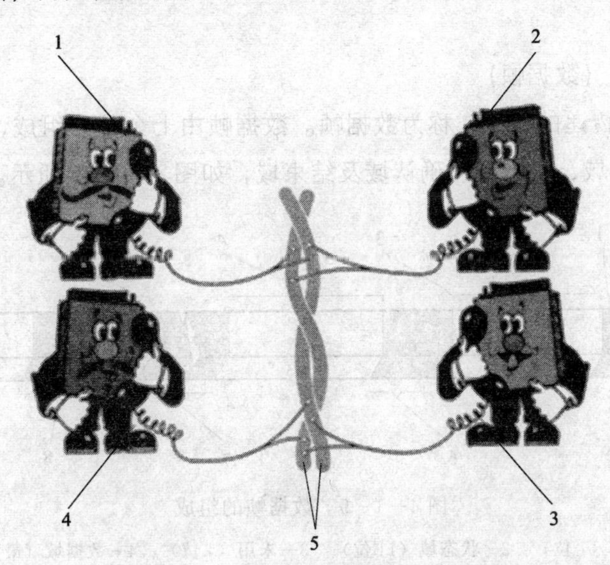

图 4—1—7　CAN 总线的数据传输原理

1—控制单元 1　2—控制单元 2　3—控制单元 3　4—控制单元 4　5—数据传递线

CAN 总线的数据传输过程如图 4—1—8 所示。

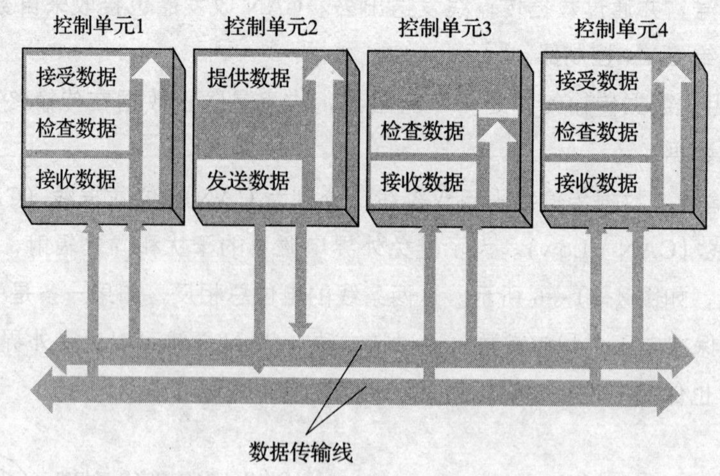

图 4—1—8 CAN 总线的数据传输过程

1）提供数据。控制单元中的微处理器向 CAN 控制器提供需要发送的数据。

2）发送数据。CAN 收发器接收来自 CAN 控制器的数据，并将其转化为电信号。所有控制单元都准备向数据传输线发送数据，其中，优先权最高的 CAN 控制器的数据先发送。

3）接收数据。所有其他的控制单元转换为接收器，都能从数据传输线上接收到数据。

4）检查数据。接收数据的控制单元检查和判断接收到的数据是否为本控制单元所需要。

5）接受数据。如果接收到的数据对某控制单元是重要的，则被该控制单元接受和处理；否则，将其忽略。

(4) 传递的数据（数据帧）

在 CAN 总线上传递的数据，称为数据帧。数据帧由七个部分组成，分别是开始域、状态域、检查域、数据域、安全域、确认域及结束域，如图 4—1—9 所示。

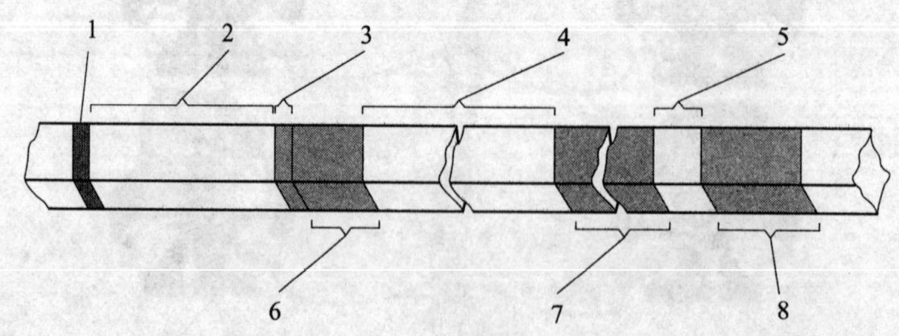

图 4—1—9 数据帧的组成

1—开始域（1 位） 2—状态域（11 位） 3—未用（1 位） 4—数据域（最大 64 位）
5—确认域（2 位） 6—检查域（6 位） 7—安全域（16 位） 8—结束域（7 位）

数据帧各区域的作用如下：

1）开始域。标志着数据帧的开始，由 1 位构成。带有约 5 V 电压的 1 位（由系统决定），被送入高位 CAN 总线；带有约 0 V 电压的 1 位，被送入低位 CAN 线。

2）状态域。判定数据帧的优先权，由 11 位构成。若两个控制单元同时要发送各自的数据帧，则具有较高优先权的控制单元优先发送。例如，动力 CAN 数据总线传输数据的优先权依次为：ABS/EDL 电控单元→发动机电控单元→自动变速器电控单元。

3）检查域。显示数据域中包含信息的字节数目，由 6 位构成。检查域让接收器能够检查是否已经接收到传输的所有信息。

4）数据域。真正传输给其他控制单元的信息，广播到总线中供所需节点使用，最大由 64 位构成。

5）安全域。检测传递数据中的错误，由 16 位构成。

6）确认域。接收器发信号通知发送器，接收器已经正确接收到数据帧。若检测到错误，则接收器立即通知发送器，发送器再一次发送该数据帧。它由 2 位构成。

7）结束域。标志着数据帧的结束，由 7 位构成。结束域是显示错误以得到重新发送的最后一次机会。

2. LIN

LIN 总线是局部连接网络（Local Interconnect Network，LIN）的简称，是一种低成本的串行通信网络，适用于汽车中的分布式电子控制系统通信。LIN 总线是 CAN 总线网络下的子系统，为现有的车载网络提供辅助功能，车辆上的各 LIN 总线系统之间进行数据交换，需要由控制单元通过 CAN 总线来实现。在一些不需使用 CAN 总线的场合，如发动机控制单元与点火控制模块之间的通信，使用 LIN 总线可以大大降低成本。

（1）LIN 总线的特性

1）成本低。LIN 总线基于通用的 UART 接口，几乎所有微控制器都具备 LIN 必需的硬件。

2）采用单主控制单元/多从控制单元模式，无需总线仲裁机制就能保证系统安全。

3）采用带时间同步的多点广播式发送/接收方式，从节点不需要振荡器就能实现自同步功能，节省了多从控制器的硬件成本。

4）采用单线式总线结构。LIN 总线的数据传输方式（按 ISO 9141 标准）为廉价的单线传送方式，只需一根数据传输线，传输距离最长可达 40 m，无须屏蔽。

5）最高的数据传输速率为 20 kbit/s。

6）可选的报文帧长度为 2、4 和 8 字节。

7）通常在一个 LIN 总线网络上的节点数小于 12 个，共有 64 个标识符。

8）无需改变 LIN 总线从节点的硬件和软件，就能在网络上增加节点。

9）确保信号传输的延迟时间和信号传输的正确性。

10）数据累加、校验及错误检测功能。

11）故障节点检测功能。

（2）LIN总线的结构和工作原理

一个LIN总线网络由一个主控制单元（车身ECU）和一个或多个从控制单元组成，如图4—1—10所示。

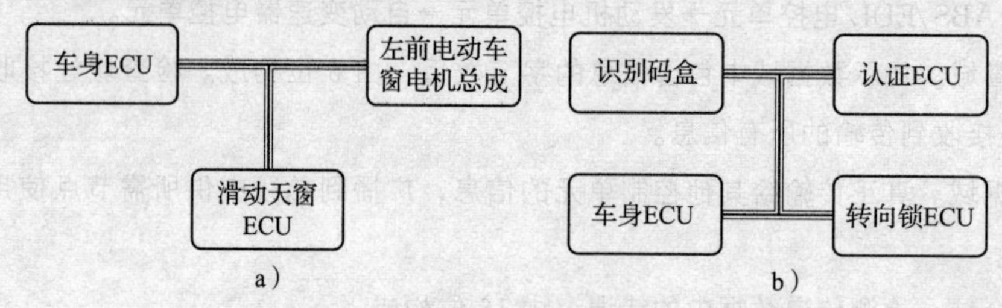

图4—1—10 LIN总线

a）车门LIN总线 b）认证ECU LIN总线

1）LIN总线主控制单元

LIN总线主控制单元连接在CAN总线上，负责执行LIN总线的主功能，LIN总线网络上的通信总是由主控制单元的主发送任务发起的。

LIN总线主控制单元的作用有：监控数据传输及数据传输的速率，发送信息标题；主控制单元的软件内设定了一个周期，通过该周期决定何时将哪些信息发送到LIN总线上以及发送次数；在LIN总线和CAN总线之间起“翻译”作用，是LIN总线系统中唯一与CAN总线相连的控制单元；通过LIN总线主控制单元进行自诊断等。

2）LIN从控制单元

一个LIN总线网络中最多可以连接16个从控制单元，从控制单元的作用主要是接收或传送与主控制单元的查询或指定有关的数据。

从控制单元诊断的内容（如测量数据块、执行元件测试、设定、故障存储器查询）在主控制单元地址的帮助下被读出或激活。在几次通信无效的尝试后，主控制单元的故障存储器里会产生一个故障代码“控制单元××无信号/通信”。LIN总线在通信断开时（拔下连接器，通信参与者的供电断路），主控制单元里也会产生一个故障代码。

（3）LIN总线的应用

目前，LIN总线主要应用于汽车中的联合装配单元，如车门、座椅、空调、转向器、照明灯、湿度传感器、交流发电机等。这些元件较容易连接到车载网络中，维护十分方便。在LIN总线中，通常用数字信号量替换模拟信号量，使总线性能得到优化。

（4）LIN总线与CAN总线的比较

在车载网络中，LIN总线属于A类网络，与CAN总线或其他B类、C类网络相比，传输速率较低、结构简单、价格便宜，并与这些网络进行互补。LIN总线和CAN总线的主要特性对比见表4—1—2。

表 4—1—2 LIN 总线和 CAN 总线的主要特性对比

指标 \ 网络	LIN	CAN
媒体访问控制方式	单主方式	多主方式
典型总线传输速率/（kbit/s）	2.4～19.6	62.45～500
信息标志符/bit	6	11/29
网络典型节点数/个	2～10	4～20
位/字节编码方式	NRZ 8N1（UART）	NRZ w/位添充
每帧信息数据量/B	2，4，8	0～8
每 4 字节的发送时间/ms	3.5（20 kbit/s）	0.8（125 kbit/s）
错误检测	8 位累加和	15 位 CRC
物理层	单线，13.5 V	双绞线，5 V
石英/陶瓷振荡器	主节点需要，从节点不需要	每个节点都需要
网络相对成本	0.5	1

3. MOST

MOST 总线是多媒体定向系统传输（Media Oriented System Transport，MOST）的简称，是汽车上使用的一种多媒体应用通信技术。

MOST 总线不仅能传输控制数据和传感器数据，还可以传输数字音频信号和视频信号图形及其他数据。传输数字音频信号和视频信号需要很高的数据传输速率，比如传输立体声的数字式电视信号需要大约 6 Mbit/s 的传输速率。采用高速 CAN 总线（1 Mbit/s）数据无法及时、快速传递，不能满足大量数据传递的要求。MOST 总线使用光纤作为传输介质，数据传输速率可达 24.8 Mbit/s。MOST 总线最多可以同时传输 15 个频道的 CD 质量的非压缩音频数据。在一个 MOST 总线网络上，最多可以连接 64 个节点。

MOST 总线采用塑料光缆（POF）网络协议，将音响、电视、电话和全球定位系统等设备相互连接起来，给用户带来很多便利。MOST 总线是多媒体时代的车载电子设备必需的高速网络，提供了遥控操作和集中管理的方法。MOST 总线不需要额外的主控制单元，结构灵活，性能可靠、易于扩展。

(1) MOST 总线的环形结构

MOST 总线系统的特点是采用环形结构，如图 4—1—11 所示。控制单元通过一根光纤沿环形方向将数据传输到下一个控制单元。该过程持续进行，直到数据返回到最先传输的那个控制单元为止，形成一个闭合的环路。MOST 总线系统通过数据总线的自诊断接口和诊断 CAN 来进行诊断。

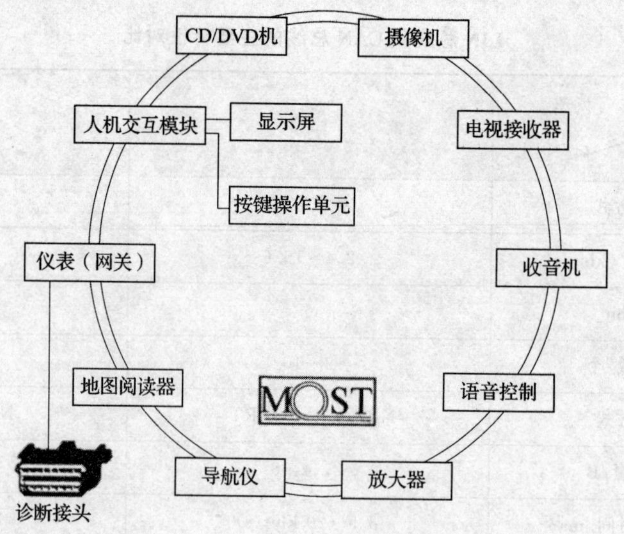

图 4—1—11　MOST 总线的环形结构

1）系统管理器

系统管理器和诊断管理器共同负责 MOST 总线内的系统管理。系统管理器有控制 MOST 系统状态、发送 MOST 总线信息、管理传输容量以及 MOST 自诊断的作用。

2）MOST 总线控制单元

MOST 总线控制单元的结构如图 4—1—12 所示，其各部分作用如下：

①光纤和光导连接器。光信号通过光纤 1 和光导连接器 2 送入控制单元，或传送到下一个总线用户。

②电气连接器。电气连接器用于供电、环状故障自诊断和输入/输出信号。

③内部供电装置。来自电气连接器输入的电由内部供电装置送至各个部件，这样就可以单独关闭控制单元内的某个部件，以降低静态电流。

④微处理器 ECU。微处理器是控制单元的中央处理器，用来操纵控制单元的所有基本功能。

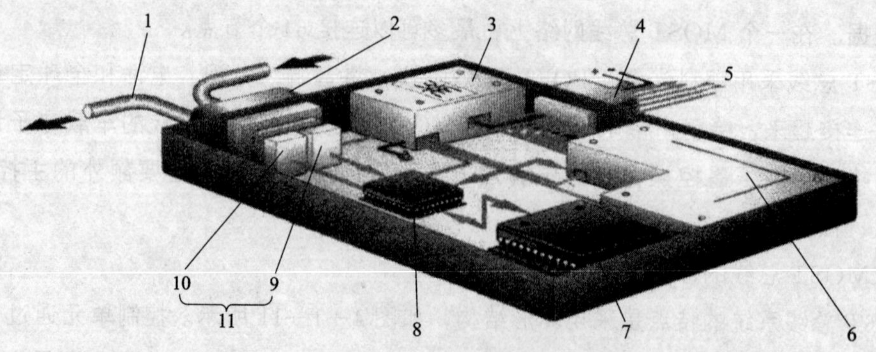

图 4—1—12　MOST 总线控制单元的结构

1—光纤　2—光导连接器　3—内部供电装置　4—电气连接器　5—自诊断　6—专用部件　7—微处理器 ECU
8—MOS 收发器　9—光敏二极管　10—发光二极管　11—发射接收机

⑤专用部件。用于控制某些特殊功能，如 CD 播放机、收音机调谐器等。

⑥发射接收机。该装置是由一个光敏二极管和一个发光二极管组成。入射的光信号被光敏二极管转换成电压信号，然后传送至 MOST 发射接收机，再经过发光二极管将 MOST 发射接收机的电压信号转换成光信号，产生的光波波长为 650 nm，为可见红光。数据经光波调制后传送，调制后的光波由光纤传到下一个控制单元。

⑦MOST 收发器。MOST 收发器由发射机和接收机两个部件组成。发射机将要发送的信息以电压信号的形式传送到发射接收机。接收机接收来自发射接收机的电压信号，并把所需的数据传至控制单元内的微处理器。来自其他控制单元的无用信息虽经过发射接收机，但不会被传送到微处理器，而是直接被发送给下一个控制单元。

3）光纤

光纤是光导纤维的简称，能够把一个控制单元发射机产生的光波传输给另一个控制单元的接收机，传输过程如图 4—1—13 所示。

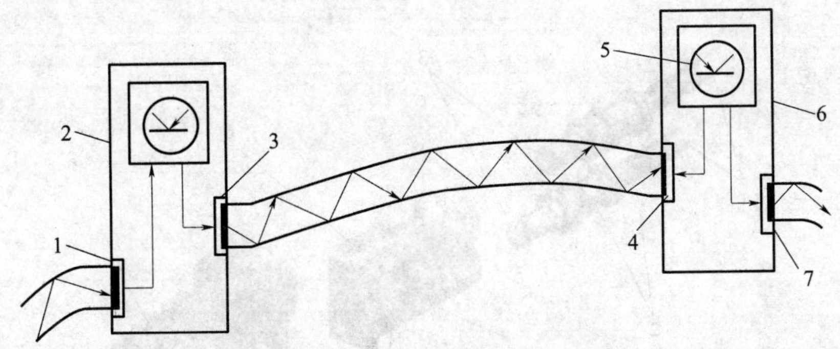

图 4—1—13　光纤内部光线的传输

1—接收机　2—功放　3—发射机　4—接收机

5—MOST 发射接收机　6—电子汽车服务通信系统控制单元　7—发射机

光纤由内芯线、反射覆盖层、黑色覆盖层和彩色覆盖层 4 部分组成，如图 4—1—14 所示。内芯线是光纤的中心部分，是真正的光导体。根据全反射原理，当光穿过内芯线时，基本没有损耗。反射覆盖层在内芯线外面，主要用于全反射的需要。黑色覆盖层在反射覆盖层外面，用于保护内芯线，阻止外部光线射入。彩色覆盖层在黑色覆盖层外面，用于进行识别，防止发生机械损伤，并起热保护作用。

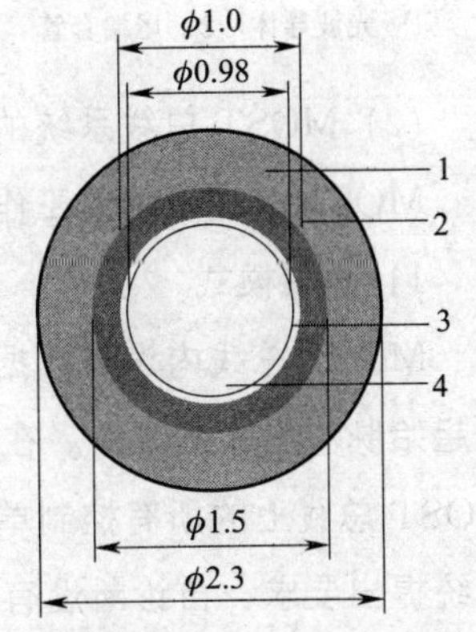

图 4—1—14　光纤的结构

1—彩色覆盖层　2—黑色覆盖层

3—反射覆盖层　4—内芯线

光波在笔直的光纤内进行传播时，在内芯线的表面产生全反射，大多数光波以 Z 字形进行传播，如图 4—1—15 所示。当光纤通过弯曲的光纤时，发生在内芯线覆盖层边缘的全反射使光波被反射传播通过弯曲处，如图 4—1—16 所示。如果光纤过度弯曲，光波会离开内芯线并产生很大损耗，不利于光波的传播，因此，光纤的弯曲半径不得小于 25 mm。

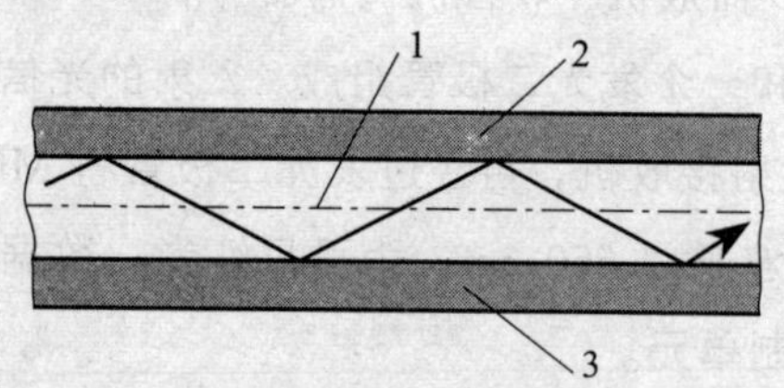

图 4—1—15 光波在笔直的光纤内传播

1—内芯线 2、3—覆盖层

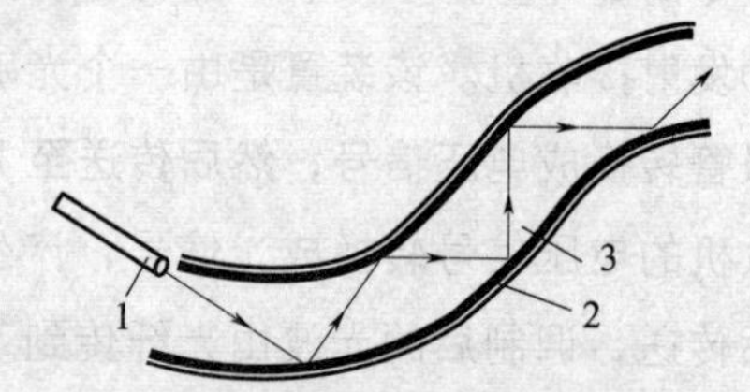

图 4—1—16 光波在弯曲的光纤内传播

1—光源 2—覆盖层 3—内芯线

4）光导连接器

光导连接器用于连接光纤与控制单元，其结构如图 4—1—17 所示。光导连接器上有一个信号方向箭头标明（至接收机的）输入端，连接器外壳与控制单元相连。为了在连接器外壳上固定光纤，需要在光纤尾端焊上塑料套管或卡上黄铜质地的套管。为了最大限度地减少传播损耗，光纤的端面必须光滑、垂直和清洁。

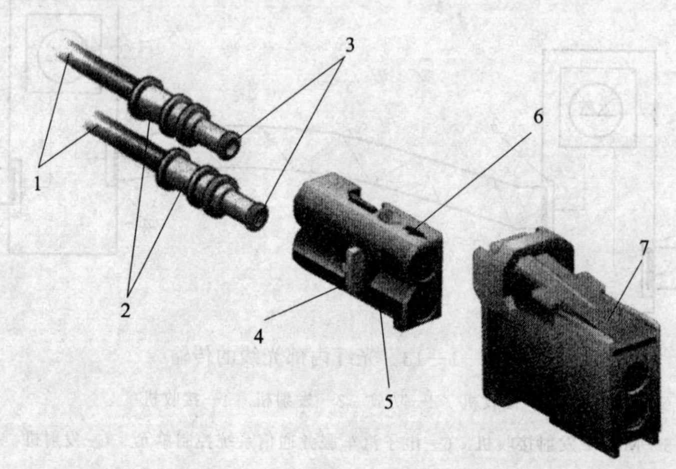

图 4—1—17 光导连接器的结构

1—光波导体 2—尾端套管 3—光纤接触面 4—锁定开关 5—连接头 6—信号方向箭头 7—连接器外壳

(2) MOST 总线系统的工作状态

MOST 总线系统的工作状态有 3 种，分别是睡眠模式、备用模式和通电工作模式。

1）睡眠模式

MOST 总线内没有数据交换时，所有设备被切换至备用模式，只有系统管理器发出光学起始脉冲后才被激活。在睡眠模式时，静态电流被降至最小值。激活睡眠模式的条件有：MOST 总线上的所有控制单元都准备进入睡眠模式，其他总线系统没有通过网关向 MOST 系统提出要求，自诊断没有激活。

2）备用模式

没有来自其他用户需要执行功能的请求。MOST 总线系统在后台运行，但所有的输出媒介（如显示器、音频放大器等）都不工作或不发声。备用模式在启动和系统运行时被激活。备用模式的激活条件有：由其他数据总线通过网关激活，如点火开关的接通、驾驶员侧车门的打开/关闭等；由MOST总线上的控制单元激活，如拨入的电话等。

3）通电工作模式

控制单元被完全激活，MOST总线上有数据交换，输出媒介（如显示器、音频放大器等）可以工作或发声，用户可使用所有功能。通电工作模式的激活条件有：MOST总线处于备用模式，其他数据总线通过网关激活MOST系统，通过用户的功能选择进行激活。

三、车载网络系统的检修

以2010款丰田卡罗拉车型为例。

1．LIN总线的检修

卡罗拉轿车的LIN总线电路如图4—1—18所示。

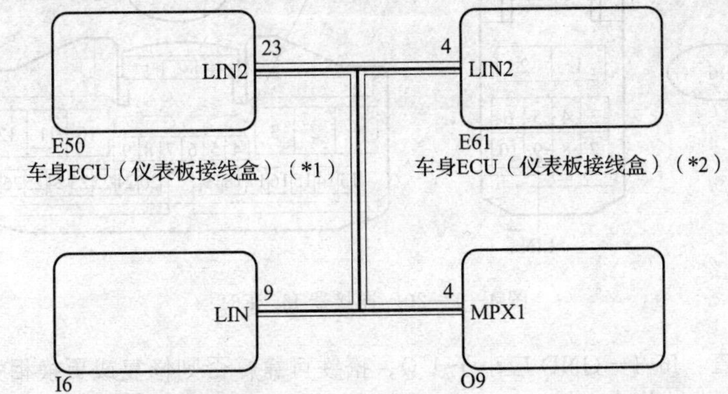

*1：带智能上车和起动系统，带自动灯控

*2：除*1外　*3：带滑动天窗

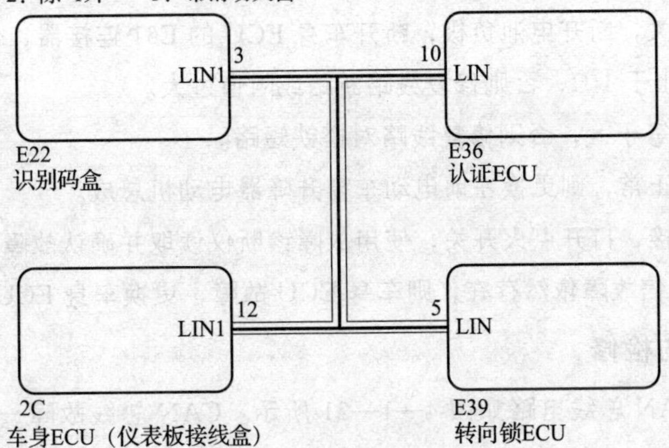

图4—1—18　LIN总线电路

以丰田卡罗拉左前车窗LIN总线通信为例，进行LIN总线通信的检修，如图4—1—19所示。

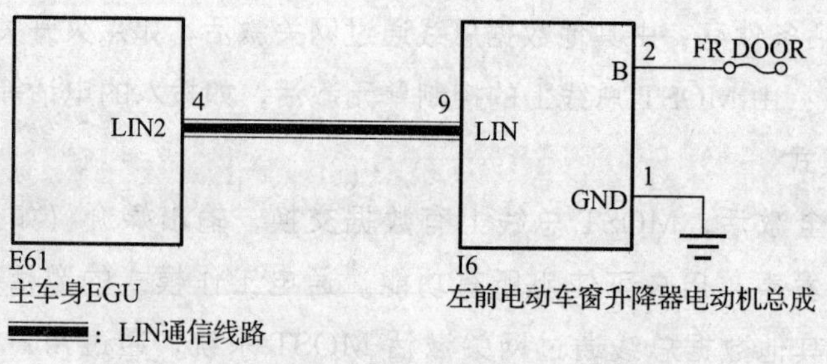

图 4—1—19 左前电动车窗 LIN 线通信

(1) 使用万用表检查蓄电池电压，应在 11～14 V 之间，否则应更换电池或充电。

(2) 关闭点火开关，连接诊断仪读取故障代码，确定通信故障的类型和部位。

(3) 关闭点火开关，拆下左前门内饰板，断开左前电动车窗电动机 I6 连接器，如图 4—1—20 所示，使用万用表检查。

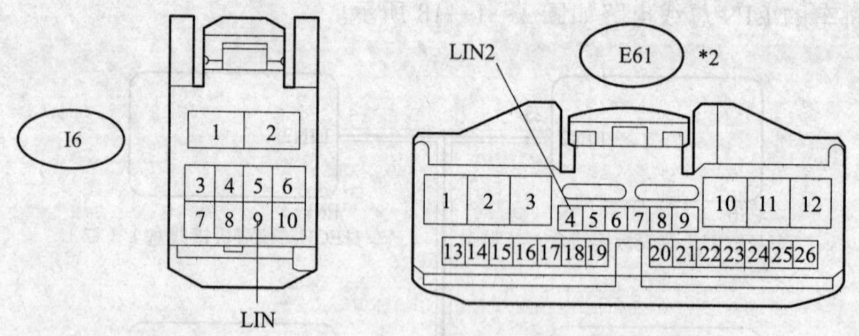

图 4—1—20 连接器 I6、E61

搭铁电路检查：I6 /1－GND 应小于 1 Ω，搭铁可靠；否则修复或更换相关线路。

供电电路检查：打开点火开关，I6 /2－GND 应等于 11～14 V；否则检查 FR DOOR 熔丝应完好；检查线路应无断路和短路现象，否则修复或更换相关线路。

(4) 关闭点火开关，断开电池负极，断开车身 ECU 的 E61 连接器，使用万用表检查。

E61 /4－I6 /9 应小于 1 Ω，否则修复线路断路或阻值过大。

E61 /4－GND 应等于∞，否则修复线路对搭铁短路。

(5) 若以上检查正常，则更换左前电动车窗升降器电动机总成。

(6) 恢复电路连接，打开点火开关，使用故障诊断仪读取并确认故障码。

(7) 若该 LIN 通信故障依然存在，则车身 ECU 故障，更换车身 ECU。

2. CAN 总线的检修

卡罗拉轿车的 CAN 总线电路如图 4—1—21 所示。CAN 总线故障一般分为无法通信、链路故障、支线故障。

无法通信一般是 CAN 总线的主线工作电压不正常引起的，电压不正常是由于主线断路或短路、支线短路造成的。

链路故障一般是主线断路，造成一个或多个 ECU 无法通信。

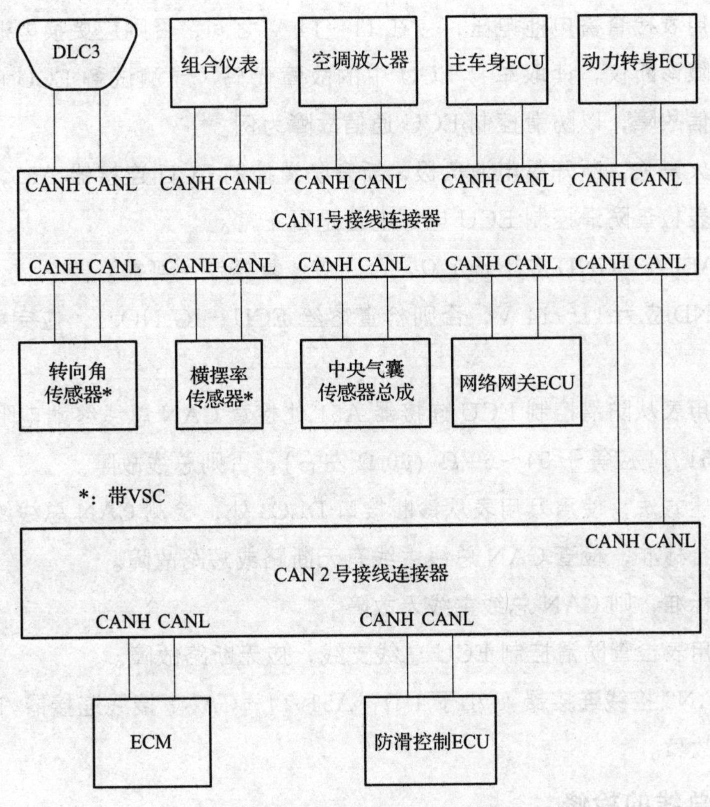

图 4—1—21 CAN 总线电路

支线故障一般是支线的断路故障造成单个 ECU 无法通信。

以丰田卡罗拉轿车防滑控制 ECU 通信故障为例，讲述 CAN 总线的检修，其电路如图 4—1—22 所示。

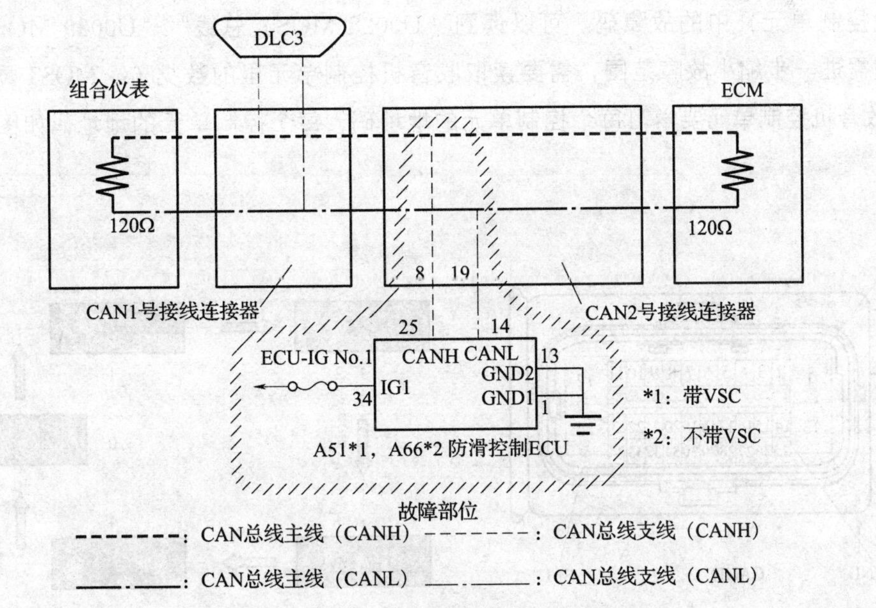

图 4—1—22 防滑控制 ECU 通信电路

(1) 使用万用表检查蓄电池电压，应在 11～14 V 之间，否则应更换电池或充电。

(2) 连接故障诊断仪，读取车身 ECU 中的故障代码，或测试各 ECU 的通信状态，从而查找存在的通信故障，以防滑控制 ECU 通信故障为例。

(3) 关闭点火开关，断开蓄电池负极，断开防滑控制 ECU 连接器 A51，如图 4—1—23 所示。使用万用表检查防滑控制 ECU 电源电路是否正常。

A51/13 或 A51/1－GND 应小于 1 Ω，否则应修复搭铁不可靠。

A51/34－GND 应为 11～14 V，否则检查熔丝 ECU－IG NO. 1，应完好，线路无断路或短路故障。

(4) 使用万用表从防滑控制 ECU 连接器 A51 处检查 CAN 总线终端电阻。

A51/25－A51/14 应等于 54～69 Ω (60 Ω 左右)，否则总线故障。

(5) 采用上述方法，使用万用表从诊断接口 DLC3 处，检测 CAN 总线终端电阻。

若阻值不符合标准，检查 CAN 总线主线有无断路或短路故障。

若阻值符合标准，则 CAN 总线主线无故障。

(6) 使用万用表检查防滑控制 ECU 总线支线，应无断路故障。

A51/25－CAN2 接线连接器/8 小于 1 Ω，A51/14－CAN2 接线连接器/19 小于 1 Ω；否则修复线路断路故障。

3. MOST 总线的检修

如果数据传输时在 MOST 总线上的某一位置处中断，由于总线是环形结构，所以称为环形中断，其原因有光纤断路、发射器或接收器控制单元的供电故障、控制单元损坏等。环形中断导致无法进行数据传递。

以 2014 款别克君越轿车为例。MOST 总线故障时，利用诊断仪读取 MOST 系统管理器 (收音机控制单元) 中的故障码。可以读到“U0028 MOST 总线”“U0029 MOST 总线性能”，如需进一步缩小故障范围，需要读取收音机控制单元里的数据流。MOST 网络正常工作时，收音机控制单元要学习每个控制单元的地址码，每个控制单元的地址码如图 4—1—24 所示。

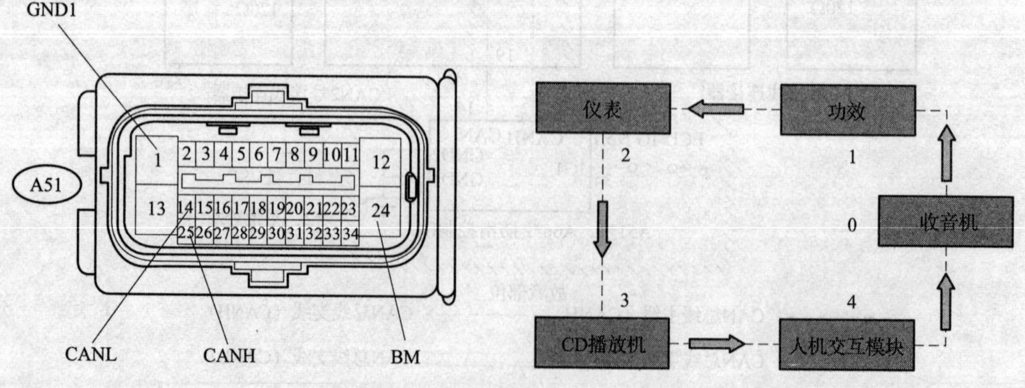

图 4—1—23 防滑控制 ECU 连接器 A51　　图 4—1—24 别克君越 MOST 总线控制单元的地址码

当相邻两个控制单元发生通信故障时，如功放控制单元和仪表控制单元之间故障，收音机控制单元只会学习（读取）到功放控制单元的地址码“1”，并将地址码存储到收音机控制单元内，如图 4—1—25 所示。因此，通过读取收音机控制单元中的数据流，就能找到故障位置。

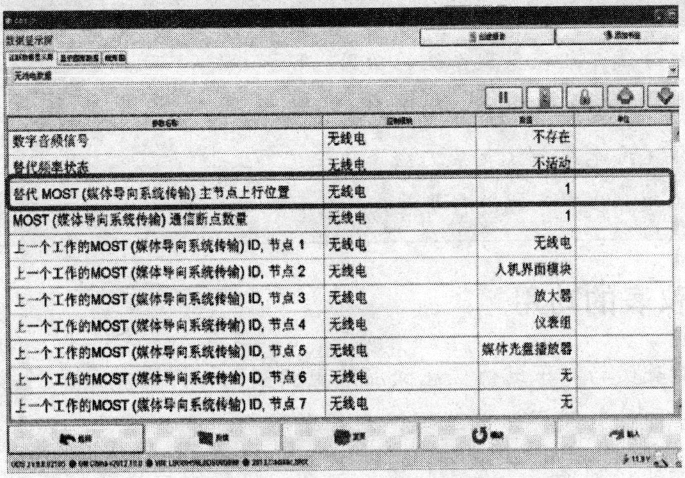

数字音频信号	无线电	不存在	
替代频率状态	无线电	不活动	
替代 MOST (媒体导向系统传输) 主节点上行位置	无线电	1	
MOST (媒体导向系统传输) 通信断点数量	无线电	1	
上一个工作的MOST (媒体导向系统传输) ID, 节点 1	无线电	无线电	
上一个工作的MOST (媒体导向系统传输) ID, 节点 2	无线电	人机界面模块	
上一个工作的MOST (媒体导向系统传输) ID, 节点 3	无线电	放大器	
上一个工作的MOST (媒体导向系统传输) ID, 节点 4	无线电	仪表组	
上一个工作的MOST (媒体导向系统传输) ID, 节点 5	无线电	媒体光盘播放器	
上一个工作的MOST (媒体导向系统传输) ID, 节点 6	无线电	无	
上一个工作的MOST (媒体导向系统传输) ID, 节点 7	无线电	无	

图 4—1—25　别克君越收音机控制单元的数据流

引发 MOST 总线网络系统故障的原因一般有以下几方面：

（1）电源性故障

MOST 总线系统正常的工作电压在 10.5～15 V 之间。若电源提供的工作电压偏离该值，则各电控模块便无法正常工作。

（2）传输链路的故障

传输链路出现故障时，一般都将导致光信号的衰减。在分析 MOST 总线的故障时，关键要确定光信号衰减的原因。容易导致光信号衰减的原因是受热过度。MOST 总线所采用的光纤，其设计的极限温度一般不超过 85℃。在进行烤漆或焊接等高温作业时，因漆房或焊炬的温度过高，极易使光纤受损，应格外小心，防止过度拉伸、弯曲与擦伤。技术人员在检查光纤的连接情况时，有时不慎会拉扯光纤，这容易造成过度拉伸，使光纤的横断面变小，导致光衰减；另外，在铺设光纤时，应该十分小心，因为 MOST 的光纤允许的最大曲率半径仅为 50 mm。若超过此值，光信号的衰减将成倍增长，从而引发通信错误。若光纤被擦伤，导致封装层损坏，会造成光逃逸，同样会影响信号的正常传输。技术人员在检修汽车时，双手经常沾满灰尘与油污，此时不小心碰触到裸露的光纤末端，光纤端面因沾污会吸收光，从而造成光衰减。注意：光纤一旦损坏，一般只能维修一次，否则，光衰减将成倍增加。

（3）控制单元的故障

因为 MOST 总线采用环形网络结构，所以如系统中某一个控制单元出现故障，将会造成整个系统的通信中断，即所谓“环形断裂”。

（4）系统的软件故障

当系统的传输协议或软件程序属于低版本或有缺陷，也会使系统出现混乱而无法正常工作。

§4—2 汽车组合仪表系统

学习目标

1. 能正确描述汽车组合仪表系统的功用。
2. 能正确描述汽车组合仪表的组成和工作原理。
3. 能正确叙述汽车组合仪表系统检修的注意事项。
4. 能对汽车组合仪表系统进行拆装及检修。

一、组合仪表的功用

汽车仪表是驾驶员与汽车进行信息交流的重要接口和界面。汽车组合仪表是将各仪表组合安装在一起，能让驾驶员及时掌握汽车行驶参数信息、警示信息和提示信息，便于及时做出正确的操作，确保汽车安全行驶。目前，汽车组合仪表均采用汽车仪表专用集成电路，将朝着数字化、智能化、网络化和虚拟化的方向发展。典型的汽车组合仪表如图 4—2—1 所示。

图 4—2—1　汽车组合仪表示意图

1—发动机转速表　2—车速表　3—室外温度显示　4—挡位显示　5—燃油液位表

6—行驶里程表　7—冷却液温度表　8—指示灯

二、组合仪表的组成和工作原理

汽车组合仪表主要由车速表、发动机转速表、冷却液温度表、燃油液位表、行驶里程表、挡位显示、声音报警器和指示灯等组成，如图 4—2—1 所示。汽车组合仪表系统的工作原理如图 4—2—2 所示。

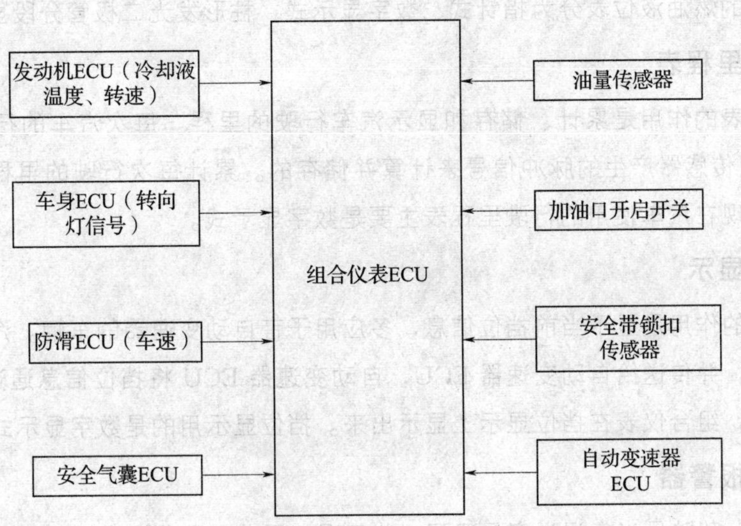

图 4—2—2　组合仪表系统的工作原理

1. 车速表

速度表的作用是显示汽车的行驶速度（km/h）。汽车轮速传感器检测轮速信号，并传送到防滑 ECU，经防滑 ECU 计算处理后得到汽车的行驶速度，防滑 ECU 将当前车速通过 CAN 总线传送给组合仪表，组合仪表收到车速信息后在车速表上显示出来。

汽车使用的车速表有指针式和数字显示式。

2. 发动机转速表

发动机转速表的作用是显示发动机转速。曲轴位置传感器检测发动机转速信号传送到发动机 ECU，发动机 ECU 计算处理后得到发动机的转速（r/min），并通过 CAN 总线传送给组合仪表，组合仪表收到转速信息后在发动机转速表上显示出来。

汽车使用的发动机转速表分为指针式和数字显示式。

3. 冷却液温度表

发动机冷却液温度表的作用是显示发动机冷却液的温度，让驾驶员及时了解和掌握发动机的散热情况，及时发现和排除可能出现的故障。在正常情况下，发动机冷却液温度表的指示值为 85～95℃。冷却液温度传感器检测温度信号传送到发动机 ECU，发动机 ECU 计算处理后得到发动机冷却液温度（℃），并通过 CAN 总线传送给组合仪表，组合仪表收到温度信息后在发动机冷却液温度表上显示出来。

汽车使用的发动机转速表有指针式、数字显示式、二极管分段显示式。

4. 燃油液位表

燃油液位表的作用是显示、提醒油箱的燃油量，让驾驶员及时补充燃油。油量传感器检测燃油量，并把燃油液位信号传送给组合仪表，组合仪表计算处理后在燃油液位表上显示出来。

汽车使用的燃油液位表分为指针式、数字显示式、柱形发光二极管分段显示式。

5. 行驶里程表

汽车里程表的作用是累计、储存和显示汽车行驶的里程。每次汽车的行驶里程是利用ECU通过速度传感器产生的脉冲信号来计算并储存的。累计每次行驶的里程数，就可以得到总里程数。现在汽车使用的行驶里程表主要是数字显示式。

6. 挡位显示

挡位显示的作用是显示当前挡位信息，多应用于带自动变速器的车辆。汽车的挡位开关检测挡位信号，并传送给自动变速器ECU，自动变速器ECU将挡位信息通过CAN纵向传送给组合仪表，组合仪表在挡位显示上显示出来。挡位显示用的是数字显示式。

7. 声音报警器

在驾车时，驾驶员光靠视觉容易遗漏一些情况，因此，有些汽车上安装了用声音传递信息的电子装置，如蜂鸣器、谐音器和声音合成器等。这些声音报警器的作用是提醒驾驶员有关汽车的一些状态，例如，请系好安全带（忘记系安全带时），请检查车门（车门半开时），请检查驻车制动器（忘记停车制动，离开时），请加燃油（燃油不够时）等。

8. 指示灯

组合仪表上的指示灯，一部分为汽车某些系统或功能故障的警告信息，提示驾驶员及时检修；另一部分表示汽车的某些系统或功能是否在工作，见表4—2—1。当打开点火开关，汽车各电子系统自检，一些指示灯会短暂点亮或闪烁（4～6 s），当各系统自检完成或正常工作后，指示灯会自动熄灭。

表4—2—1　　组合仪表系统的指示灯

安全带提示	安全气囊系统故障	充电系统故障	发动机故障
	ABS	P	
驻车制动工作、制动系统故障	ABS故障	电子驻车制动器工作	胎压过低、胎压监测系统故障

续表

牵引力控制系统/电子稳定控制系统故障	牵引力控制系统/电子稳定控制系统已关闭	助力转向系统故障	燃油液位过低
远光灯工作	前雾灯工作	后雾灯工作	示宽灯工作
车门未关警告	左转向灯工作（右箭头表示右转向灯工作，两个箭头同时闪烁表示危险警告灯工作）	机油压力过低警告	引擎盖或行李厢未关警告

三、组合仪表显示的工作原理

1．指针刻度式显示

以指针刻度式车速表为例，如图 4—2—3 所示。速度传感器先将脉冲信号送至 ABS 控制单元、变速器控制单元或发动机控制单元，再由这些控制单元通过数据线将信号送至仪表控制单元。仪表控制单元接收到速度信号后计算出车速，再通过步进电动机驱动电路来控制指针（步进电动机的转子）的旋转角度、方向和速度，从而显示出车速。

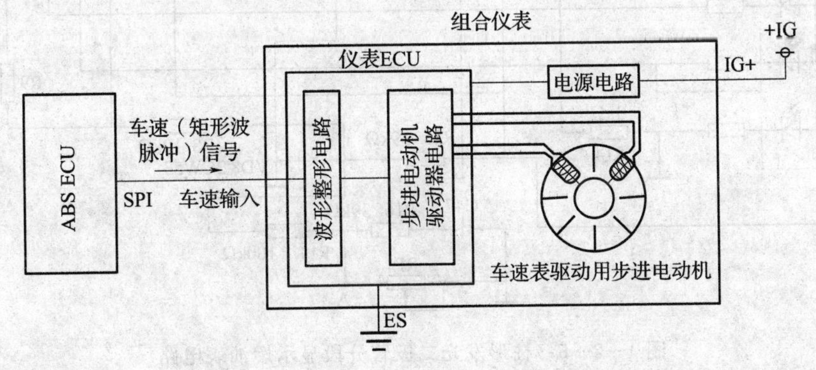

图 4—2—3 指针刻度式车速表的工作原理

2. 数字显示式

以数字显示式行驶里程表为例，如图 4—2—4 所示。组合仪表控制单元根据防滑 ECU（ABS ECU）送来的车速信号计算出行驶距离的数据，再通过 LCD 驱动用驱动器，亮起相应的 LCD 分段来显示行驶距离。仪表控制单元内使用非易失存储器 IC 来保存行驶距离的数据，即使遇到断电，仍能保存数据。

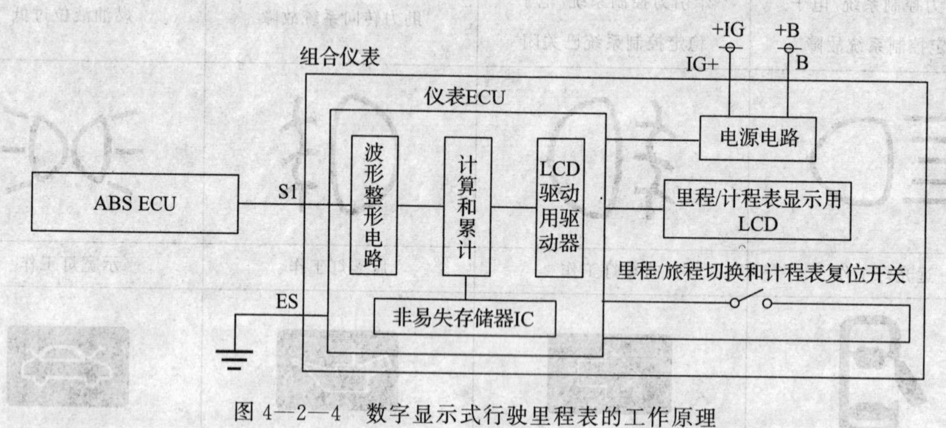

图 4—2—4 数字显示式行驶里程表的工作原理

3. 柱形发光二极管分段显示

以柱形发光二极管分段显示燃油液位表为例，如图 4—2—5 所示。

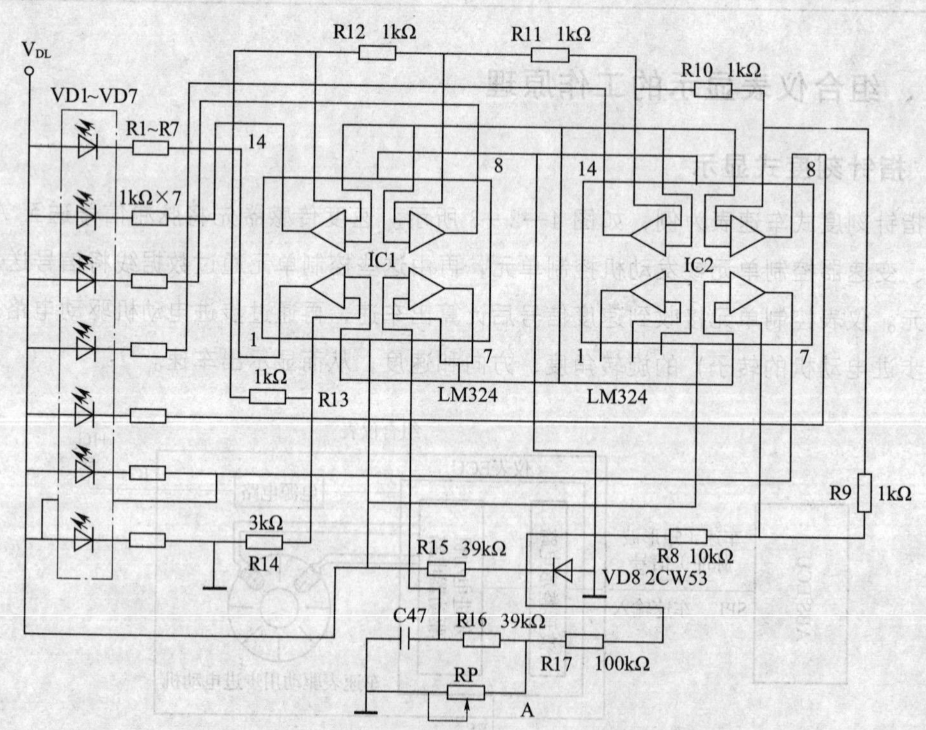

图 4—2—5 柱形发光二极管分段显示燃油表电路

RP—燃油传感器 V_{DL}—电源正极 VD1～VD7—发光二极管

燃油表电路主要由燃油传感器 RP、集成电路 LM324（两块）和发光二极管数字显示器等组成。燃油传感器采用传统的浮子式可变电阻式燃油传感器。燃油表电路中，电阻 R15 和二极管 VD8 组成稳压电路，将标准电压通过 R8～R13 接到 IC1 和 IC2 组成的电压比较器反向输入端。电容器 C47 和电阻 R16 组成延时电路，使燃油显示器的光标不随油箱中燃油的波动而发生变化。

燃油表发光二极管数字显示器的工作情况如下：

(1) 当油箱内的燃油加满时，燃油传感器 RP 的阻值最小，A 点电位最低，即到 IC1 和 IC2 电压比较器的输出电压为低电平。此时，6 只绿色发光二极管 VD2～VD7 全部点亮，而红色发光二极管 VD1（燃油不足报警灯，电路图中最下面一个）因其正极电位变低而熄灭，表示油箱为满油状态。

(2) 随着油箱燃油量逐渐减少，绿色发光二极管 VD7、VD6…VD2 依次熄灭。燃油量越少，点亮的绿色发光二极管个数越少。

(3) 当油箱内无油时，燃油传感器 RP 的阻值最大，此时 A 点电位最高，集成块 IC2 的第 5 脚电位高于第 6 脚的基准电位，第 7 脚输出高电位，6 只绿色发光二极管全部熄灭，红色发光二极管 VD1 自动点亮，提醒驾驶员燃油量不足，必须加油。

四、组合仪表的检修

以 2010 款丰田卡罗拉车型为例。

1. 组合仪表检修的注意事项

(1) 在进行电气操作前，断开蓄电池负极端子，以防系统产生短路。当断开以及重新连接蓄电池电缆时，关掉点火开关。

(2) 组合仪表一般是整体不可拆的，若某仪表出现故障，则需整体更换。

(3) 拆装组合仪表时，不要损坏导销、卡子和组合仪表。

2. 组合仪表的拆装（以丰田卡罗拉车型为例）

(1) 关闭点火开关，断开蓄电池负极至少 90 s 以上。

(2) 拆卸仪表板左下装饰板，如图 4—2—6 所示。

(3) 拆卸仪表板左端装饰板，如图 4—2—7 所示。

1) 在图示位置粘贴保护性胶带。

2) 插入车顶防护条拆卸工具并向卡子滑动拆卸工具，用双手拉动拆卸工具以将卡子脱开，脱开 2 个卡爪和卡子，拆下仪表板左端装饰板总成。

图 4—2—6 拆卸左下装饰板

(4) 拆卸仪表组装饰板总成，如图 4—2—8 所示。

1) 操作倾斜度调节杆以降下方向盘。

2) 粘贴保护性胶带。

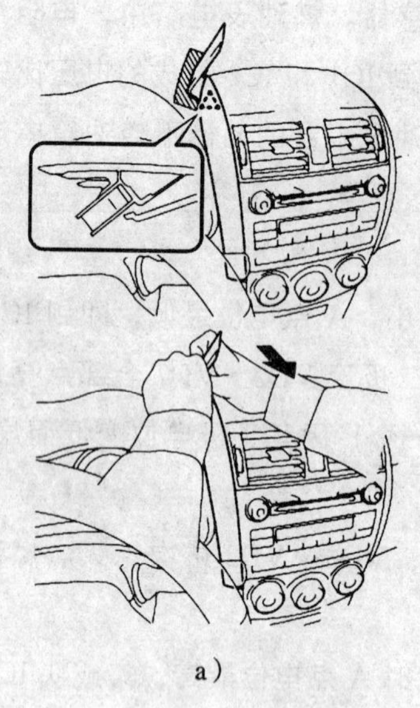

a）

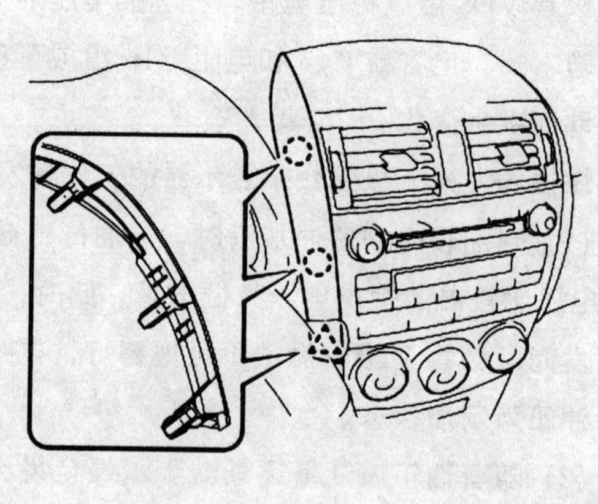

b）

图 4—2—7 拆卸左端装饰板

a）拆卸左下装饰板卡子 b）拆下左下装饰板

3）脱开导销、卡爪和 3 个卡子，并拆下仪表组装饰板总成。

（5）拆卸组合仪表总成。

1）拆下 2 个螺钉。

2）脱开 2 个导销。

3）拉出组合仪表总成，断开连接器，并拆下组合仪表总成，如图 4—2—9 所示。

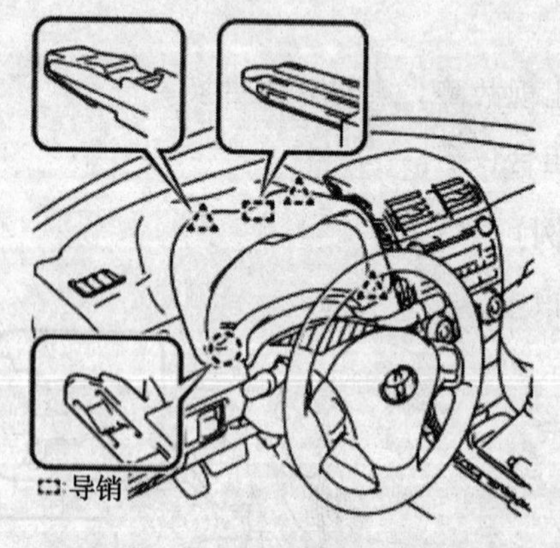

图 4—2—8 拆下仪表组装饰板总成

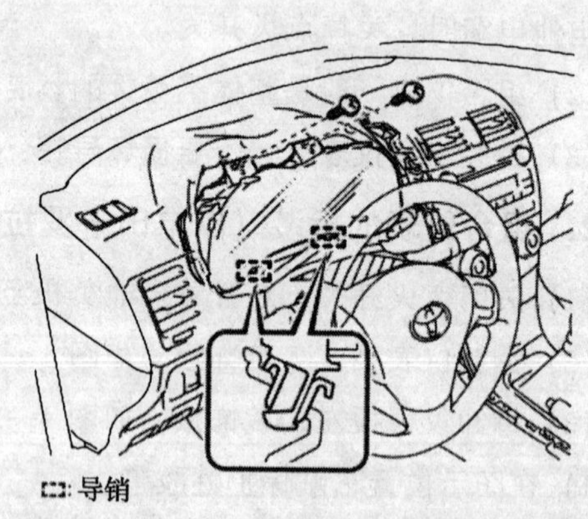

图 4—2—9 拆下组合仪表总成

（6）按相反的顺序装复组合仪表。

3. 组合仪表的检修方法

（1）车上检查

1）打开点火开关，执行以下操作，检查组合仪表上指示灯的显示状态是否正确。

①操作灯光开关，检查仪表上的灯光（示宽灯、远光灯）指示是否正确。

②系上或解开安全带，仪表上的安全带警告指示灯应点亮或熄灭。

③检查油箱油量指示表，油量指示应与实际油量相符。

④检查显示屏上的环境温度显示，应与实际环境温度相符。

⑤打开车门，显示屏上应显示相应车门未关并发出蜂鸣警告声。

⑥拉紧或松开驻车制动器，驻车制动指示灯应点亮或熄灭。

2）起动发动机，执行以下操作，检查组合仪表上指示灯的显示状态是否正确。

①检查发动机转速表，显示应与实际转速相符。

②自动挡汽车变换挡位时，显示屏上显示的挡位信息应与实际挡位相符。

③检查发动机冷却液温度显示，应逐渐上升并与实践温度相符。

④ABS 警告灯、充电警告灯、故障指示灯、气囊警告灯等完成自检后应熄灭。

3）使汽车在道路上行驶起来，执行以下操作，检查组合仪表上指示灯的显示状态是否正确。

①当汽车行驶车速为 20 km/h 以上时，解开安全带，仪表应发出蜂鸣警告声。

②驾驶车辆，车速表显示车速应与实际相符。

(2) 电源电路的检修

若汽车组合仪表不工作，则应检查仪表电源电路是否正常，组合仪表的电源电路如图 4—2—10 所示。

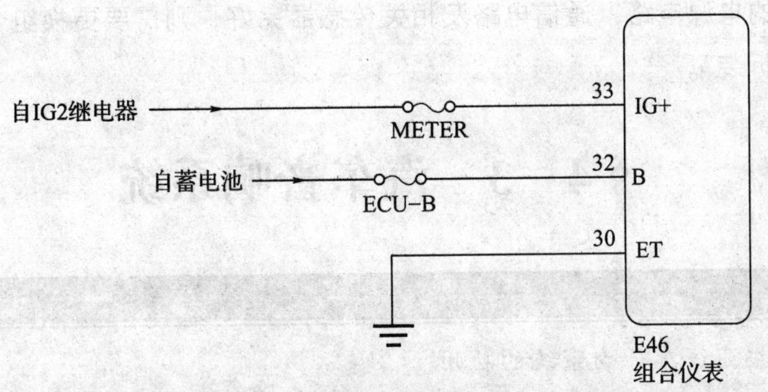

图 4—2—10　组合仪表电源电路

1）检查蓄电池电压，应为 11～14 V，否则应充电或更换蓄电池。

2）关闭点火开关，断开蓄电池的负极，断开组合仪表 E46 连接器。

3）检查搭铁电路。使用万用表电阻挡，检查 E46/30－GND，应小于 1 Ω，否则修复搭铁电路。

4）检查供电电路。连接蓄电池负极，打开点火开关，使用万用表电压挡检查 E46/33 或 E46/32－GND，应为 11～14 V，否则检查 METER 熔丝、ECU－B 熔丝是否完好，相关线路应无断路或短路现象。

(3) 通信电路的检修

当车载网络系统存在故障码，即通信网络系统存在故障，且发动机转速、冷却液温度、车速等信息无法在组合仪表上显示，则发动机电脑（ECM）或防滑控制 ECU 与组合仪表 ECU 之间的 CAN 总线通信存在故障，如图 4—2—11 所示。CAN 总线的检修方法见§4—1。

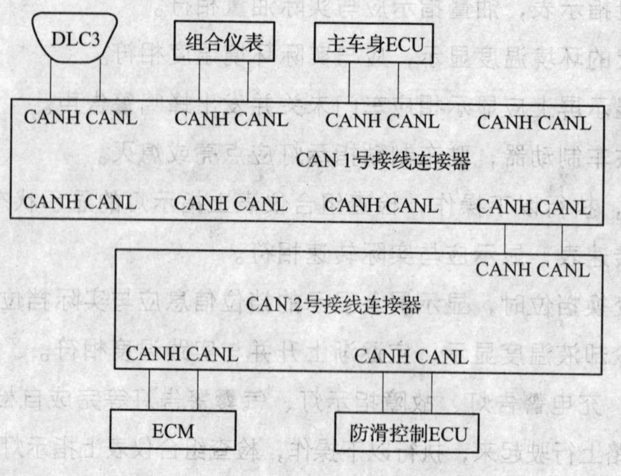

图 4—2—11 组合仪表通信电路

（4）传感器电路的检修

使用故障诊断仪读取并检查发动机冷却液温度传感器、油箱油位传感器、车速传感器、安全带警告传感器等工作数据，应正常；否则应检修相关传感器及电路。

（5）更换组合仪表

当组合仪表的电源电路、通信电路及相关传感器完好，则需要更换组合仪表，更换方法见“组合仪表的拆装”。

§4—3 汽车音响系统

学习目标

1. 能正确描述汽车音响系统的功用。
2. 能正确描述汽车音响系统的组成和各部分作用。
3. 能正确描述汽车音响系统的工作原理。
4. 能对汽车音响系统进行防盗解码操作。

一、汽车音响系统的功用

随着电子技术的不断发展，以及人们对生活质量要求的提高，汽车音响系统也在快速发展。汽车音响系统是评价汽车舒适性的一个重要指标，主要使用收音机和磁带放音机，很多轿车还装有 CD 激光唱机，用于播放录制好的数字信号。

汽车音响系统的功用有播放广播，让驾驶员随时获取路况交通信息和新闻；播放音乐，让驾驶员在驾车途中得到放松。有些中高档汽车的音响系统还可以播放电影、电视，具有防盗功能等。

二、汽车音响系统的组成

汽车音响系统主要由天线、收放机、CD 激光唱机、放大器和扬声器等组成，如图 4—3—1 所示。一些中高档汽车音响上还有 DAT 数码音响、DSP（数码信号处理器）、电子分音器、电视接收系统、VCD 和 DVD 多媒体立体声影音系统等综合装置。

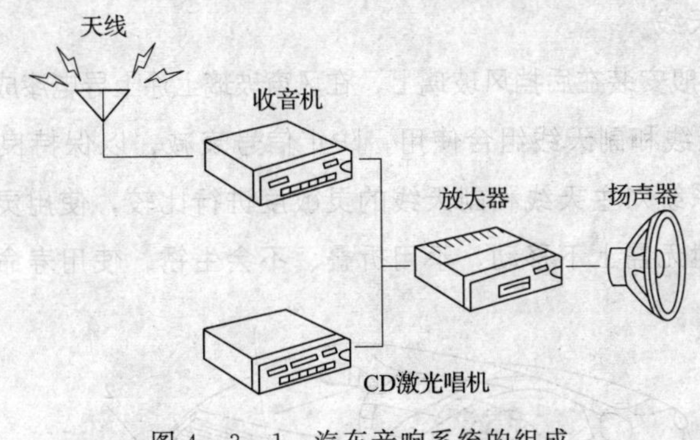

图 4—3—1　汽车音响系统的组成

1. 天线

天线的作用是接收广播电台发射的高频电波，再通过高频电缆传输给汽车收音机、激光唱机等无线电调频装置。天线是无线电信号通往无线电调频装置的“大门”，是产生良好声音的重要元件。车身上的天线主要分为在车身上伸出的拉杆天线和嵌在后窗玻璃上的隐藏式玻璃印刷型天线两种。

（1）拉杆天线

拉杆天线一般安装在车身前、后翼子板上，或车顶中后部位置，如图 4—3—2a 所示。有些汽车的拉杆天线采用电动天线，通过电动机来控制天线的升降，如图 4—3—2b 所示。电动机的通电与音响的电源开关（ON/OFF）联动，打开音响电源时，天线伸出；关闭音响电源时，天线缩回。还有的天线做成一个外部造型，附着在车身某个部位，如图 4—3—3 所示。

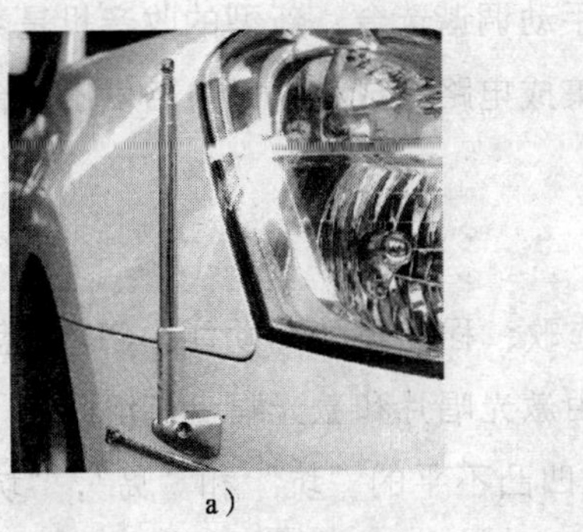

a）

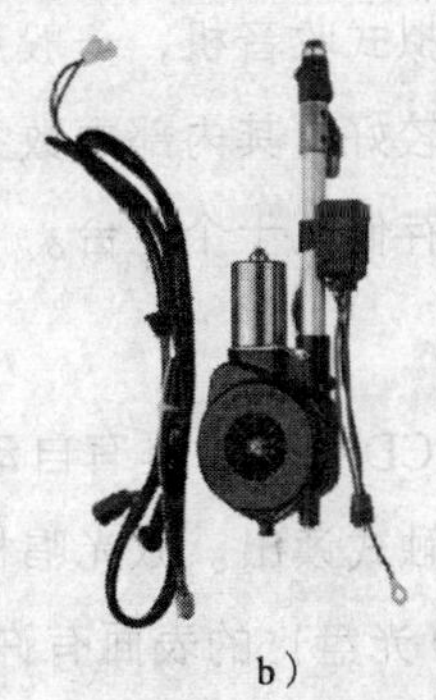

b）

图 4—3—2　天线

a）拉杆天线　b）电动天线

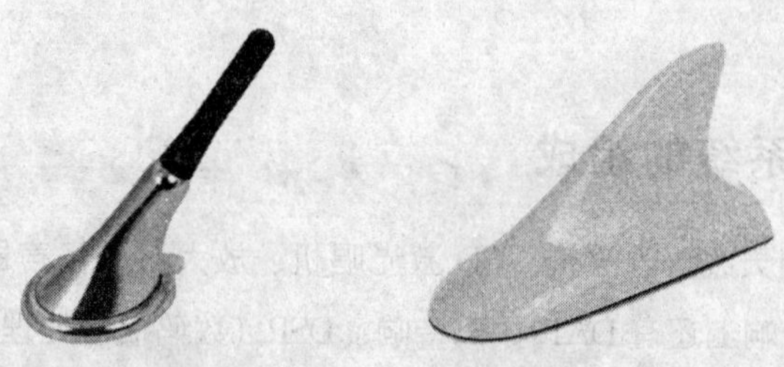

图 4—3—3 天线外部造型

(2) 玻璃印刷型天线

玻璃印刷型天线一般安装在后挡风玻璃上，在风窗玻璃上涂上导电漆成为天线，如图 4—3—4 所示。这种天线由主天线和副天线组合使用，防止信号衰减，以保持良好的接收条件。当主天线灵敏度变弱时，系统对主天线和副天线的灵敏度进行比较，使用灵敏度较好的一根。玻璃印刷型天线在使用时无需上下移动，不用折叠、不会生锈，使用寿命较长。

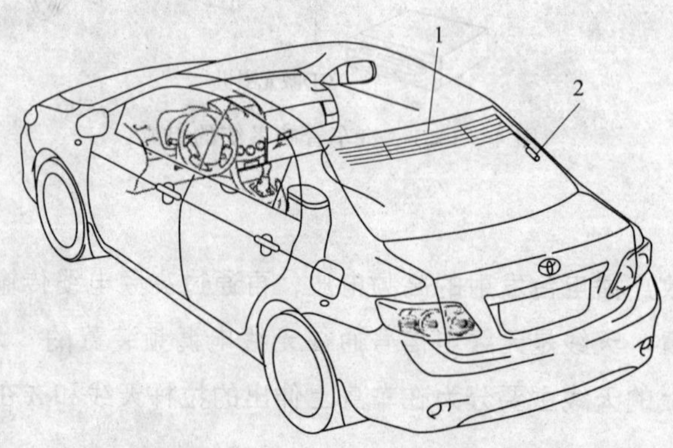

图 4—3—4 玻璃印刷型天线

1—玻璃印刷型天线 2—天线放大器

2. 收音机

收音机是无线电接收装置，用于接收广播节目。广播信号分为调幅（AM）和调频（FM）两种，两种信号都能接收的收音机需有两只调谐器，分别用来接收调幅和调频信号。传统的收音机是模拟式收音机，一般用手动调谐选台；新型的收音机是数字式收音机，工作稳定性和抗振动性较好，其内部由数字集成电路组成，内部电路发出选台、存储、控制和显示信号等，一次可存储几十个电台。

3. 激光唱机

激光唱机又称 CD 唱机，具有自动选歌、程序重放等功能，CD 光盘信号通过激光的光拾音作用进行非接触式读出。激光唱机由激光唱片和激光唱盘机组成。

激光唱片（CD 光盘）的表面有许多凹凸不平的“坑”和“岛”，“坑”与“坑”的长度和间距不同，可以组成多种信号，如图 4—3—5 所示。

激光唱盘机一般由机械转盘系统、激光拾音器、伺服系统、信号分离与处理电路、数模转换电路、控制及显示电路等组成。

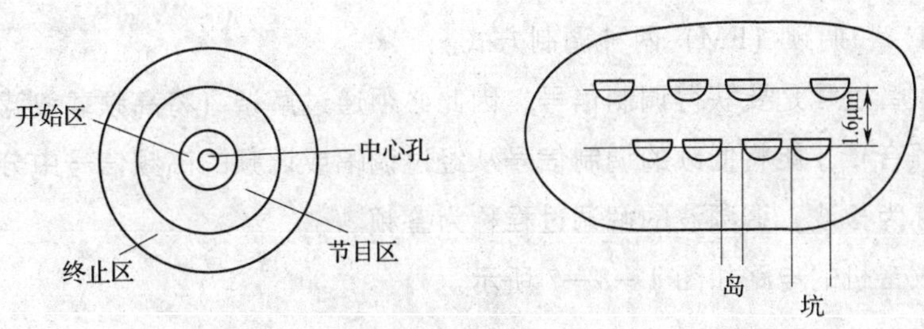

图 4—3—5　激光唱片的结构

4. 放大器

放大器的作用是将各种节目信号进行电压放大和功率放大，推动扬声器发出声音。放大器包括前置放大器、功率放大器和环绕声放大器。

5. 扬声器

扬声器包括主扬声器、环绕声扬声器等，是汽车音响系统的终端，最终决定车厢内的音响性能。主扬声器由低音扬声器、中音扬声器、高音扬声器和分频网络组成。环绕声一般只重放 7 kHz 以下的反射声，只需一个中低音喇叭即可。为了欣赏立体声音响，车上至少需要安装两个喇叭。

6. 辅助音频输入接口

辅助音频输入接口主要包括 USB 接口、3. 5 mm 音频输入接口（AUX）、SD 卡接口等，如图 4—3—6 所示。这些接口的作用是增加移动存储设备的接入路径，方便拓展视频和音频资源，提高娱乐资源的丰富性和多样性。

图 4—3—6　辅助音频输入接口

三、汽车音响系统的工作原理

1. 收音机的工作原理

在无线电广播信号传播过程中，人们听到的音频信号是低频信号，能量很小，无法进行远距离传送。因此，必须将音频信号调制成高频电波才能进行远距离传递。

调制是使载波信号某项参数（如幅度、频率或相位）随调制信号的变化而变化，从而将调制的信号“装载”到载波的过程，即把低频信号“装载”到高频信号上，再由发射天线发送。通常把被传送的低频信号称为调制信号，把运载低频信号的高频信号称为载波。一般多采用调幅（AM）和调频（FM）两种调制方式。

收音机的收音过程是要获得调制信号，因此必须通过解调（将高频载波滤去，因为人的耳朵听不到高频音）才能将低频的调制信号从经过调幅或调频的高频信号中分离出来。调幅波的解调过程称为检波，调频波的解调过程称为鉴频。

典型汽车收音机的电路如图 4—3—7 所示。

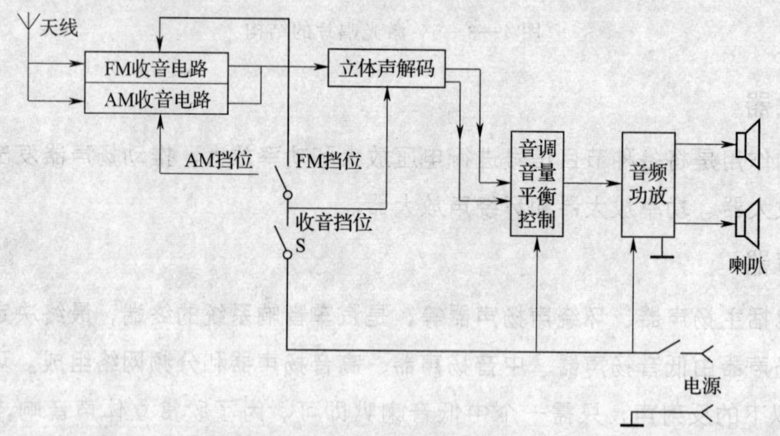

图 4—3—7 汽车收音机电路工作原理图

（1）调频收音工作原理

1）调谐器变频。调谐器的变频工作原理如图 4—3—8 所示。

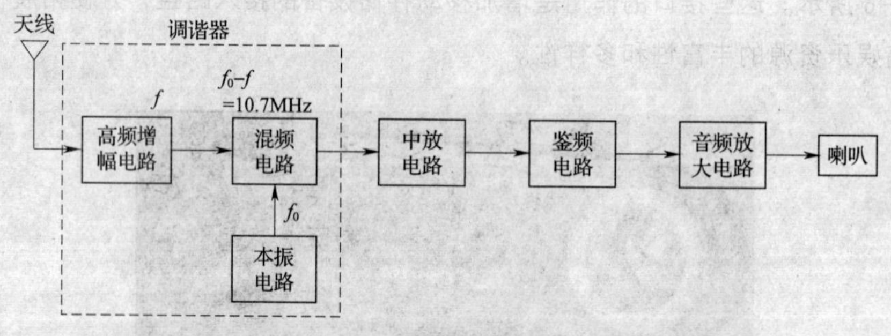

图 4—3—8 调谐器的变频工作原理

高频增幅：把天线所获得的电波在调谐器中进行增幅，与此同时去除干扰波。

变频：从众多的无线电波中选择符合要求的发射波，从发射波（被称为运载波的高频部分）把调制信号（可听频率）分离取出到中频信号上，FM 调谐器工作过程是变频的过程，最后得到固定的中频调频信号（其频率为 10.7 MHz）。

2）中频放大。利用中频放大电路对中频信号进行适当放大，目的是为了提高接收灵敏度。

3）鉴频。经过中频处理的 FM 变频波，在检波电路中去除运载波，以析出立体声导向信号（19 kHz）和立体声左右方向信号（L、R）的合成信号（L−R、L+R），并将这些信号送至立体声解调电路。

4）立体声解调。立体声解调器又称立体声解码器，其作用是把由中频放大部分送来的鉴频立体声复合信号（L－R、L＋R）还原成 L、R 两个声道的信号。

5）音频音量平衡控制。从前置放大器送来的音频信号（AM/FM）或磁带放大器输出的音频信号，通过音频控制电路、音量控制电路和音量平衡电路，来获得高低音调、音量大小和校正左右声道的音量差别。

6）音频功效。音频功放利用音频功放电路即左右声道功率放大电路，使左右声道的音频功率放大，能驱动喇叭正常工作；同时也保证放大性能参数是一致的。

7）喇叭（扬声器）。喇叭的作用是将已放大的音频信号通过喇叭电路使喇叭发出声音。

（2）调幅收音工作原理

调幅（AM）收音的工作原理如图 4—3—9 所示。

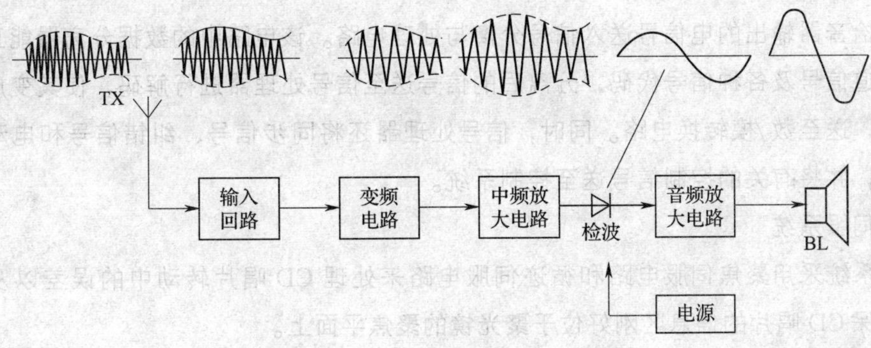

图 4—3—9　调幅收音工作原理

1）变频。天线接收到高频调幅信号，由输入回路选择出所要接收的高频调幅信号，送入变频器，经混频后得到一个 465 kHz 中频。

2）中频放大。调幅中放一般为 1～3 级，通常采用调谐式负载，经过 1～3 级中频放大电路（谐振频率都为 465 kHz）放大后，再送入检波器进行检波。

3）检波。经过末级中放调幅后，通常用二极管进行半波检波，再经过电阻、电容等组成的滤波电路后得到一条平滑的音频包络线。检波后得到的音频送入立体声解调电路，再经过音调音量平衡控制，进入功放电路，由喇叭放音。

2. 激光唱盘机的工作原理

（1）激光拾音器

激光拾音器又称光学头，是激光唱机的信号传感器，由激光源、聚光镜、反射镜等组成，如图 4—3—10 所示。

激光拾音器按工作方式可分为单激光束和三激光束两种。以单激光束为例，激光源产生一束 0.8 μm 的光源，通过偏棱镜和聚光镜射在 CD 唱片的信号“坑点”上。“坑点”的长度和间隔随音乐信号的变化而不同。在“坑点”处，由于反射光干涉，返回聚光镜的量少；在没有“坑点”处，唱片表面光滑，反射光全部返回聚光镜。光电接收器根据聚光镜返回的光量多少来判断有无“坑点”，并以数字 0 或 1 输出电平信号。在扫描过程中，激光拾音器随唱片的转动由内向外拾取信号。

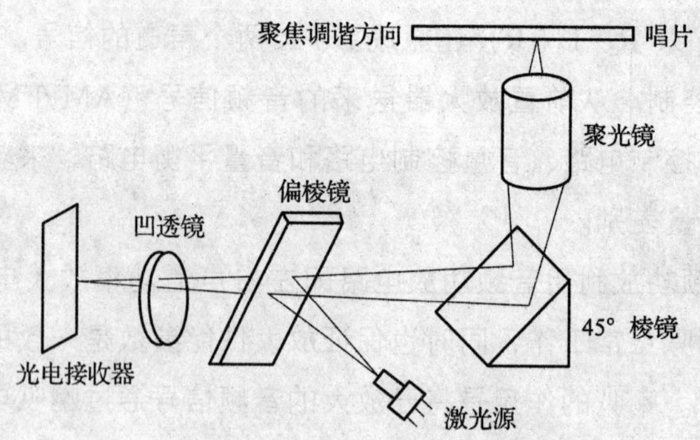

图 4—3—10　激光拾音器的组成

(2) 信号分离与处理电路

激光拾音器输出的电信号送入信号分离与处理电路。该电路中的数据分离器能正确识别左、右声道信号及各种信号代码，分离后的信号送至信号处理器进行解码，使其变成标准的脉冲编码，送至数/模转换电路。同时，信号处理器还将同步信号、纠错信号和电动机测速信号检出，并将有关的控制信号送至控制系统。

(3) 伺服系统

伺服系统采用聚焦伺服电路和循迹伺服电路来处理 CD 唱片转动中的误差以及唱片误差，以确保 CD 唱片的信息区刚好位于聚光镜的聚焦平面上。

(4) 数模转换电路

数模转换电路又称 D/A 转换器，用于将激光拾音器送来的数字信号转换成音频模拟信号。

(5) 控制系统和显示器

控制系统能够对激光拾音器等传送的数字信号进行分析，获得各种控制依据，并对电动机、伺服系统和显示器实施控制。

显示器能够显示各种控制信息，如正在播放的曲目、播放方式、播放时间等。

3. 辅助音频输入的工作原理

辅助音频输入的工作原理如图 4—3—11 所示。当通过辅助音频输入接口，接入拓展的移动存储资源后，通过仪表板上的“AUX”按钮，可把收音机、CD 唱机的音频输入切换到辅助音频输入。

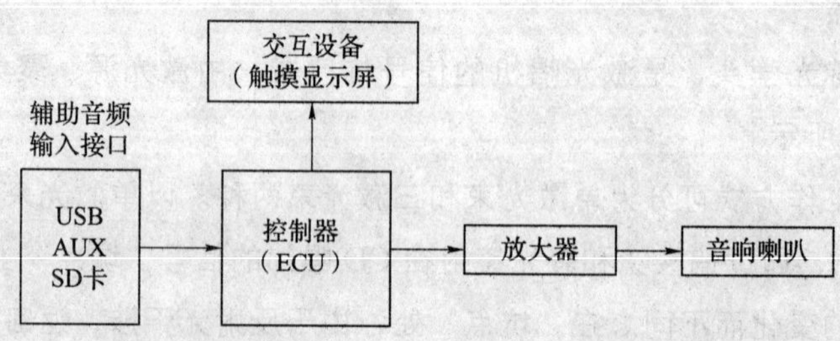

图 4—3—11　辅助音频输入的工作原理

当音响系统切换为辅助音频输入时，辅助音频输入的控制器读取外接设备的资源并在交互设备（显示屏）中显示，乘员可通过交互设备（触摸显示屏）点播音频资源，资源的音频数据信号通过放大器放大处理后，经喇叭播放出来。

四、汽车音响的防盗与解码

1. 汽车音响防盗

现代高级轿车中配备了较高档的音响设备，为了防止音响设备被盗，大多设置了防盗系统。汽车音响的防盗功能一般是通过锁止音响系统的使用来实现的。

(1) 防盗触发

当出现以下任一情况时，防盗系统开始工作，自动锁死音响设备。

1) 音响被盗。

2) 更换蓄电池或拆下蓄电池的电源线后，主机断电后未能及时提供存储保持电压。

3) 蓄电池严重亏电，不能维持汽车音响的存储保持电压。

4) 音响的电源熔丝因故熔断或拔下了音响熔丝。

5) 音响的电源电路断电，使音响无存储保持电压。

6) 拔掉音响连接器，致使音响电源中断。

(2) 汽车音响防盗密码的形式

1) 固定密码，如奔驰、宝马等。

2) 可变密码，如凌志 LS400、丰田大霸王等。

固定密码和可变密码均是通过防盗集成块来控制的，也有的防盗系统集成于音响的 CPU 中。防盗集成块具有读、写、字擦除、片擦除及数据时钟功能，它与主机共同控制音响防盗功能。

2. 汽车音响解码

(1) 汽车音响密码的获取方法

汽车音响密码的获取方法较多，主要有在原车上查找和用读码器读取两种方法。

(2) 汽车音响防盗系统的解码方法

1) 硬解码法。更换防盗集成块管脚的某些线路，适用于固定密码的解码。

2) 软解码法。输入通用码来解除防盗。该方法不需要更改线路，适用于可变密码的解码。

3) 断电法。某些机型只需切断防盗集成电路的电源电路即可。

4) 综合法。即同时使用硬解码法和软解码法。

(3) 汽车音响系统的解码操作

现代中高档轿车常见的音响解码方法如下：

1) 大众帕萨特 B5 音响解码

上海大众生产的帕萨特 B5 音响分为两种类型，一种为 T 型，另一种为 B 型，但其音响防盗原理相同，解码的程序也一样。

①便捷型音响密码系统。在此之前，每次卸下音响主机或拆除蓄电池接线后，均需人工取消防盗密码。有了便捷型音响密码系统后，首次将编码数字输入音响主机后，它还同时储

存在车辆中。车辆供电中断后，汽车音响会自动将其密码数字与存储在车辆中的密码加以比较，如密码相符，则在短短几秒后音响便可工作，不再需要人工取消电子锁定。

②取消电子锁定。当音响断电后，防盗密码系统将音响电子锁定，开机后则显示“SAFE”字样，解码程序如下：开机显示屏显示“SAFE”字样，3 s 后显示屏显示“1 000”。使用存台键将贴在“音响资料卡”上的代码输入，按 1 键输入第一位，按 2 键输入第二位，依次类推。然后按搜索键或按手动调谐键，按住 2 s 以上松开。如果输入的密码正确，则很快便会自动显示频率，音响便可工作。

2）奥迪 A6 AUDI GAMMA 音响解码

①打开收音机，显示屏上显示“SAFE”，表示收音机已被锁住。

②同时按住“U”键和“M”键，待显示屏上显示“1000”后松开。之后不能再同时按住以上两键，否则“1000”将会作为密码被输入。

③4 个调谐预置键（1、2、3、4）兼做解码键，用 1 键输入千位码，由于技术上的原因千位码只能是 1 或 0，用 2 键输入百位码，是几就按几下，以此类推。显示屏上会显示出输入的密码。

④同时按下“U”键和“M”键，待显示屏上显示“SAFE”后松开，等待片刻后显示屏自动显示一个电台频率，至此，锁住的收音机已被打开，能正常工作了。

如果输入的密码是错误的，则“SAFE”不会消失，这时可以重新输入密码。如果两次输入的密码都是错误的，则“SAFE”需 1 h 后才能消失，这期间应一直打开收音机。

3）上海别克轿车音响解码

①接通点火开关，显示屏显示“LOC（锁止）”。

②按住“MN”（分钟）键，直到显示屏显示“000”。

③再按“MN”键使后 2 位数与密码相同。

④按“HR”键使前 1 位或前 2 位数字与密码相同。

⑤确认这个数字与记下来的密码相符之后，按住“AM～FM”键，直到显示屏显示“SEC”（安全），表明音响系统可以恢复工作，并上保险。

需注意的是，在按以上步骤输入密码时，在任何 2 个步骤之间停顿不应超过 15 s。如果输入 8 次错误密码，则显示屏上显示“INOP（不工作）”，再次尝试输入之前应使点火开关接通并等待 1 h，且再试时，在 INOP 显示之前，只有 3 次输入正确密码的机会。

五、汽车音响系统的检修

1. 询问用户法

在遇到故障时，一般先不要急于动手拆修，应先问清用户故障现象、故障时间、有无自行修理、有无请过人修理、已修理的部位等。通过询问用户，可以获得第一手资料，少走弯路，提高效率。

2. 观察法

观察法就是不用仪表、仪器，而依靠维修人员的视觉检寻故障的方法。该方法是汽车音响检查中最常用的方法之一，是故障检测的基础。该方法尤其适合于检修汽车音响中的机械类故障，常与其他检测方法配合使用，并贯穿在整个修理过程中。

3. 听声检查法

听声检查法就是通过人的听觉感官，感受汽车音响的放音效果，判断故障的检修方法。听声检查法主要是根据声音的强弱、失真、噪声的有无来判断故障。汽车音响在修理前后都要经过试听，通过试听不仅可以客观地感受汽车音响的效果，还可以准确地判断故障性质、类型。无论是机械类故障还是电路类故障，均可通过听声判断出具体的故障原因及故障部位。

4. 面板操作压缩法

面板操作压缩法是利用汽车音响上的各种功能开关、按键旋钮、连接器等装置，进行各种不同的操作、切换，迅速地压缩故障范围，进而大致判断故障所在范围的一种检查方法。

5. 万用表检测法

当音响系统（尤其是电路系统）出现故障时，有关部位的工作状态必然出现反常现象，并且总是以电阻、电压及电流的变化反映出来。这些变化量通过万用表可以很方便地测量出来。万用表检测法通常采用电阻、电压及电流等检测项目，对待修机中怀疑有故障的部位及元器件进行逐一检测，适用于电流变大、电压变低、短路、噪声和自激等故障的检查。

6. 元器件替换和并联法

元器件替换就是使用合格的元器件来替换电路中可疑的元器件，或在元器件上再并联一个相同规格的合格元器件，以观察系统有无变化的检查方法。该方法能迅速地找出故障元件，恢复机器的正常工作状态，适用于小容量电容器内部开路、变质，电阻时断时通，晶体管性能不良等故障。并联法只对元器件开路、失效等故障有效，对漏电、短路故障无效。

7. 信号追踪法

信号追踪法是利用一定的信号发生器（低频信号发生器或高频信号发生器）的信号或干扰信号，按照电路从后级至前级的顺序（先低频，后中频，再高频）逐级加入待修音响的各级放大电路的输入端，而后用万用表检测输出信号电压的大小，或比较喇叭声音的大小，进而判断出故障所在位置的方法。

8. 短路检查法

短路检查法是利用短路线（或串接有电阻、电容的线）将电路的某一部分短接，依据喇叭中的声音变化情况来判断故障的一种方法。可由后级开始，向前逐级短接检查。需要注意的是：在使用短路法检查故障时，应根据故障现象来确定合适的短路点，然后再根据短路点直流电压的大小，以及该点直流电压对电路工作点状态的影响，来确定用何种短路线。

§4—4 汽车车载电话系统

学习目标

1. 能正确描述汽车车载电话系统的功能。
2. 能正确描述汽车车载电话系统的组成和各部分功用。
3. 能正确描述蓝牙免提电话系统的组成和工作原理。
4. 能正确识读和分析蓝牙免提电话系统的电路图。

一、车载电话的功能

车载电话是为了提高驾驶员在行驶过程中与外界通信的便捷性、安全性和舒适性而设计的，随着无线技术的发展，很多驾驶员在车上安装了车载电话。车载电话一般具有接打电话、收发短信、来电显示、通话管理、通讯录、数字拨号、上网、设置时间和日期等功能。此外，还有一些车载电话带有蓝牙功能。

二、车载电话系统的组成和功用

以上海别克君威 GS 轿车的车载电话系统为例，车载电话系统主要由移动电话、车载电话控制模块、车载电话副机、转向盘音响/车载电话控制开关、麦克风、右前扬声器、音响系统等组成，如图 4—4—1 所示。

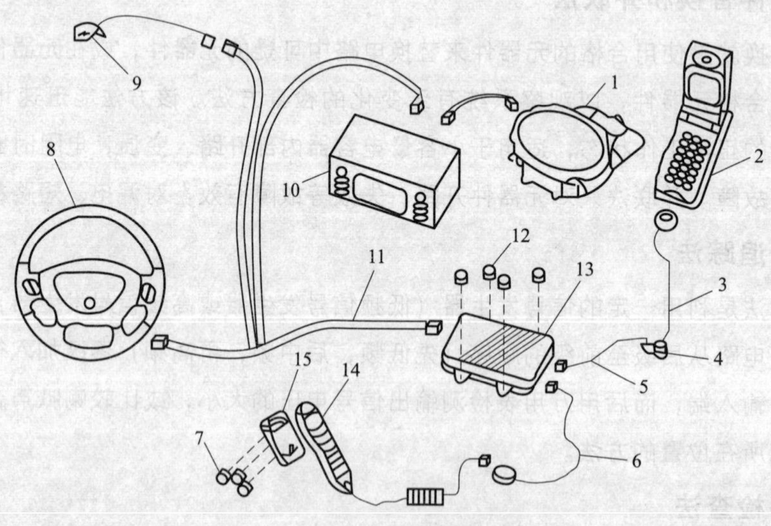

图 4—4—1 车载电话系统的组成

1—右前扬声器 2—移动电话（用户自配） 3—信号线 4—移动电话转接头 5—信号连接线 6—车身线束 7—车载电话副机机座固定螺钉 8—转向盘音响/车载电话控制器 9—带线束的麦克风 10—音响主机（收音机/DVD 机） 11—仪表板线束 12—车载电话控制模块固定螺钉 13—车载电话控制模块 14—带线束的车载电话副机 15—副机机座

1. 移动电话

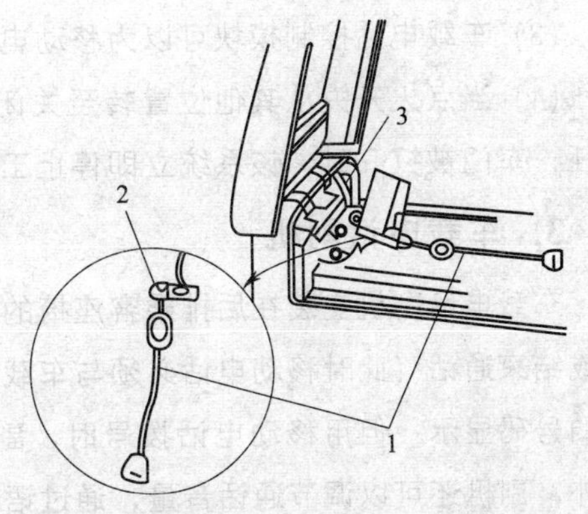

图 4—4—2　移动电话转接头安装位置

1—信号线　2—移动电话转接头　3—信号连接线

车载电话系统的信号接收和发送是由移动电话完成的，移动电话需与相应型号的信号线配套使用。选定移动电话和信号线后，先对移动电话进行设置，选择车载免提或自动接听功能。将移动电话连接到车载电话系统后，右前扬声器会发出“嘟嘟”两声提示音，表示接入成功，音响系统显示屏也有相应的显示；否则，车载电话系统不能正常工作。移动电话通过移动电话转接头连接到车载电话系统，移动电话转接头安装在置物箱内，如图 4—4—2 所示。

2. 车载电话控制模块

车载电话控制模块安装在仪表板下方、前排乘客座椅的左侧，安装位置如图 4—4—3 所示。控制模块上有 3 个接线连接器：其中一个经转接后接移动电话，即图 4—4—1 中的 2、3、4、5；一个经过后排座椅接至后座中间的副机，即图 4—4—1 中的 6、14；还有一个再分为 3 路，分别接至图 4—4—1 中的 8、9 和 10。

车载电话控制模块负责控制整个车载电话系统的协调工作，具有以下功能：

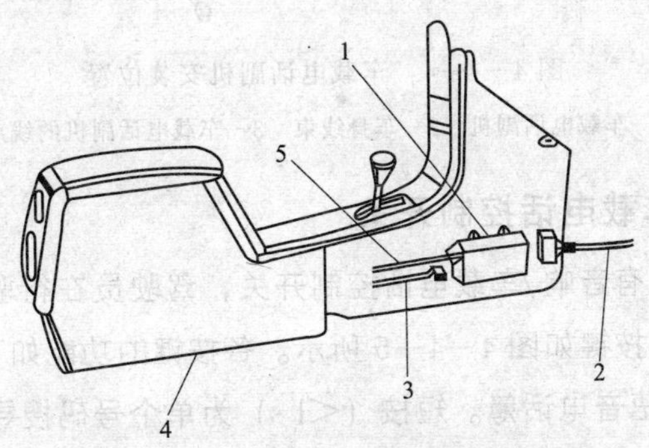

图 4—4—3　车载电话控制模块安装位置

1—车载电话控制模块　2—仪表板线束　3—车身线束

4—副仪表板　5—信号连接线

(1) 当有来电时，如果收音机已打开，则音响自动静音，并切换至车载电话工作状态；如果收音机不在工作，则收音机被唤醒，也进入车载电话工作状态。通话结束时，收音机自动恢复至原来的状态。

(2) 当有来电时，如果对方的电话号码及姓名已经录入车载电话控制模块的语音电话簿，则先报出对方姓名，再进入通话状态；如果对方的电话号码及姓名未录入语音电话簿，则报出对方的电话号码，再进入通话状态。语音电话簿最多可储存 100 组电话号码，并且在控制模块断电后，数据不会丢失。

(3) 车载电话控制模块可以为移动电话充电。

(4) 当点火开关从其他位置转至关闭位置时，车载电话系统可以继续工作 10 min，但当任一车门被打开时，该系统立即停止工作。

3. 车载电话副机

车载电话副机安装在后排乘客座椅的两靠背中间，如图 4—4—4 所示。副机可以直接拨号或结束通话（此时移动电话必须与车载电话系统相连）。副机拨号时，移动电话上会有相应的号码显示；但用移动电话拨号时，副机上没有相应的号码显示，只显示“正在连接”。此外，副机还可以调节通话音量，通过语音电话簿拨号，编辑姓名及电话号码等。

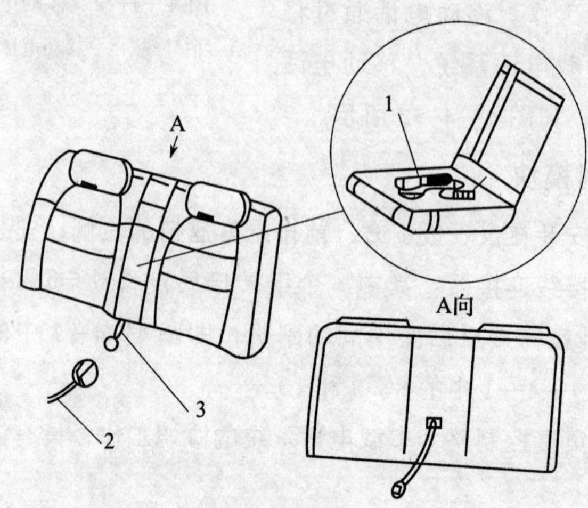

图 4—4—4 车载电话副机安装位置

1—车载电话副机 2—车身线束 3—车载电话副机的线束

4. 转向盘音响/车载电话控制开关

汽车的转向盘上安装有音响/车载电话控制开关，驾驶员在行驶时可以方便地进行音响和车载电话操作，控制器按键如图 4—4—5 所示。各按键的功能如下：

SEEK△：向上搜寻语音电话簿。短按（<1 s）为单个号码搜寻，长按（>3 s）为快速搜寻（每次跳 10 组电话号码）。

SEEK▽：向下搜寻语音电话簿。短按（<1 s）为单个号码搜寻，长按（>3 s）为快速搜寻（每次跳 10 组电话号码）。

SCAN：快速搜索每个电台或曲道并播放几秒钟，直到再次按下 SCAN 键，选定当前电台或曲道。

AM/FM：收听广播，在 AM 和 FM 频道之间进行切换。

SRCE：在 AM 或 FM 频道模式时按下此按键，音源会转换到 CD 模式；在 CD 模式时按下

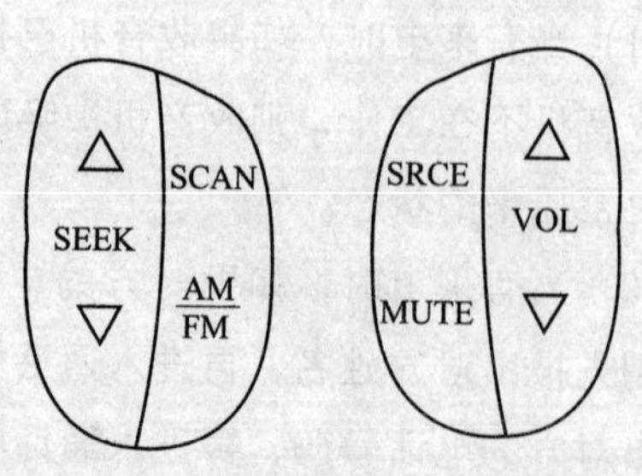

图 4—4—5 转向盘音响/车载电话控制器

此按键，音源会转换到 AM 模式。

MUTE：在音响状态时，短按该键静音，长按进入车载电话模式；此时，如果再按该键，则重拨上一次通话的电话号码。在车载电话状态时，如果有来电，在语音提示结束前，短按此键拒接；电话接通后，再按此键则结束通话。

VOL△：调高音量。

VOL▽：调低音量。

5. 麦克风

麦克风安装在车内后视镜上，采用单指向性麦克风，如图 4—4—6 所示。在车载电话免提状态下，麦克风拾取声音信号，并将通话音源与噪声区隔离，通过车载电话控制模块将声音信号发射出去，以达到最佳的通话品质。

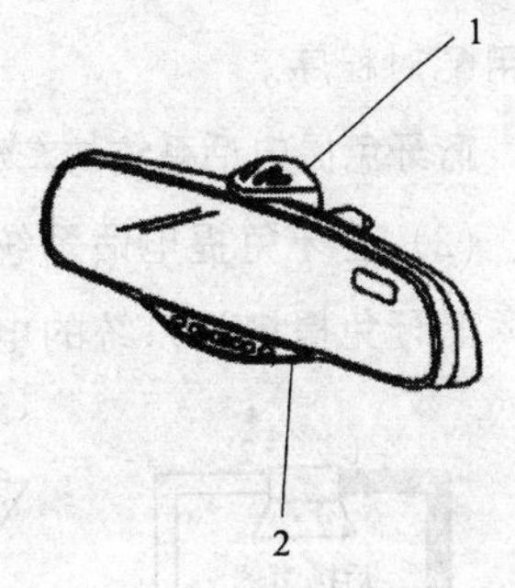

图 4—4—6　麦克风安装位置

1—麦克风　2—内后视镜

6. 音响系统

车载电话音响系统除了以上组成部分以外，还借助收音机主机、扬声器和显示屏工作，从而播放通话声音并通过显示屏显示来电或当前通话信息。

三、蓝牙免提电话系统

以 2010 款丰田卡罗拉轿车为例。

1. 蓝牙免提电话系统的组成

蓝牙免提电话系统与车载电话系统的组成类似，主要由移动电话（带蓝牙功能）、蓝牙天线、收音机总成（导航接收器总成）、蓝牙免提电话控制开关和扬声器等部件组成，如图 4—4—7 所示。

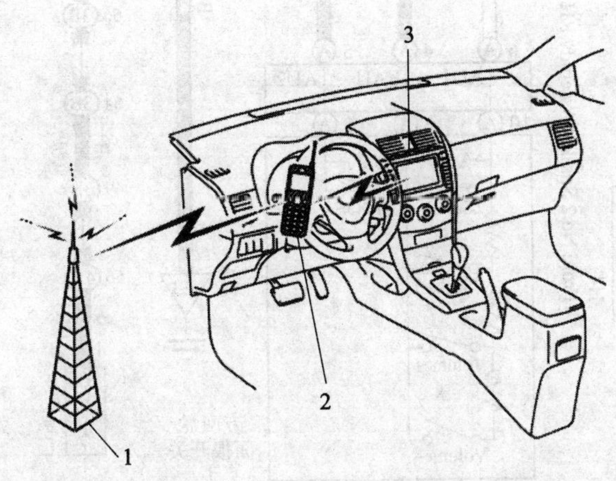

图 4—4—7　蓝牙片头电话系统

1—信号塔　2—移动电话（带蓝牙功能）　3—导航接收器总成（内置蓝牙天线）

2. 蓝牙免提电话系统的工作原理

（1）蓝牙免提电话系统的概述

“蓝牙”是 Bluetooth SIG 公司的注册商标，是一种使用 2.4 GHz 波段的新无线连接技术。该技术可将移动电话（带蓝牙功能）连接到收音机总成（导航接收器总成）。

为了使用免提功能，移动电话必须与车辆配对。一次至多有 5 个装置与车辆配对，但是只可连接一个设备工作。为使电话配对，客户必须知道如何使用电话的 Bluetooth 功能。每个电话设备只能进行一次配对程序，除非设备信息已被删除。出于安全性考虑，车辆行驶时停用配对程序。

蓝牙免提电话系统与车载电话系统相比，具有无需使用连接器直接与移动电话相连的优点。

（2）蓝牙免提电话系统的工作原理

蓝牙免提电话系统的电路如图 4—4—8 所示。

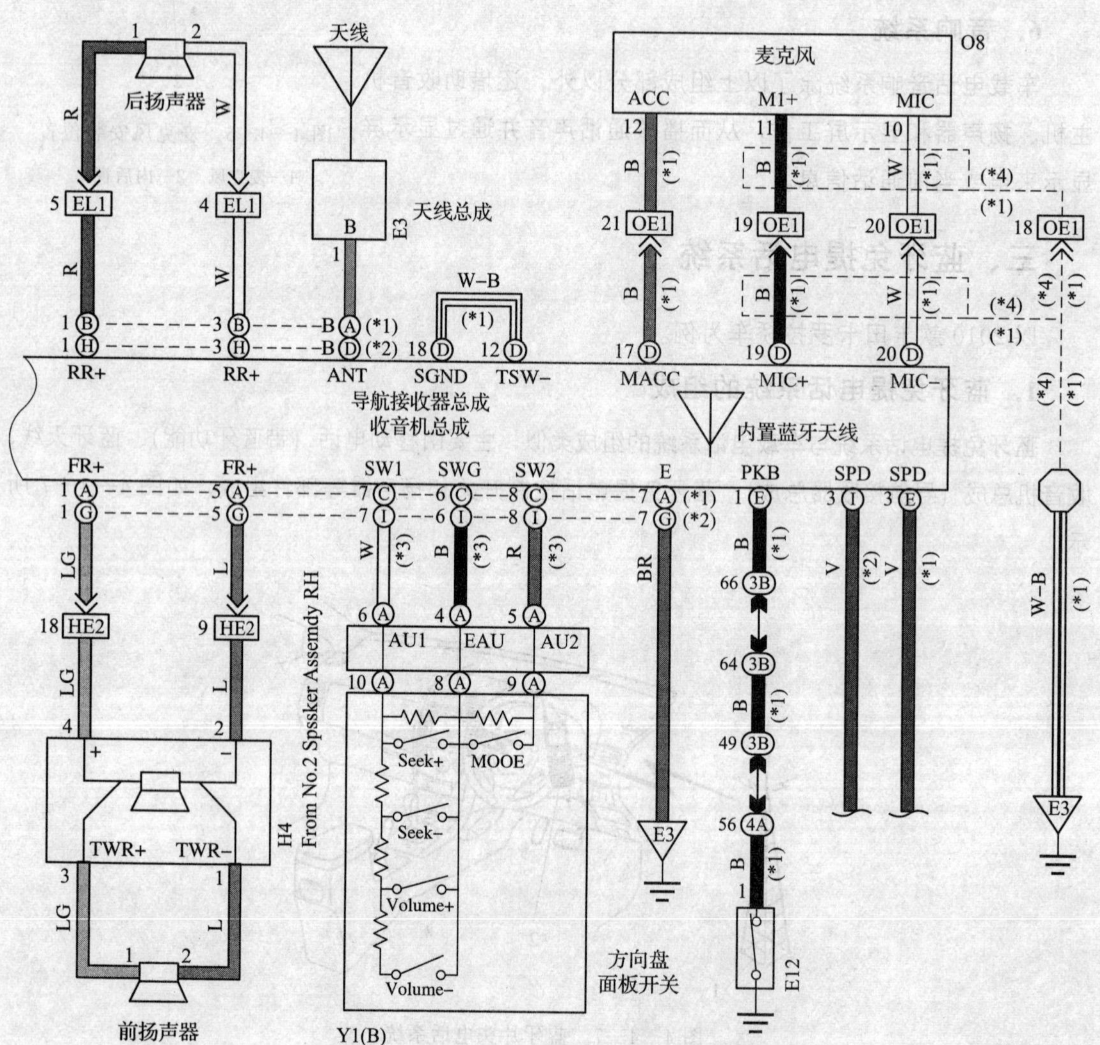

图 4—4—8 蓝牙免提电话系统的电路图

当移动电话的"蓝牙"系统与汽车收音机总成(导航接收器总成)内置的"蓝牙"系统配对连接,并且移动电话处于汽车蓝牙工作的信号范围之内,此时电话的来电提醒信息通过移动电话、内置蓝牙天线,传输给收音机总成(导航接收器总成),经收音机总成处理后,传输给扬声器输出。驾驶员通过方向盘上的面板开关接通来电,来电语音信息通过相同的方式经扬声器输出。同时,麦克风采集汽车内的语音信息,经收音机总成(导航接收器总成),采用相反的方式传输给移动电话。

对于高档配置的轿车,当驾驶员需要回电时,可利用手机自带或汽车自带的语音识别功能。驾驶员只要发出清晰的"呼叫某人"的语音,手机或汽车电脑会识别语音,执行相应操作,拨打相应人员的电话。

§4—5 汽车车载导航系统

学习目标

1. 能正确描述汽车车载导航系统的功用。
2. 能正确描述汽车 GPS 定位技术的工作原理。
3. 能正确描述汽车车载导航系统的组成和工作原理。

一、车载导航系统的功用

近年来,越来越多的人选择驾驶私家车外出旅游,但在驾车途中,如果只依靠纸质地图和道路标志行驶,常会因为不熟悉道路而走错路、绕弯路,因此,汽车车载导航系统应运而生。

车载导航系统又称为汽车 GPS 导航系统,是近年来兴起的一种驾驶辅助设备,能够为驾驶员指引方向。出发前,驾驶员只需将目的地输入车载导航系统,系统就会根据电子地图自动计算出最合适的行驶路线,驾驶员只需跟随电子地图和语音提示,就能在陌生的道路上轻松行驶,顺利到达目的地。

车载导航系统主要具备以下功能。

1. 路线检索功能

在车载导航系统中,驾驶员直接输入目的地名称、经纬度或电话号码进行检索,或在系统上任意选择两点后,系统会自动根据车辆当前的位置,快速计算出一条到达目的地的最佳路线,并计算出行驶路线的距离和估计用时等。

2. 瞬时自动再检索功能

车载导航系统具有瞬时再检索功能,如果驾驶员因为对路况不熟悉而错过某个路口,或者遇到道路交通堵塞、路段临时施工等意外情况,没有按照系统推荐的最佳路线行驶时,导航系统会根据车辆所在的新位置，重新计算出一条路线使车辆回到原来的行驶路线，或者重新设计一条从新位置到目的地的最佳路线。

3. 电子地图功能

车载导航系统中配备了电子地图，一般能覆盖全国各个大中城市，可以供驾驶员随时查看目的城市的道路、交通情况等。

4. 定位功能

车载导航系统通过接收卫星信号，可以准确定位车辆所在位置，并在电子地图上相应的位置上标记出来。

5. 实时语音提示功能

在导航过程中，为了使驾驶员提前掌握路面的变化情况，车载导航系统会在适当的时间进行语音提示。比如，一般道路在 300～700 m 之前，高速公路在 2 000 m、1 000 m、500 m 之前（按车辆当前行驶速度），导航会向驾驶员说明前方路面的情况，并播报高速公路进出口、十字交叉路口的名称、转弯路口距离、禁止左拐、禁止掉头、单行线等语音提示，以防驾驶员走错路或违反法交通法规。

6. 放大路口周围建筑物和交通标志功能

在车辆行驶到交叉十字路口前 300 m 处或高速公路进出口前 300 m 处时，车载导航系统都会自动放大显示路口附近的全画面地图，标出汽车的位置、路口名称、到路口的距离、转弯或变更高速出入口后的道路名称和方向。

7. 测速功能

车载导航系统通过接收卫星信号可以测算出车辆的当前行驶速度，及时提醒驾驶员有无超速。

8. 娱乐功能

在许多车辆上，车载导航系统和娱乐系统部件可以集成在一起，导航系统中的 GPS 接收机、控制单元、可视显示器、声音设备、存储器等可同时支持导航和娱乐功能。

二、GPS 定位技术概述

GPS 是英文 Global Positioning System 的缩写，是全球定位系统的简称。GPS 始于美国国防部研究建立的一种具有全方位、全天候、全时段、高精度的卫星导航系统，能向全球用户提供低成本、高精度的三维位置、速度和精确定时等导航信息，目前已在全球范围内广泛使用。

GPS 系统主要由空间部分、地面部分、用户部分 3 个部分组成，如图 4—5—1 所示。

1. 空间部分

空间部分由 24 颗卫星组成，其中 21 颗工作卫星，3 颗备用卫星。24 颗卫星均匀分布在

6 个轨道平面内，每个轨道 4 颗卫星。卫星轨道面相对地球赤道面的倾角为 55°，各轨道互成 60°夹角。GPS 卫星的位置分布情况如图 4—5—2 所示。

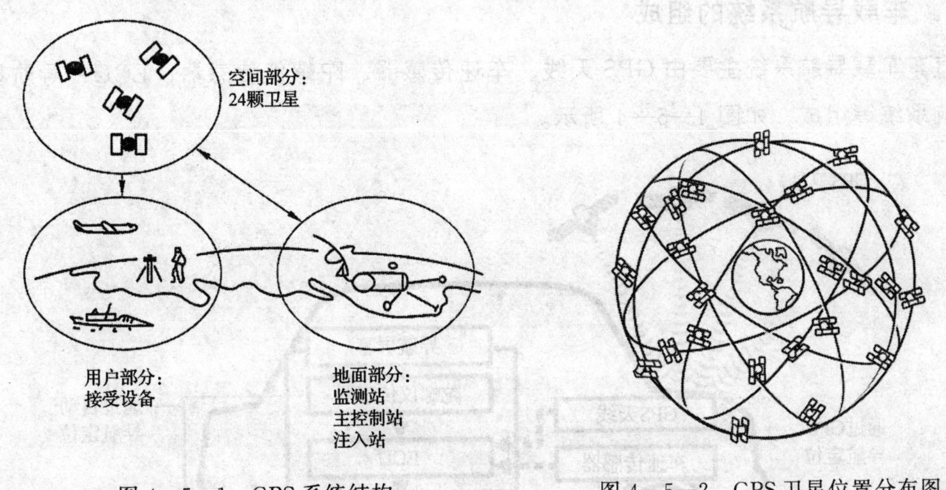

图 4—5—1　GPS 系统结构　　图 4—5—2　GPS 卫星位置分布图

GPS 卫星的轨道平均高度为 20 200 km，运行周期为 11 小时 58 分。每颗卫星每天约有 5 h 位于地平线以上，同时，位于地平线以上的卫星颗数随着时间和地点的不同而不同，最少为 4 颗，最多为 11 颗。这样的 GPS 卫星空间配置，可以保证在地球上的任何时间、任何地点，每一台接收机至少能同时收到 4 颗卫星的信号，以满足精密导航和定位的需要。

2. 地面部分

地面部分由 5 个监测站（Monitor Station）、1 个主控制站（Master Monitor Station）和 3 个注入站（Injection Station）组成。地面监控系统部分的主要任务是跟踪 GPS 卫星，调整卫星轨道和时钟读数，完成卫星时间同步等。

3. 用户部分

用户部分主要由各种类型的 GPS 接收机组成。GPS 接收机主要由主机、天线、电源、数据处理软件、微处理器、存储器及计算设备等组成，如图 4—5—3 所示。它的主要功能是接收 GPS 卫星发射的信号并进行相应地数据处理，以获得必要的导航和定位信息，以完成实时、高精度的导航和定位，满足用户的要求。

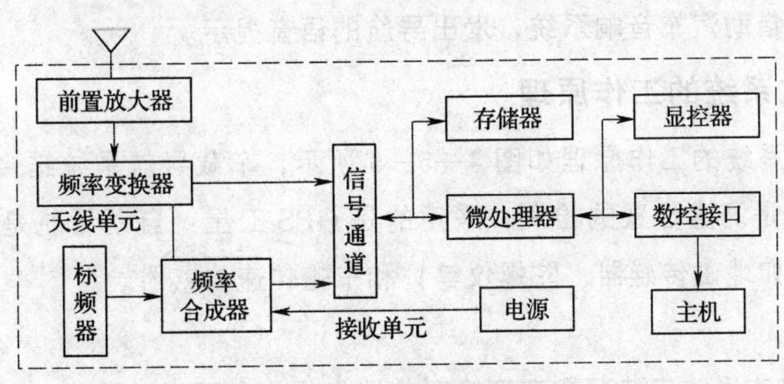

图 4—5—3　GPS 接收机的基本组成

三、车载导航系统的组成与工作原理

1. 车载导航系统的组成

汽车车载导航系统主要由 GPS 天线、车速传感器、陀螺仪传感器、ECU、导航显示屏及音响系统等组成，如图 4—5—4 所示。

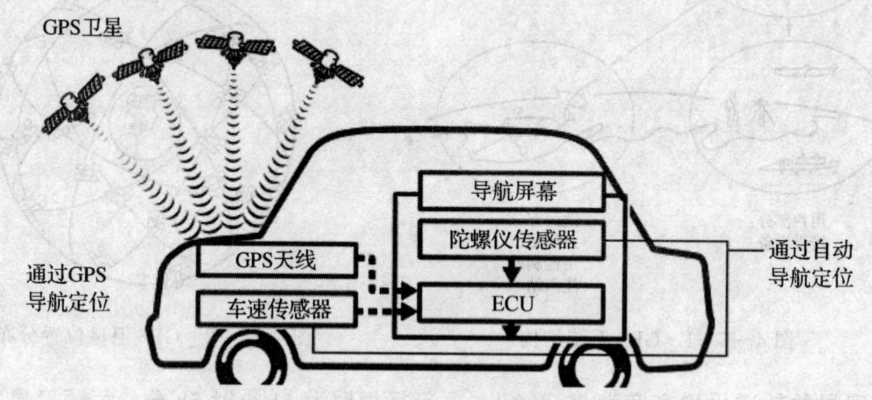

图 4—5—4 车载导航系统的组成

(1) GPS 天线

GPS 天线用于接收 GPS 卫星信号，并传输给 ECU。

(2) 车速传感器

用于检测车轮转速信号，ECU 根据转速信号计算汽车行驶距离。

(3) 陀螺仪传感器

位于导航 ECU（或“收音机和显示屏”总成）的内部，用于检测角速度，计算方向。

(4) ECU

根据 GPS 卫星信号、车速传感器信号、陀螺仪传感器信号、地图数据计算确定汽车位置和导航路线。

(5) 导航显示屏

根据导航 ECU 的计算和处理的结构，显示汽车位置、导航地图和路线。

(6) 音响系统

车载导航系统借助汽车音响系统，发出导航的语音提示。

2. 车载导航系统的工作原理

汽车车载导航系统的工作原理如图 4—5—5 所示，车载导航系统结合了 GPS 导航和自动导航。GPS 导航是测量位置的检测，采用的是 GPS 卫星；自动导航是推算位置的检测，采用方向传感器（如地磁传感器、陀螺仪等）和车轮转速传感器。

(1) GPS 导航

利用 GPS 卫星的无线电波获取车辆绝对位置坐标，创建行驶路线。

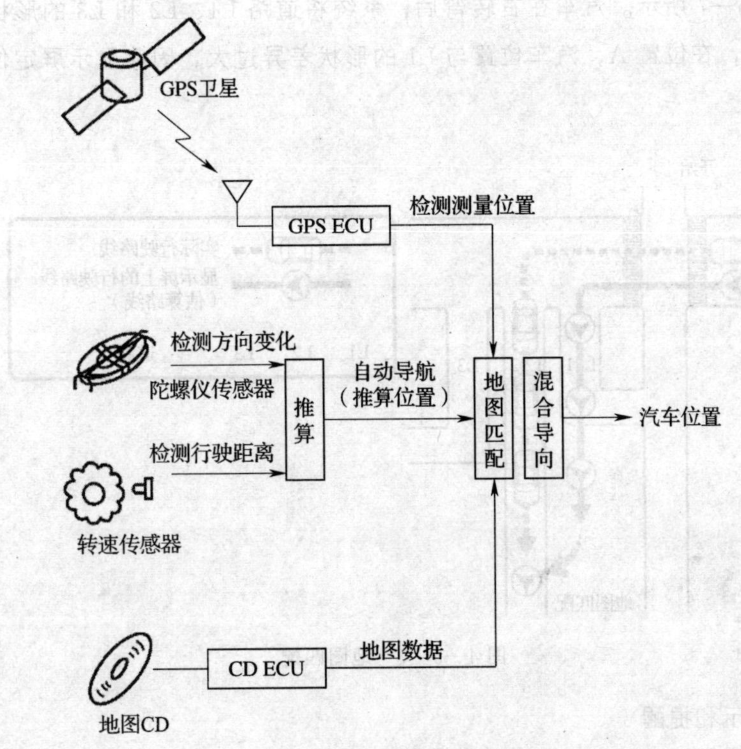

图 4—5—5　汽车车载导航系统的工作原理

（2）自动导航

自动导航使车辆处于 GPS 无线电波接收不到的地方，也可显示车辆位置，如图 4—5—6 所示。但是如果仅使用自动导航，测绘精度可能会稍有降低。该方法利用陀螺仪传感器的方向偏差信号以及车速传感器的行车距离信号计算当前车辆位置（方向和当前位置），然后创建行驶路线。

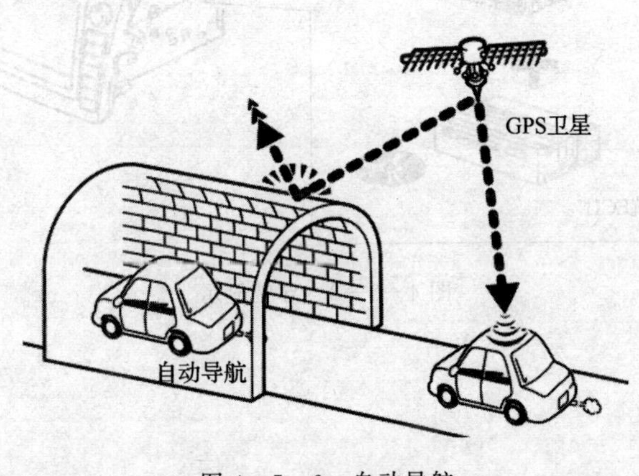

图 4—5—6　自动导航

（3）地图匹配

通过自动导航（根据陀螺仪传感器与车速传感器）和 GPS 卫星导航计算当前的行驶路线，此计算结果将与地图数据中可能的路形进行比较，从而将车辆位置设定在最为合理的道路上，如图 4—5—7 所示。汽车在右转弯后，系统将道路 L1、L2 和 L3 的形状与推算的行车轨迹进行比较，在位置 A，汽车位置与 L1 的形状差异过大，因此显示屏定位切换到道路 L2 上。

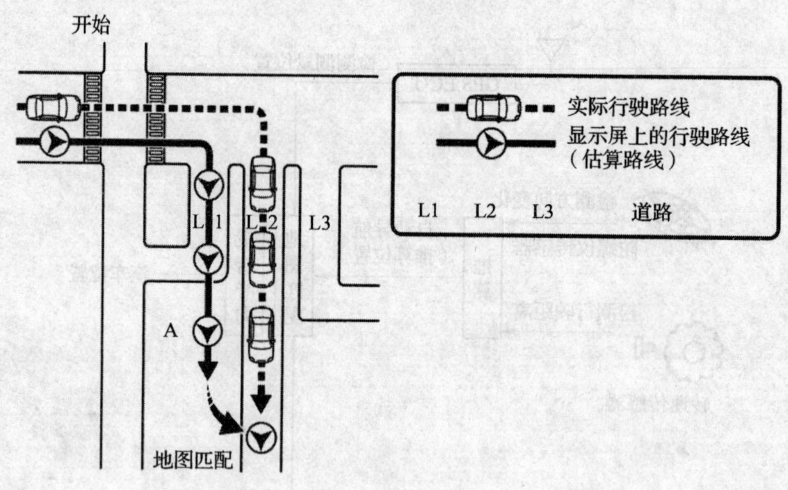

图 4—5—7 地图匹配

(4) 导航显示和提醒

导航地图数据通过存储卡、CD、RAM 存储器等输入导航 ECU，并通过交互式显示屏显示，通过音响系统播报导航语音提示，如图 4—5—8 所示。

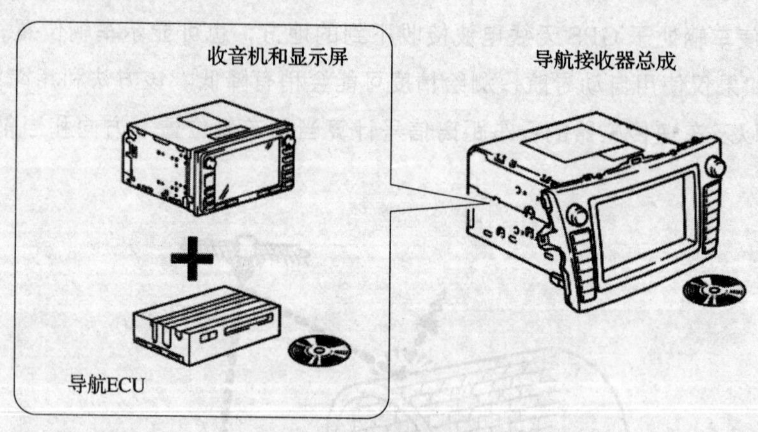

图 4—5—8 导航显示

第五章　其他车身电控系统

§5—1　汽车巡航控制系统

学习目标

1. 能正确描述汽车巡航控制系统的功用。
2. 能正确描述汽车巡航控制系统的组成及工作原理。
3. 能正确描述汽车巡航控制系统的自诊断。

一、巡航控制系统的功用

汽车巡航控制系统（Cruise Control System，CCS）又称定速巡航系统、自动驾驶系统等。汽车巡航控制系统的功能是当车辆在路况良好的道路上长时间行驶时，驾驶员接通巡航控制开关，可以借助巡航控制系统使车辆按设定的车速恒速行驶，解放踩加速踏板的脚，以减轻驾驶员的疲劳强度，提高舒适性和燃油经济性。

二、巡航控制系统的组成

以 2010 款丰田卡罗拉轿车为例，汽车巡航控制系统主要由巡航控制开关、传感器、巡航控制 ECM 和执行器等部分组成，如图 5—1—1 所示。

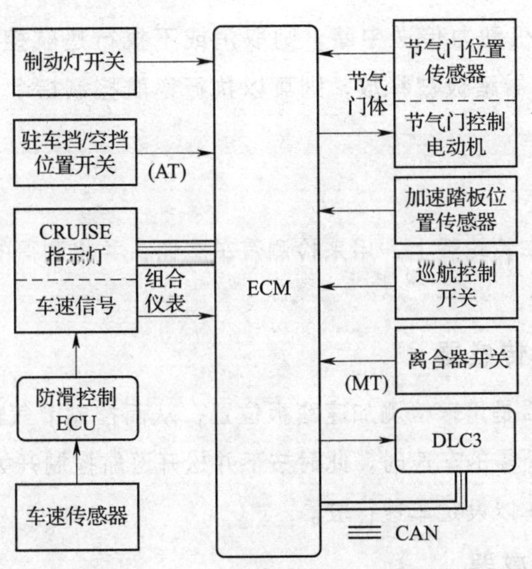

图 5—1—1　巡航控制系统的组成

1. 巡航控制开关

巡航控制开关一般安装在方向盘的下方，采用的是手柄式、自动回位型开关，如图 5—1—2 所示；也有的采用按键式开关，安装在方向盘上。

巡航控制开关包括 ON/OFF 按钮开关、CANCEL 开关、－SET 开关、＋RES 开关。

ON/OFF 按钮开关是巡航控制系统功能打开和关闭的开关。

CANCEL 开关是取消巡航控制的开关。

－SET 开关是减速和设定巡航控制车速的开关。

＋RES 开关是加速和恢复巡航控制车速的开关。

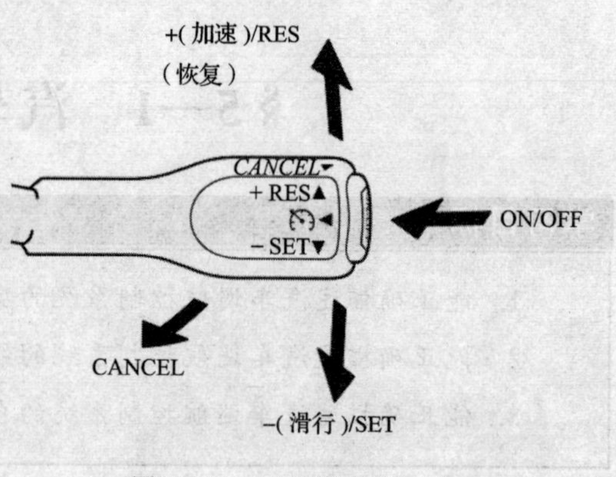

图 5—1—2 巡航控制开关

2. 驻车挡/空挡位置开关（AT）

驻车挡/空挡位置开关用于自动变速器，用来检测汽车挡位是否在“D”挡。若在“D”挡，则可以执行巡航控制指令，点亮巡航控制（CCS）指示灯。若不在“D”挡，则取消或不执行巡航控制指令，熄灭巡航控制（CCS）指示灯。

3. 制动灯开关

制动灯开关位于制动踏板下方，用来检测驾驶员是否采取了制动措施。当驾驶员采取了制动措施，则取消巡航控制功能。

4. 离合器开关（MT）

离合器开关用于手动变速器，位于离合器下方，用来检测汽车离合器踏板的状态。当离合器踏板被踩下，发动机动力传送中断，则取消或不执行巡航控制指令，熄灭巡航控制（CCS）指示灯。当离合器踏板被释放，则可以执行巡航控制指令，点亮巡航控制（CCS）指示灯。

5. 车速传感器

车速传感器安装在车轮轮毂上，用来检测汽车车速，并将测得的车速和设定值比较，实现等速控制。

6. 加速踏板位置传感器

加速踏板位置传感器是用来检测加速踏板位置，从而控制节气门开度，改变汽车车速。当踩下加速踏板获得了所需的车速时，此时按下并松开巡航控制开关，巡航控制系统设定车速，释放加速踏板，汽车以设定车速行驶。

7. 节气门位置传感器

节气门位置传感器用于检测节气门开度传送给 ECM，ECM 根据节气门的位置计算、确定并控制节气门的开度，实现对车速的控制。

8. ECM

丰田卡罗拉轿车的巡航控制单元是 ECM。ECM 检测开关信号、传感器信号，按照既定规律指令巡航控制系统工作或关闭。巡航控制系统工作后，将实际车速和设定车速比较，然后形成控制信号控制执行器，使汽车按设定的车速行驶。

9. 节气门控制电动机

节气门控制电动机根据 ECM 的指令工作，打开或关闭节气门，实现节气门开度的变化，从而控制车速。

10. CRUISE 指示灯

CRUISE 指示灯位于组合仪表上，用指示灯的亮灭来指示巡航控制系统的工作状态。当巡航控制系统有故障时，CRUISE 指示灯会闪烁，如图 5—1—3 所示。

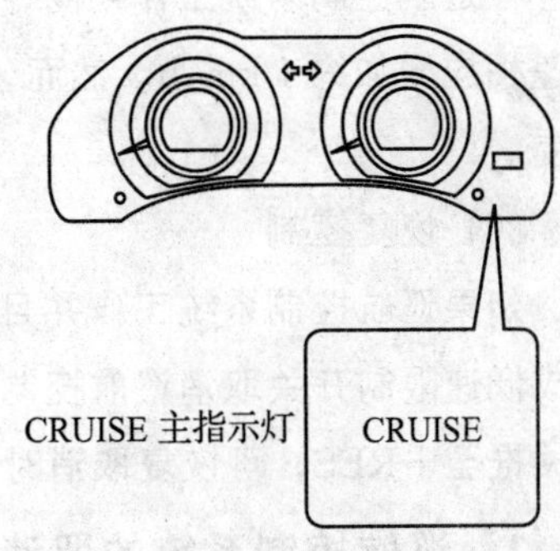

图 5—1—3 CRUISE 指示灯

三、巡航控制系统的工作原理

以 2010 款丰田卡罗拉轿车为例，巡航控制系统工作的速度下限是 40 km/h，工作的速度上限为 200 km/h，超过速度限制巡航控制将被取消或不能开启。

1. 巡航控制系统的设定及原理

(1) 设定控制

当巡航控制开关的 ON/OFF 按钮开处于打开状态，且车速在速度限制之内（工作速度上限和下限之间），CRUISE 指示灯亮起，将巡航控制开关推向－SET 方向，此时车速会被存储作为巡航控制系统的设定车速，并保持恒速控制。

巡航控制系统开始工作后，驾驶员就可以释放加速踏板，ECM 将来自车速传感器的实际车速与存储的设定车速进行比较。当实际车速大于设定车速，ECM 根据节气门位置传感器的位置信号，指令节气门控制电动机减小节气门开度，实现减速；当实际车速小于设定车速，ECM 指令节气门控制电动机增大节气门开度，实现增速。

(2) 滑行控制

在巡航控制系统工作期间，将巡航控制主开关设置并保持在－SET 位置时，ECM 将“节气门开度为怠速”的指令信号发送至巡航控制系统。当巡航控制主开关松开时，存储且保持当前车速。

(3) 逐级减速控制

在巡航控制系统工作期间，每将巡航控制主开关按至－SET（约 0.6 s）一次，则存储车速相应下降约 1 km/h。当巡航控制主开关从－SET 松开且实际车速和存储车速之差超过 5 km/h 时，行驶车速被存储并保持恒速控制。

(4) 加速控制

在巡航控制系统工作期间，按住巡航控制主开关上的＋RES，ECM 指令节气门体总成的节气门电动机打开节气门。巡航控制主开关从＋RES 松开时，存储车速并恒速控制车辆。

(5) 逐级加速控制

在巡航控制系统工作期间，每将巡航控制主开关按至＋RES（约 0.6 s）一次，则存储车速相应增加约 1 km/h。然而，当实际车速和存储车速相差 5 km/h 以上时，存储车速不会改变。

(6) 恢复控制

如果巡航控制系统工作并且车辆行驶速度在设定车速之内时，使用制动、CANCEL 开关或低速限制开关取消巡航控制系统的工作；若想恢复巡航控制系统的工作，将巡航控制主开关推至＋RES，可恢复取消时存储的车速并保持恒速控制。

2. 巡航控制系统的取消

巡航控制系统工作时，执行下述任何一种操作将取消巡航控制系统（仍保持 ECM 中储存的车速）。

(1) 踩下制动踏板。

(2) 踩下离合器踏板（MT）。

(3) 换挡杆从 D 位置或 3 位置换到 N 位置、2 位置或 1 位置（AT）。

(4) 将巡航控制主开关拉回 CANCEL。

(5) 关闭巡航控制主开关（不保持 ECM 中的存储车速）。

四、巡航控制系统的自诊断

当巡航控制主开关置于 ON 位置时，检查并确认 CRUISE 指示灯亮起；当主开关置于 OFF 位置时，检查并确认 CRUISE 指示灯熄灭。如果结果不符合规定，检查 CRUISE 指示灯电路。

如果车速传感器、制动灯开关或其他有关零部件之一发生故障，ECM 激活巡航控制系统的自动取消功能。当自动取消功能激活时，CRUISE 指示灯闪烁，并将故障数据作为 DTC（诊断故障代码）存储。

§5—2 汽车无钥匙进入和无钥匙起动系统

学习目标

1. 能正确描述汽车无钥匙进入和无钥匙起动系统的功用。

2. 能正确描述汽车无钥匙进入和无钥匙起动系统的组成和工作原理。

一、无钥匙进入和无钥匙起动系统的功用

汽车无钥匙进入和无钥匙起动系统都属于无钥匙控制系统，主要包括无钥匙进入功能和无钥匙起动功能，简称 CAPE（Car Access Passive Entry），是在遥控门禁系统基础上发展起来的一种车身电控技术。

汽车无钥匙进入和无钥匙起动系统采用无线射频识别技术（RFID，Radio Frequency Identification）和最先进的车辆身份编码识别系统来替代遥控钥匙的功能，为驾驶员提供了便利，也提高了汽车的防盗性能和安全性能。目前，许多中高档汽车都采用了无钥匙进入和无钥匙起动系统。

1. 无钥匙进入系统的功用

(1) 无钥匙解锁功能

驾驶员无需拿出电子钥匙，只需随身携带电子钥匙，当钥匙靠近车辆时，车门把手内外两侧的传感器使车门自动解锁，车辆解除防盗警戒状态，驾驶员和乘客可以进入车内。

(2) 无钥匙上锁与自动升窗功能

当驾驶员下车并带着钥匙离开车辆后，车门会自动上锁并进入防盗警戒状态。如果驾驶员下车前忘记关闭车窗，不必重新起动车辆来关闭车窗，系统会自动升起车窗，提高了车辆的安全性能，避免因驾驶员忘记关闭车窗而发生的车辆被盗、淋雨等意外事件。

(3) 防盗报警功能

车辆在防盗警戒状态下，一旦有车门触发或 ACC 信号触发，则系统开始报警，喇叭鸣叫，转向灯闪烁。一旦防盗报警功能被触发，则系统自动切断电路、油路，车辆无法起动，只有防盗报警被解除后才能恢复。车辆进入防盗警戒状态后，如果系统发现车门没有关好，则发出警示信号：喇叭鸣叫，转向灯闪烁；5 s 后，如果门仍未关好，则系统自动切断电路和油路。

2. 无钥匙起动系统的功用

上车之后，只要钥匙在车内，驾驶员无需拿出钥匙来起动车辆，只需踩下制动踏板，然后按下起停开关，车辆就可起动。部分车型踩下制动踏板后，车门也会自动落锁，防止意外事件发生。

二、无钥匙进入系统的组成和工作原理

以 2010 款丰田卡罗拉轿车为例。无钥匙进入系统主要由电子钥匙、电子钥匙振荡器、天线、触摸式传感器、锁止开关、认证 ECU 等组成，如图 5—2—1 所示。

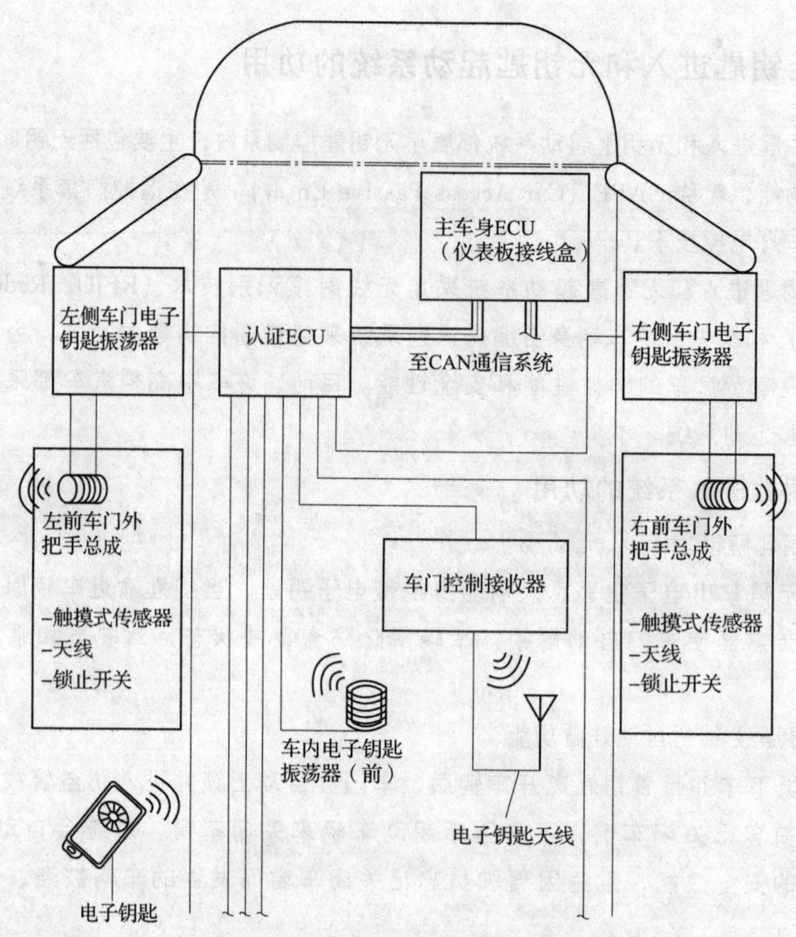

图 5—2—1　无钥匙进入系统的组成

1. 无钥匙进入系统的组成

(1) 电子钥匙

电子钥匙如图 5—2—2 所示，由机械钥匙、遥控门锁控制发射器以及智能上车和起动系统收发器组成。电子钥匙的收发器接收振荡器信号并将识别码发送至车门电子钥匙振荡器。

(2) 电子钥匙振荡器

从认证 ECU 接收解锁请求信号，并在车门周围形成检测区域，向电子钥匙发出识别请求信号，检测电子钥匙的存在。

图 5—2—2　电子钥匙

(3) 天线

电子钥匙振荡器向电子钥匙发出识别请求信号，通过天线以无线信号方式向检测区域发出。

(4) 触摸式传感器

检测人员接触外把手内侧，从而允许解锁车门。

(5) 锁止开关

安装在车外门把手上，将门锁锁止请求信号发送给认证 ECU。

(6) 车门控制接收器

从检测区域内的电子钥匙接收识别码，并将其发送给认证 ECU，认证 ECU 识别出电子钥匙合法，将认证信息或锁止开关信号发送给车身 ECU，以便车身 ECU 指令门锁机构执行解锁或锁止操作。

(7) 认证 ECU

根据电子钥匙、锁止开关、车门控制接收器、触摸式传感器的信号控制无钥匙进入系统。

2. 无钥匙进入系统的工作原理

无钥匙进入系统的工作原理如图 5—2—3 所示。

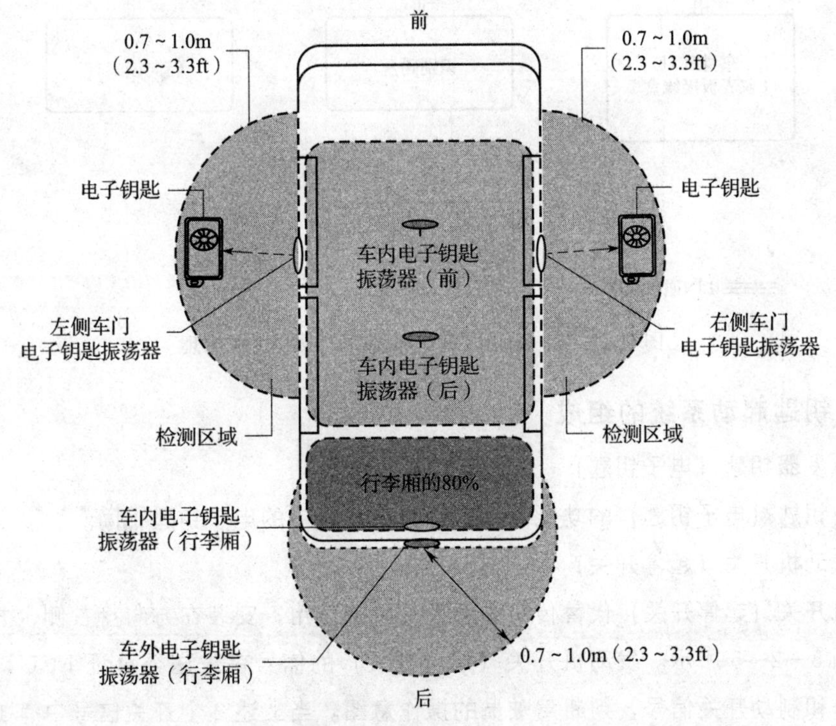

图 5—2—3　无钥匙进入系统的工作原理

无钥匙进入系统由认证 ECU 通过电子钥匙振荡器在检测区域内发送电子钥匙识别请求信号，检测区域由 6 个振荡器形成（2 个车门振荡器、2 个行李厢振荡器和 2 个车内振荡器）。检测区域内的电子钥匙接收到识别请求信号后，向车门控制接收器发出识别码，并将其发送给认证 ECU。若认证 ECU 识别电子钥匙合法，并通过触摸式传感器检测到人员触摸门把手内侧、拉动门把手，认证 ECU 便将认证信息、解锁信号或锁止开关信号发送给车身 ECU，以便车身 ECU 指令门锁机构执行解锁或锁止操作。

当电子钥匙未通过认证，有拉动门把手或敲打车辆等非法操作时，车身 ECU 将会指令危险警告灯工作、喇叭发出警报声，实现防盗报警功能。

当电子钥匙离开检测区域，车身 ECU 会自动指令门锁机构锁止，若车窗未关，车身 ECU 将指令车窗电动机工作，关闭车窗，保证汽车和车上财产安全。

三、无钥匙起动系统的组成和工作原理

以 2010 款卡罗拉轿车为例，无钥匙起动系统的组成和工作原理如图 5—2—4 所示。

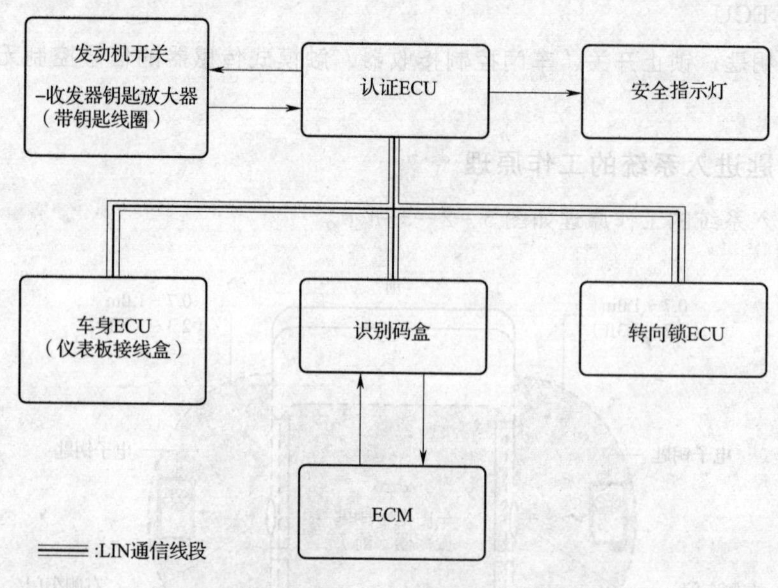

图 5—2—4　无钥匙起动系统的组成和工作原理

1. 无钥匙起动系统的组成

(1) 收发器钥匙（电子钥匙）

收发器钥匙（电子钥匙）的功能与无钥匙进入系统中的电子钥匙相同。

(2) 发动机开关（起停开关）

发动机开关（起停开关）代替传统的点火开关的作用，安装在方向盘右侧，方便驾驶员操作，如图 5—2—5 所示。发动机开关（起停开关）的信号首先送至认证 ECU，再结合挡位开关信号和制动开关信号，判断驾驶员的操作意图。当上述 2 个开关信号中有 1 个信号出现故障时，在制动开关和挡位开关信号满足起动条件的前提下，驾驶员需按下 2 次起停开关才能起动发动机。

(3) 认证 ECU

认证 ECU 根据收发器钥匙（电子钥匙）发出的识别码是否正确和发动机开关（起停开关）的操作情况，与 ECM、车身 ECU、转向锁 ECU 通信，从而允许发动机起动或保持停止。

图 5—2—5　发动机开关（起停开关）

（4）车身 ECU

当认证 ECU 通过收发器钥匙（电子钥匙）认证，车身 ECU 向点火继电器供电，允许发动机起动。

（5）转向锁 ECU

当认证 ECU 通过收发器钥匙（电子钥匙）认证，转向锁 ECU 驱动转向锁执行器，解锁转向盘柱锁。

（6）ECM

当 ECM 收到认证 ECU 的钥匙已通过识别的信号、发动机开关（起停开关）要求起动的信号、变速器挡位信号、制动信号等，指令起动系统、点火和喷油系统工作，起动发动机。

（7）安全指示灯

根据收发器钥匙（电子钥匙）是否通过认证，认证 ECU 指令安全指示灯熄灭或点亮。

2. 无钥匙起动系统的工作原理

当驾驶员携带钥匙坐在车辆中，踩下制动踏板并按下发动机开关时，车身 ECU 识别出发动机起动操作已经开始，并向认证 ECU 发送认证请求信号。当认证 ECU 收到认证请求信号，就向车内电子钥匙振荡器发送请求信号，以检测钥匙是否在车内。当钥匙接收到此请求信号，即通过车窗玻璃天线向车门控制接收器发送带响应代码的识别码进行回应。

一旦认证 ECU 接收到识别码，即分析代码，如果内部认证通过，认证 ECU 将发送认证通过响应信号。当车身 ECU 接收到此信号时，ACC 继电器将接通，IG1 和 IG2 继电器也依次接通。此时，发动机开关指示灯点亮为绿色。然后，认证 ECU 检查并确认电源模式已更改，并向车身 ECU 发送一个转向锁命令信号，收到此信号后，车身 ECU 向转向锁执行器供电，转向锁 ECU 确认认证 ECU 已通过认证，驱动转向执行器电动机，直至转向锁解锁。转向锁解锁后，将向认证 ECU 发送一个解锁完成信号。收到此信号之后，认证 ECU 向识别码盒发送一个解除命令信号。识别码盒收到此信号确认认证 ECU 已通过认证，并向 ECM 发送允许起动的命令信号，向认证 ECU 发送一个安全指示灯熄灭信号。

此时，ECM 收到认证 ECU 允许起动的命令信号，发动机开关（起停开关）要求起动的信号，并且变速器挡位信号和制动信号等符合起动要求，起动机系统、点火系统和喷油系统开始工作，起动发动机。

§5—3　汽车倒车影像系统

学习目标

1. 能正确描述汽车倒车影像系统的功用。
2. 能正确描述汽车倒车影像系统的组成和工作原理。

一、倒车影像系统的功用

近年来，汽车保有量越来越高，需要的泊车位越来越多，泊车空间相对变小，对驾驶员来说，泊车的难度也越来越大。在倒车入位时，驾驶员如果只依靠后视镜来判断车辆的位置和后方的情况，有一些倒车死角观察不到，很容易发生交通事故。

为了提高泊车的安全性，减少车辆碰擦，汽车倒车影像系统应运而生。汽车倒车影像系统是将远红外线广角摄像装置安装在车后，如图 5—3—1 所示。驾驶员挂入倒车挡时，系统会自动接通位于车后的摄像机，驾驶员可以随时通过车内的显示屏监控车后的情况，清楚地看见车后有无障碍物或行人，准确把握后方路况，即使在晚上也能看清楚，避免在倒车时发生事故。

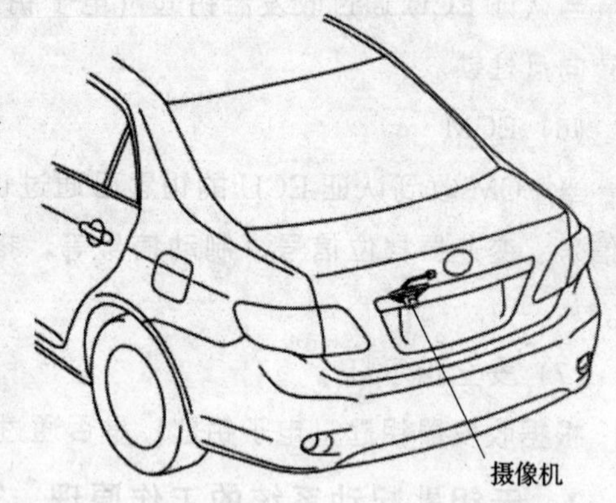

图 5—3—1　倒车影像系统

二、倒车影像系统的组成与工作原理

以 2010 款丰田卡罗拉轿车为例。

1. 倒车影像系统的组成

倒车影像系统又称为驻车辅助监视系统，主要由摄像机、摄像机 ECU、导航接收器总成、倒车灯开关、组合仪表和转向角传感器等组成，如图 5—3—2 所示。

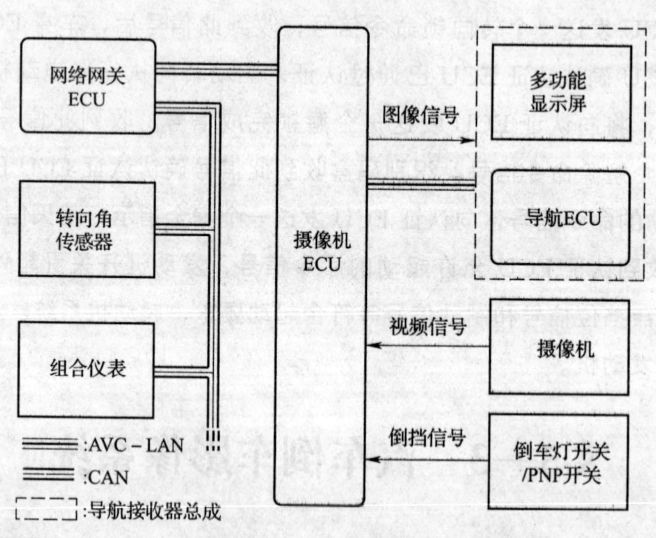

图 5—3—2　倒车影像系统的组成

(1) 摄像机

安装在行李厢门上，将车辆的后视野发送至摄像机 ECU。

（2）摄像机 ECU

将包含摄像机拍摄的车辆后视野和驻车辅助标线的视频信号发送至多功能显示屏，并通过接收来自传感器的信号和倒车影像信号，实现倒车辅助指引的控制。

（3）多功能显示屏（导航接收器总成）

接收视频信号并显示在显示面板上，这些信号包含来自摄像机 ECU 的车辆后视野和驻车辅助指引的组合场景。

（4）导航 ECU（导航接收器总成）

使用内置于导航 ECU 的陀螺仪传感器检测到的横摆率将车辆的运动通过 AVC－LAN 电路传送给摄像机 ECU。AVC－LAN 是丰田汽车公司开发的用于音频/视频通信的标准。

（5）转向角传感器

检测方向盘的角度，并通过 CAN 通信将结果信号发送至摄像机 ECU。

（6）组合仪表

通过网关向摄像机 ECU 发送车速信号。

2. 倒车影像系统的工作原理

换挡杆移至倒挡位置时，倒挡位置信号输入到 PNP 开关（AT）或倒车灯开关（MT）系统。接收倒挡位置信号后，摄像机 ECU 将多功能显示屏的当前画面切换为倒车影像监视画面，从而帮助驾驶员安全可靠地倒车和驻车。

带驻车辅助功能的倒车影像系统，可以根据转向角传感器、车速信号机内置于导航 ECU 的陀螺仪传感器检测到的横摆率，来计算确定汽车的运动轨迹，再结合摄像机采集的视频，综合分析并指引汽车的倒车轨迹和驻车。该功能只在驻车辅助模式开启时工作。

§5—4　汽车雷达测距系统

学习目标

1. 能正确描述汽车雷达测距系统的功用和类型。
2. 能正确描述汽车雷达测距系统的组成和工作原理。

一、雷达测距的功用

目前，道路上的车流量越来越大，汽车的行驶速度也越来越快，驾驶员在行车过程中，如果反应和操作不够迅速，容易引发交通事故，危及人员安全。汽车雷达测距装置是一种主动安全防范装置，主要用来解决汽车行驶过程中的安全距离问题。该装置能够探测到接近车辆的汽车、行人或障碍物，提前向驾驶员和乘客发出碰撞危险警告信号，使驾驶员及时采取应对措施，避免发生碰撞。发出警告后，如果驾驶人没有及时采取制动、减速等有效措施，汽车雷达测距装置会起动紧急制动装置使车辆减速，防止发生交通事故。

汽车雷达测距装置主要有行车环境监测、防碰撞预测和车辆控制三种功能。

1. 行车环境监测

行车环境监测是通过位于车辆前部的雷达来测量车辆前方车辆或障碍物的距离和方位，与路面情况传感器一起进行环境监测，然后与道路状况一起输入控制单元（ECU）。

2. 防碰撞预测

控制单元对前、后障碍物的距离、方位及路面情况进行分析，提取有用的数据进行测算，做出碰撞危险性的判定，输出警告信号或应急车辆控制信号。

3. 车辆控制

根据危险性判定的结果，操纵机构自动对制动系统（ABS）或转向系统进行控制。

二、汽车雷达测距系统的类型

汽车雷达测距装置测定车辆行驶安全距离的方法主要有超声波雷达测距、电磁波雷达测距和激光扫描雷达测距 3 种。

1. 汽车超声波雷达测距

超声波具有声波传输的基本物理特性，即反射、折射、干涉、衍射和散射。汽车超声波雷达测距装置是利用超声波回声反射的基本原理，测量车后一定距离内的物体。超声波发射器不断发射出 40 kHz 的超声波，遇到障碍物后反射回反射波，超声波接收器接收到反射波信号，并将其转换为电信号。只要测出发射超声波与接收反射波之间的时间差 t，即可求出距离 S。

$$S = \frac{1}{2}ct$$

式中 c——超声波音速。

2. 汽车电磁波雷达测距

雷达测距原理是由定时器触发调制器产生调制脉冲，使振荡器产生大功率脉冲信号串，通过天线向空间辐射电磁波。天线波束在天线控制系统的作用下，按规定的方式在空间进行扫描。当电磁波遇到目标时，反射回来的回波信号经天线送入接收机，经信号处理后，送到终端设备，得到目标的坐标数据。

汽车电磁波雷达测距装置的基础是雷达测距原理，它是利用电磁波发射后遇到障碍物反射的回波来发现障碍目标，并测定其相对速度和距离。经过分析判断，汽车电磁波雷达测距装置对构成威胁的目标按其程度不同进行报警，控制车辆自动减速，直到自动制动。

3. 汽车激光扫描雷达测距

汽车激光扫描雷达测距装置的工作原理与雷达测距相似，其测距方法有连续波和脉冲波两种。激光扫描雷达安装在车辆前部的中央位置，雷达测得的车距和前面车辆方位信号送入汽车激光扫描雷达测距装置。激光扫描雷达的监测范围一般在 5～120 m 之间，以保证在潮湿路面上，后车减速制动后不会碰撞到前面的暂停车辆。

汽车激光扫描雷达测距装置从激光扫描雷达测得的车距与方位数据组中抽取有用的数据，根据后车的动力学特性进行车辆路径的估算，结合路面的干湿情况、后车车速及相对车速计算出临界车距，与实测车距进行比较，判定碰撞的危险程度。当实测车距接近临界车距时，发出报警信号。当实测车距等于或小于临界车距时，汽车激光扫描雷达测距装置会起动紧急制动系统。

三、雷达测距系统的组成和工作原理

1. 雷达测距系统的组成

以 2010 款丰田卡罗拉轿车为例，汽车雷达测距系统又称驻车辅助传感器系统，主要由超声波传感器、间隙警告 ECU、警告灯总成、转速传感器、PNP 开关/倒车灯开关等部件组成，如图 5—4—1 所示。

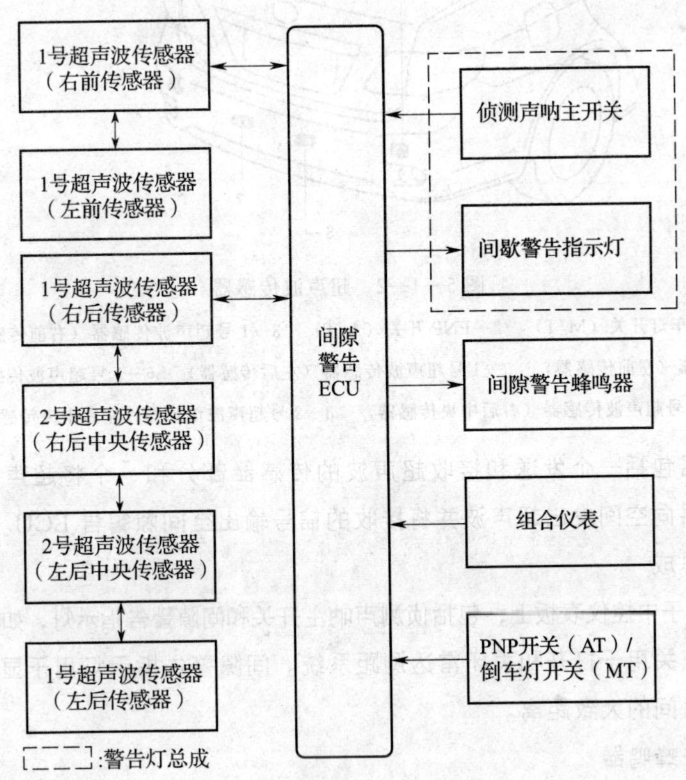

图 5—4—1 雷达测距系统的组成

(1) 超声波传感器

2010 款丰田卡罗拉轿车有 6 个超声波传感器，车前 2 个，车后 4 个，如图 5—4—2 所示。

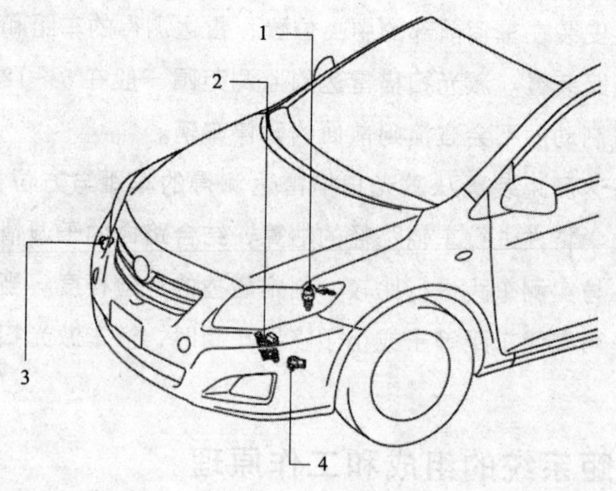

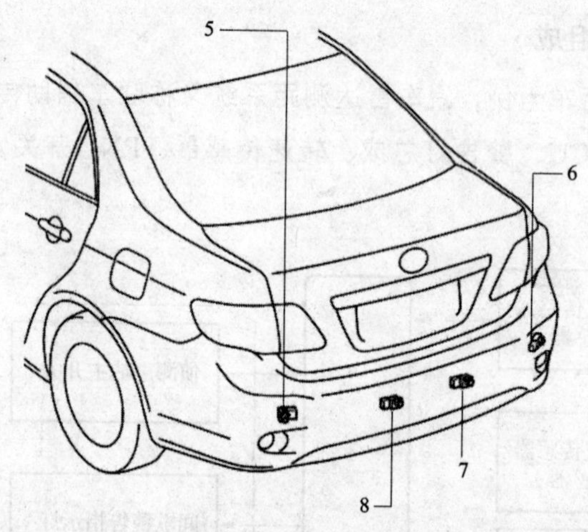

图 5—4—2 超声波传感器

1—倒车灯开关（M/T） 2—PNP 开关（A/T） 3—1 号超声波传感器（右前传感器）
4—1 号超声波传感器（左前传感器） 5—1 号超声波传感器（左后传感器） 6—1 号超声波传感器（右后传感器）
7—2 号超声波传感器（右后中央传感器） 8—2 号超声波传感器（左后中央传感器）

超声波传感器包括一个发送和接收超声波的传感器部分和一个将超声波放大的预放大器。超声波传感器向空间发出超声波并将接收的信号输出至间隙警告 ECU。

（2）警告灯总成

警告灯总成位于中控仪表板上，包括侦测声呐主开关和间隙警告指示灯，如图 5—4—3 所示。

侦测声呐主开关用于打开和关闭雷达测距系统。间隙警告指示灯用于显示障碍物的位置和车辆与障碍物之间的大致距离。

（3）间隙警告蜂鸣器

发出间歇性声音，以通知驾驶员 ECU 检测到在预定的范围内有障碍物。

（4）间隙警告 ECU

根据来自超声波传感器的信号，判定车辆与和障碍物之间的大概距离，并将显示信号发送至间隙警告指示灯，将蜂鸣器信号发送至间隙警告蜂鸣器。

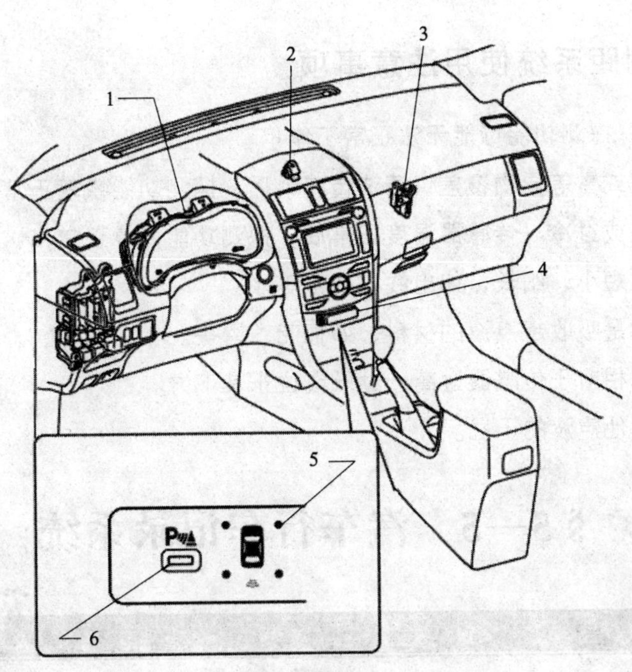

图 5—4—3 雷达测距系统主要部件

1—组合仪表 2—间隙警告蜂鸣器 3—间隙警告 ECU
4—警告灯总成 5—间隙警告指示灯 6—侦测声呐主开关

(5) 组合仪表

车速传感器检测每个车轮的转速并通过组合仪表将数据输入至间隙警告 ECU。

(6) 驻车挡/空挡位置开关（AT）和倒车灯开关（MT）

驻车挡/空挡位置开关（AT）：换挡杆移至 R 位置时，打开雷达测距系统。

倒车灯开关（MT）：换挡杆移至倒挡位置时，打开雷达测距系统。

2. 雷达测距系统的工作原理

(1) 雷达测距系统的工作条件

前方的超声波传感器只在点火开关打开、侦测声呐主开关置于 ON 位置，且车速小于 10 km/h 时工作。

后方的超声波传感器只在点火开关打开、侦测声呐主开关置于 ON 位置，且换挡杆在倒挡位置时工作。

(2) 雷达测距系统的工作过程

雷达测距系统使用超声波传感器来探测车辆前方及车辆后方的障碍物，然后通过显示屏显示并鸣响蜂鸣器，来告知驾驶员传感器和障碍物之间的距离及障碍物的位置。

系统运行时，间隙警告 ECU 命令超声波传感器发送超声波。如果这些超声波在一个或多个传感器范围内遇到障碍物，就会被反射回传感器，然后传感器将其发送至间隙警告 ECU。根据这些信息，间隙警告 ECU 发送信号至警告灯和间隙警告蜂鸣器，指示车辆和障碍物之间的相应距离并鸣响蜂鸣器。

四、雷达测距系统使用注意事项

在以下条件下，探测功能可能无法正常工作：

1. 传感器被泥或雪等异物覆盖（清洁传感器后，探测功能恢复正常）。
2. 传感器过热或过冷（传感器温度正常后，探测功能恢复正常）。
3. 被探测物体短小、细长，如电线和绳索等。
4. 被探测物体是吸收超声波的材料，如棉花、雪等。
5. 被探测物体相对于传感器过高、过低或位于其下方。
6. 传感器受其他声波的干扰。

§5—5 汽车行车记录系统

学习目标

1. 能正确描述汽车行车记录系统的功用。
2. 能正确描述汽车行车记录系统的组成和工作原理。

一、行车记录系统的功用

汽车行车记录仪是行车记录系统的主要装置，可以完整、准确地记录、存储、显示车辆行驶过程中的行车时间、驾驶员行车状态、车内人员对话、交通事故情况等。

汽车行车记录仪主要具有以下功能：

1. 自检功能

汽车行车记录仪通电后，自动对系统各部件和接口进行检测，自检通过后发出“嘀”的一声，提示用户汽车行车记录仪开始正常工作。

2. 疲劳驾驶报警功能

当驾驶员连续驾驶接近 4 h 时，汽车行车记录仪会发出声音提醒驾驶员，如驾驶员连续驾驶超过 4 h，记录仪会记录下来。

3. 事故记录功能

汽车行车记录仪可以记录下事故发生时间、车外的行车视频画面、车内人员对话等信息，有利于分析事故发生的原因。

4. 显示功能

汽车行车记录仪可通过液晶屏显示最近的行车时间、车外的行车视频画面、车内人员对话等信息。

5. 数据通信功能

通过标准 USB 或串口可以采集汽车行驶记录仪数据，设置汽车行驶记录仪参数。

二、行车记录系统的组成与工作原理

行车记录系统主要以行车记录仪的产品形式来实现各种功能。行车记录仪一般分为车载一体机式和移动便携式，如图 5—5—1 所示。车载一体机式行车记录仪需要专车专用，其配置功能丰富，主要由摄像头和带液晶显示屏的主机组成。移动便携式行车记录仪通用于各种车型，但配置功能单一，主要由带摄像头的主机、电源线、吸盘和支架等组成。

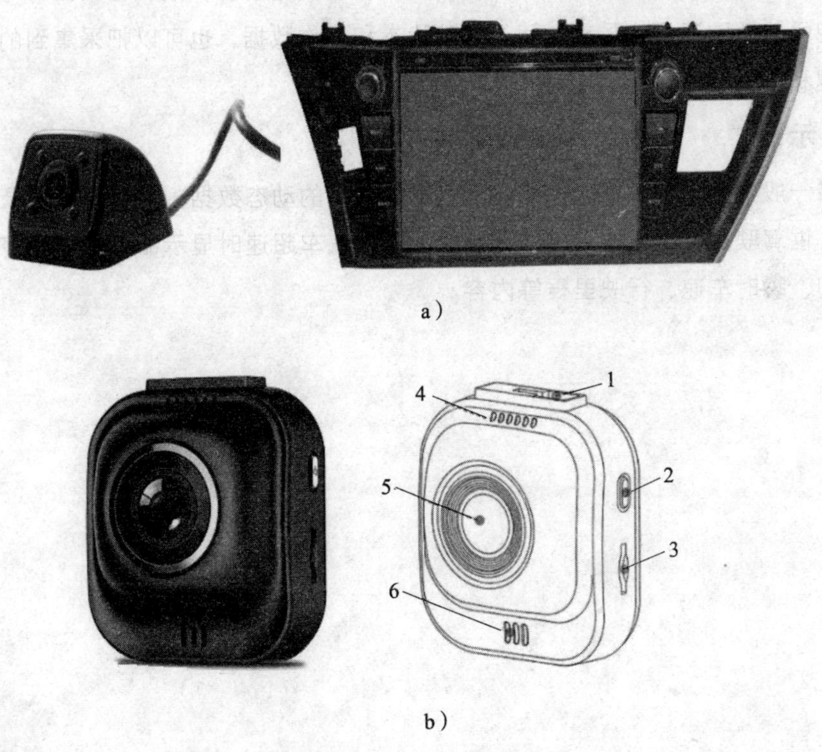

图 5—5—1　行车记录仪

a）车载一体机式　b）移动便携式

1—吸盘支架卡扣　2—主机开关　3—存储卡插槽　4—麦克风　5—摄像头　6—扬声器

汽车行车记录仪主要由主记录器、传感器、PC 处理软件系统、数据采集处理卡和显示器组成。

1. 记录器

记录器是汽车行车记录仪的主体部分，能在汽车行驶过程中准确、客观地记录下车辆的多种工作状况，如时间、视频和音频等信息。记录器工作状态稳定、性能可靠，具有极高的抗电子干扰能力，并具有防潮、防火、抗振功能，工作温度范围在－25～65℃。当遇到突发情况或被切断电源后，记录器中的数据仍能保留下来，一般可以保存十年以上。

2. 传感器

各种传感器能直接或间接向记录器提供汽车行驶时的视频和声音等参数，摄像头和麦克风向记录器分别提供视频信息和音频信息。

3. PC 处理软件系统

PC 处理软件系统可以直接采集和设置记录器中的各项记录参数，也可采集处理器中的数据，供事故分析和存档。

4. 数据采集处理卡

数据采集处理卡具有数据采集、存储、显示、存档等功能，插入记录器时可以显示并记录该车的牌号、驾驶证号、采集时间及各种状态和工作数据，也可以把采集到的各种汽车数据进行整理和分类存档。

5. 显示器

显示器一般安装在仪表板上，能显示汽车行驶时的动态数据，显示行车记录仪采集的视频和音频，供驾驶员及时掌控车辆的行驶状况；当汽车超速时显示器会立即报警，显示超速的具体时间、瞬时车速、行驶里程等内容。